REVUE AFRICAINE DES SCIENCES JURIDIQUES

AFRICAN JOURNAL OF LAW

AF747073

NUMÉRO SPÉCIAL/2014

UNE PUBLICATION DE L'UNIVERSITÉ DE YAOUNDÉ II

Faculté des Sciences Juridiques et Politiques

RASJ

L'Harmattan

UNIVERSITE DE YAOUNDE II

UNIVERSITY OF YAOUNDF II

FACULTE DES SCIENCES JURIDIQUES FT POLITIQUES

FACULTY OF LAWS AND POLITICAL SCIENCES

ORGANISATION DE LA REVUE AFRICAINE DE SCIENCES JURIDIQUES

5-7, rue de l'Ecole-Polytechnique, 75005 Paris

http://www.harmattan.fr
diffusion.harmattan@wanadoo.fr
harmattan1@wanadoo.fr

ISBN : 978-2-343-05675-3
EAN : 9782343056753

SOMMAIRE

A

DROIT PRIVÉ

L'ORDONNANCE CAMEROUNAISE DU 6 JUILLET 1974 FIXANT LE RÉGIME FONCIER. ANALYSE D'UN TEXTE DE DROIT CAMEROUNAIS À LA LUEUR DES PRINCIPES ET MÉTHODES DU DROIT FRANÇAIS

Thierry LE BARS[1]

Mesdames, Messieurs, chers amis, il existe en France un dicton selon lequel *l'enfer est pavé de bonnes intentions.* On veut dire par là que les actes fondés sur les meilleures intentions peuvent produire les plus mauvais résultats. Que mes hôtes et amis camerounais me pardonnent ma franchise (entre amis, la franchise est de mise) : l'ordonnance camerounaise du 6 juillet 1974 fixant le régime foncier me paraît illustrer la véracité de ce dicton. Elle part d'une intention tout à fait louable : de toute évidence, les auteurs de ce texte ont voulu moderniser la publicité foncière et plus largement le droit foncier camerounais. D'une certaine manière, on peut dire qu'ils y sont parvenus. La tâche était difficile, il faut le reconnaître. L'Etat camerounais avait hérité de règles coutumières traditionnelles qui dataient de bien avant la colonisation et avaient perduré durant celle-ci. Il avait hérité aussi des institutions mises en place dans le pays par les autorités coloniales, lesquelles se rattachaient à trois Etats différents : la France, le Royaume-Uni et l'Allemagne. Le résultat était une juxtaposition de régimes hétéroclites reposant sur des fondements théoriques très éloignés les uns des autres. Dans ces conditions, l'unification du droit foncier était un objectif parfaitement légitime et sans doute une nécessité. Le « titrement », néologisme largement utilisé aujourd'hui, notamment par les notaires français et africains, est un facteur de progrès, parce qu'il sécurise les opérations foncières, limite les contentieux et permet que soit rapportée facilement la preuve des droits réels. On a dit beaucoup de choses sur le fait

[1] *Professeur de droit privé, Doyen de la Faculté de droit de l'Université, de Caen Basse-Normandie, UNICAEN (France), Membre du Centre de Recherche en Droit Privé (EA 967).*

d'instaurer et de généraliser ainsi des titres de propriété, en particulier au congrès de Lomé qui s'est tenu en 2008 sur « le rôle du droit dans le développement économique ». Je n'insisterai donc pas sur le « titrement » : il est évident pour tous qu'il est souhaitable que les droits fonciers soient constatés par un titre, tout comme il est évident que la publicité foncière est un gage de sécurité juridique. Reste à voir quel type de publicité foncière on doit privilégier et, surtout, quelle méthode on doit employer pour procéder aux réformes envisagées. On peut rechercher la conciliation des systèmes juridiques et ménager ainsi les diverses situations existantes. On peut aussi, à l'inverse, faire table rase de l'existant et tout reconstruire.

Le choix qui a été fait à travers l'ordonnance du 6 juillet 1974 et son décret d'application du 27 avril 1976 (modifié en 2005) a été celui de la rupture : le législateur camerounais a choisi de rompre avec le droit coutumier comme avec le droit colonial. On peut y voir un droit révolutionnaire par ses options comme par sa radicalité.

Le résultat produit est mitigé. Les textes issus de la réforme de 1974 et de 1976 présentent de réelles qualités. Ils présentent aussi des inconvénients qu'il ne faut pas se cacher. Si le droit foncier camerounais était figuré par une médaille, on pourrait dire qu'elle présente un envers (I), mais aussi un revers (II).

I. L'envers de la médaille

Je disais voici deux minutes que le législateur camerounais avait voulu unifier le droit foncier. Mais au-delà de cet objectif général, il a surtout exprimé une volonté de modernité (A) en même temps qu'il recherchait la sécurité juridique (B).

A) Une volonté de modernité

Pour décrire les systèmes de publicité foncière que l'on connaît de par le monde, on oppose fréquemment les publicités translatives ou constitutives de droits réels aux publicités à seule fin d'information des tiers ou à fin d'opposabilité aux tiers. Le droit anglais et le droit allemand ont adopté le premier type de publicité ou peu s'en faut. En Angleterre, un droit sur un immeuble n'est constitué ou transféré à son acquéreur qu'à compter de son immatriculation au *land registry*[2]. C'est le type même de la publicité constitutive ou translative de droits réels. En Allemagne, l'immatriculation du bien au nom du titulaire d'un droit réel n'est pas théoriquement constitutive ou translative de droits, mais en pratique, cela revient à peu près au même. En effet, la publicité d'un acte immobilier au *Grundbuch* fait présumer irréfragablement le droit de la personne mentionnée comme étant son titulaire. Pour désigner ces types de publicité, on parle de systèmes de livre foncier. *Land registry* ou *Grundbuch* se traduisent ainsi en français. En France, exception faite de l'Alsace et de la Moselle qui connaissent un système assez proche du système allemand, c'est l'autre type de publicité qui a été retenu. En effet, lorsqu'un acte est publié au service de la publicité foncière (depuis 1956, on ne parle plus de *transcription*, mais simplement de *publication*), il n'en découle aucune présomption de titularité du droit réel. Selon le type d'acte en cause, la publicité en France a pour seule fonction d'informer les tiers ou, le plus souvent, de leur rendre opposable cet acte.

Les spécialistes de la publicité foncière s'accordent à reconnaître la supériorité technique des systèmes reposant sur un livre foncier. La lourdeur du système français n'est plus à démontrer. Les systèmes anglais ou allemand sont également plus protecteurs des tiers.

Corrélativement, un système de publicité reposant sur un livre foncier s'accompagne généralement d'un formalisme important du droit civil. Lorsqu'une formalité de publicité conditionne la naissance d'un droit ou la fait présumer irréfragablement, la forme devient au moins aussi importante que la volonté des parties. Le formalisme prend alors volontiers le pas sur le consensualisme.

Contrairement à la France, le Cameroun a adhéré au système du livre foncier. C'est ce qui ressort expressément de l'ordonnance de 1974. A partir de l'entrée en vigueur de ce texte, les personnes dont le droit de propriété était reconnu par le législateur ont été tenues de déposer auprès de l'administration l'acte sur lequel reposait leur droit, pour que celle-ci dresse un titre foncier. Actuellement, c'est le conservateur foncier qui est

---

[2] V. O. Salvat, « Etude de publicité foncière comparée : l'influence de la connaissance des droits non publiés sur leur inopposabilité dans les jurisprudences anglaise et française », Rev. Inter. Dr. Comp. 1998, p. 1125 et s.

compétent pour dresser les titres fonciers[3]. Contrairement à ce qui se passe en France où le titre de propriété est l'acte juridique constitutif ou translatif du droit (ex : la vente), au Cameroun, le titre foncier est un document de l'administration qui reste dans ses archives. On ne délivre au titulaire du droit publié qu'un duplicata[4]. Et si, ultérieurement, le bien est cédé, nécessairement par acte notarié, le titre foncier fera l'objet d'une mutation au nom de l'acquéreur[5].

Le Cameroun a également fait le choix explicite d'un degré de formalisme élevé du droit civil immobilier. En effet, l'article 8 de l'ordonnance de 1974 dispose que les actes constitutifs, translatifs ou extinctifs de droits réels doivent à peine de nullité être établis en la forme notariée. On est loin du consensualisme affiché par le Code civil. En substance, tous les droits réels immobiliers échappent au consensualisme et tombent sous l'emprise d'un formalisme rigoureux. Tous les actes constitutifs translatifs ou extinctifs de droits réels immobiliers deviennent donc des actes solennels. C'est une rupture très nette avec le droit français. Je ne veux pas dire par là qu'il n'existe pas d'actes solennels en droit immobilier français. Bien sûr qu'il y en a, à commencer par l'hypothèque. Et les cas de solennité se sont même multipliés en droit français contemporain (vente d'immeuble à construire en secteur protégé ; PUV immobilière de plus de 18 mois[6] ; déclaration notariée d'insaisissabilité[7]). Néanmoins, en dépit d'exceptions de plus en plus nombreuses, le principe reste en droit français que c'est la rencontre des volontés qui donne naissance aux contrats et aux droits et obligations qui en découlent. En droit immobilier camerounais, on constate un changement de paradigme : la forme notariée y constitue par principe, au moins en matière immobilière, une condition de forme *ad validitatem* et plus seulement *ad probationem*.

Vous le voyez, le Cameroun a choisi son camp. Au moment de moderniser le droit foncier, il a opté pour le livre foncier et le formalisme, plutôt que pour la publicité foncière à la française et le consensualisme.

---

[3] Art. 35 D. 27 avril 1976 mod.

[4] Art. 38 D. 27 avril 1976.

[5] Art 22 D. 27 avril 1976.

[6] Art. L. 290-1 C. Constr. Habit. issu d'une loi du 25 mars 2009.

[7] Art. L. 526-1 et s. C. com. instaurés par une loi du 1er août 2003.

C'était un choix d'autant plus judicieux que les systèmes de publicité anglais et allemand garantissaient et garantissent encore aujourd'hui un degré de sécurité juridique plus élevé que la publicité française.

B) Une recherche de sécurité juridique

Le fort degré de sécurité juridique présenté par les titres fonciers camerounais ne résulte pas d'un caractère constitutif ou translatif, comme en droit anglais. Il ne découle pas non plus d'une présomption de propriété. Le législateur camerounais a imaginé un autre moyen de conforter le droit du propriétaire : l'article 1er du décret du 27 avril 1976, dont nous a précédemment parlé M. Pekassa Ndam, prévoit en effet que sous réserve de quelques exceptions, « le titre foncier est inattaquable, intangible, définitif ». Cette accumulation de termes plus ou moins redondants est révélatrice d'une volonté très marquée : un titre foncier ne doit pas pouvoir être remis en cause. Et comme, par ailleurs, il fait foi du droit de la personne présentée comme titulaire du droit, on comprend que les tiers qui passeraient contrat avec elle sont censés être protégés. M. Pekassa Ndam nous a expliqué qu'en jurisprudence, ce caractère inattaquable était loin d'être total. A cela on peut ajouter qu'on doit pouvoir remettre en cause une vente par exemple au motif qu'elle serait entachée d'un vice du consentement. Plus largement, je pense que l'acte de vente notarié peut être contesté judiciairement dans les conditions prévues par le droit des contrats (délais de prescription de l'action en nullité, existence d'une cause de nullité, non paiement du prix, vice de forme, etc.). Le vendeur pourra ainsi obtenir la résolution ou l'annulation de la vente et, le cas échéant, des dommages et intérêts. A mon avis, l'article 1er du décret pourrait cependant signifier qu'un éventuel sous-acquéreur serait protégé contre une action en revendication, en raison de l'intangibilité du titre foncier. En quelque sorte, l'article 1er du décret de 1976 protègerait le sous-acquéreur *a non domino*, un peu comme l'article 2279 du Code civil (désormais article 2276 en droit français) le protège, sous certaines conditions, en matière mobilière. La solution serait surprenante pour un juriste français, car elle conduirait à dire qu'en cas de revente, on ne pourrait pas remettre en cause le droit du sous-acquéreur, ce qui priverait l'action en résolution ou en nullité d'une grande partie de son intérêt. Habituelle en matière mobilière, cette solution paraît plus exotique au juriste français, en matière immobilière. Alors, est-ce vraiment le sens de l'article 1er du décret de 1976 ? La discussion que nous avons eue à la suite de l'exposé de M. Pekassa Ndam me conduit à dire que la réponse est incertaine. Mais, franchement, je ne vois pas quel autre sens pourrait avoir la proclamation des caractères inattaquable, intangible et définitif du titre foncier, sauf à ce que cette formule soit purement incantatoire.

Quoi qu'il en soit, je crois qu'en l'absence d'un tiers ayant-cause de l'acquéreur, le principe d'intangibilité du titre foncier ne doit pas constituer un obstacle à sa remise en question à la suite de l'anéantissement rétroactif de l'acte d'acquisition. Une intangibilité absolue n'aurait de raison d'être que si la validité de l'acte initial était contrôlée en amont par un juge, avant que la formalité de publicité soit accomplie. Or, contrairement à ce qui se passe en droit allemand, aucun juge foncier ne se penche en droit camerounais sur l'acte, avant sa publication au livre foncier. Le conservateur n'est pas un juge. A mon avis, il serait donc logique que l'annulation ou la résolution de l'acte juridique soit suivie d'une mutation du titre foncier en faveur du cédant initial, sauf si les intérêts d'un sous-acquéreur s'y opposent.

Tout ce que je vous dis là n'est que le fruit d'une réflexion sur des textes de droit camerounais, à travers les principes et méthodes du droit français. Je ne prétends pas qu'elle corresponde au droit positif camerounais.

Mais, si mon interprétation de l'article 1er du décret est la bonne, on est loin du système français dans lequel le fait qu'un vendeur apparaisse au service de la publicité foncière comme propriétaire ne protège absolument pas l'acquéreur contre l'action en revendication d'un tiers qui se prétendrait véritable propriétaire. En termes de sécurité juridique, le système camerounais de publicité foncière serait donc plus intéressant que le système français.

Cela étant, quelles que soient la force probante et la pérennité des titres fonciers, un système de publicité n'est pas totalement efficace s'il n'englobe pas l'ensemble des immeubles existant sur le territoire. C'est donc à bon escient que l'ordonnance de 1974 a imposé aux personnes dont elle reconnaissait la propriété privée une obligation de publier leur droit au livre foncier[8]. Ainsi, celui qui avait, en 1974 un droit publié au *Grundbuch* (qui

---

[8] Art 3, 4 et 5 ord. 6 juillet 1974.

existait sur une partie du Cameroun) ne pouvait en rester là et était désormais tenu de faire transformer (expression employée à l'article 3 du décret de 1976) son titre d'origine en titre foncier. Il en allait de même pour le titulaire d'un « *certificate of occupancy* »[9] ou en cas de droits réels reconnus par un jugement définitif constitutif ou translatif[10].

Reste que, dans la pureté des principes, la recherche d'un degré élevé de sécurité juridique des futures opérations foncières ne devrait pas se faire au détriment des droits acquis par le passé. Et, sur ce point, on constate des lacunes dans les textes de 1974 et 1976. Mais dire cela, c'est déjà s'interroger sur le revers de la médaille.

II. Le revers de la médaille

Mon analyse de l'ordonnance du 6 juillet 1974 et de son décret d'application était jusqu'à présent plutôt approbatrice. Le ton va changer. Ce n'est pas que je veuille critiquer pour critiquer. Mais il faut bien le dire : ce texte et, partant, le droit positif qui en est issu, comportent des défauts. Pour l'essentiel, ils font assez peu de cas de la réalité sociologique du pays. De plus, leur radicalité est sans doute excessive par certains côtés. Enfin, ils engendrent une incertitude sur le maintien de l'usucapion en droit camerounais.

A) Un décalage sociologique

L'ordonnance du 6 juillet 1974 commence sur une note très positive, car son article premier énonce expressément que l'Etat garantit aux titulaires d'un droit de propriété immobilière « le droit d'en jouir et d'en disposer librement ». Le texte aurait pu viser aussi le droit d'user du bien : la trilogie *usus, fructus, abusus* aurait alors été complète. Mais peu importe, car la garantie de *l'usus* est évidemment implicite.

Cela étant, la suite de l'ordonnance réfrène très vite l'enthousiasme du lecteur. En effet, si la propriété privée est proclamée, on constate dès l'article 2 que le législateur adopte une conception très restrictive de cette propriété privée : elle n'est reconnue que dans une série de cas limitativement énumérés aux articles 2, 4 et 5 de l'ordonnance. En

---

[9] Art. 4 ord. 6 juillet 1974.
[10] Art. 5 ord. 6 juillet 1974.

substance, la reconnaissance de la propriété privée par la loi ne concerne que les terres immatriculées au livre foncier (cas ayant vocation à se généraliser à partir de 1974), les *freehold lands*, les terres acquises sous le régime de la transcription, les concessions domaniales définitives, les terres consignées au « *Grundbuch* », celles qui sont l'objet d'un *certificate of occupancy* et celles ayant fait l'objet d'un jugement constitutif ou translatif de droits réels. Dans toutes ces hypothèses, la propriété acquise avant l'entrée en vigueur de l'ordonnance de 1974 devait être publiée au livre foncier lorsqu'elle ne l'était pas encore, étant précisé que dans les deux derniers cas, des délais allant de six à quinze ans étaient fixés à peine de déchéance du droit de propriété !

Vous l'aurez compris, toutes les hypothèses de propriété antérieure à l'entrée en vigueur de l'ordonnance de 1974, ne sont pas reconnues par elle. Ainsi, la propriété coutumière individuelle ou collective est certes prise en compte par le législateur, mais pas reconnue comme un cas de propriété pur et simple. La propriété acquise sans titre, notamment par usucapion ne figure pas non plus dans la liste des articles 2, 4 et 5. On reconnaît les propriétés constatées par un titre dont on exige, le cas échéant, la transformation en titre foncier, mais c'est tout. On nie juridiquement l'existence de cas de propriété pourtant fréquents dans la sociologie d'un pays tel que le Cameroun.

Alors que sont devenus les biens immobiliers dont la propriété privée n'était pas reconnue par l'article 2 ? Eh bien ils sont tombés dans ce que l'article 14 appelle le « domaine national ». Il en est allé de même lorsqu'une personne était déchue de son droit de propriété (cas des articles 4 et 5). Le domaine national est manifestement une catégorie particulière de biens publics : l'Etat et les autres personnes morales de droit public peuvent avoir un domaine public et un domaine privé. Sont dans le domaine national, troisième catégorie de biens publics, tous les biens qui ne sont pas l'objet d'une propriété privée reconnue et qui ne sont ni dans le domaine public ni dans le domaine privé d'une personne de droit public. Bref, en refusant de reconnaître des cas de propriétés acquises avant son entrée en vigueur, l'ordonnance de 1974 a sans doute consacré une expropriation sans indemnité de dizaines de milliers de petits propriétaires ou de communautés rurales.

Je m'en voudrais cependant de donner une image trop négative de ce texte. En effet, il serait faux d'affirmer que les rédacteurs n'ont aucunement pris en compte les droits préexistants. Ainsi, l'article 17 de l'ordonnance accorde un droit de chasse et de cueillette sur les terres du domaine national qui seraient libres de toute occupation, aux collectivités coutumières ou à tout citoyen camerounais, tant que l'Etat ne décide pas de donner une affectation précise à ces terres. Ceci est une bonne chose, notamment pour les peuples des forêts qui vivent principalement de chasse et de cueillette. Cependant, aucun droit à la terre ne leur est reconnu. L'Etat peut donc du jour au lendemain décider d'affecter ces terres à une activité quelconque, par exemple à l'exploitation du bois ou à la culture du café, sans que les populations qui habitent ces forêts depuis la nuit des temps puissent, pour s'y opposer, invoquer un quelconque droit. Ceci pose problème eu égard aux droits fondamentaux internationalement reconnus aux peuples autochtones et donc nous a entretenu Samuel Etoa dans sa communication.

L'article 17 permet aussi aux collectivités coutumières, à leurs membres ou même à tout citoyen camerounais de continuer d'occuper les immeubles d'habitation ou de poursuivre l'exploitation des terres, pourvu qu'ils les aient occupés ou exploitées paisiblement à la date d'entrée en vigueur de l'ordonnance. On ne se demande pas s'ils avaient un titre valable sous la loi ancienne, ni si, en 1974, ils avaient une possession suffisamment ancienne pour avoir prescrit le bien. On se borne à exiger la preuve d'une occupation ou d'une exploitation paisible au jour de l'entrée en vigueur de la réforme. Reste que les intéressés n'ont pas forcément eu connaissance de cette nouvelle législation, en 1974. Au fin fond des campagnes camerounaises, l'illettrisme était très présent et les moyens de communication modernes peu développés.

Preuve encore que l'Etat s'est efforcé de ménager les situations existantes, l'article 17 a également prévu la possibilité pour ces personnes d'obtenir des titres de propriété sur leur demande, en suivant la procédure prévue par le décret du 27 avril 1976. Encore faut-il, selon ce décret[11], qu'une commission consultative établisse un constat d'occupation ou d'exploitation et fasse procéder au bornage du fonds par un géomètre assermenté du

[11] Art. 11 et s.

cadastre (aux frais du requérant[12]). Bref, en 1974, l'Etat a accepté la possibilité que des terres appartenant au domaine national deviennent ou redeviennent la propriété des individus ou des communautés qui les occupaient ou qui les exploitaient. Ceci illustre une volonté de ne pas trop brusquer les choses et d'entrouvrir la porte à une consécration juridique de propriétés non reconnues. Cependant, là encore, un problème d'information des sujets de droit a dû se poser à l'époque. Et, près de quarante ans plus tard, la preuve de l'occupation ou de l'exploitation d'un fonds en 1974 est de plus en plus difficile à rapporter…

Je n'en dirai pas plus sur le décalage qui peut exister entre l'ordonnance de 1974 et la sociologie du Cameroun. Je renvoie sur ce point à l'excellent travail qu'ont accompli Samuel Nguiffo, Pierre-Etienne Kenfack et Nadine Mballa, travail intitulé *Les droits fonciers et les peuples des forêts d'Afrique*, publié en 2009 et que vous trouverez facilement sur internet.

B) Une radicalité excessive

Le second aspect discutable de la réforme de 1974 et 1976 réside certainement dans son excessive radicalité.

Tout d'abord, en l'absence d'immatriculation, l'article 3 de l'ordonnance énonce : « aucun acte constitutif, modificatif ou translatif de droit réel sur les immeubles en cause ne peut être transcrit ni opposé aux tiers ». Ceci rappelle le principe de l'effet relatif de la publicité foncière connu en droit français. En substance, pour le droit français, on ne peut pas publier un titre au service de la publicité foncière, si le titre de celui qui cède ou constitue un droit réel n'est pas lui-même publié. Mais, en droit camerounais, d'autres textes font que l'absence d'immatriculation est encore plus lourde de conséquences, car elle conduit ou a pu conduire à la remise en cause du droit en question. Ainsi, le titulaire d'un *certificate of occupancy* avait six ans, en 1974, pour faire immatriculer son bien en milieu urbain et quinze ans en milieu rural. Passé ce délai, il y avait déchéance. Le texte de l'article 4 de l'ordonnance ne précise pas sur quoi portait cette déchéance, mais il faut logiquement considérer qu'elle portait sur le droit réel. Pareillement, le bénéficiaire d'un jugement définitif constitutif ou translatif de droit réel

---

[12] Art. 13 D. 27 avril 1976.

avait dix ans (et non plus six) pour obtenir la transformation du jugement en titre foncier, en milieu urbain. Le délai passait à quinze ans en milieu rural. Et, là encore, la sanction d'un dépassement du délai consistait en une déchéance[13]. La déchéance est évidemment bien plus grave qu'une simple inopposabilité aux tiers.

Autre manifestation de la radicalité des effets de l'absence d'immatriculation : l'article 8 de l'ordonnance de 1974 déclare « nulles de plein droit les cessions et locations de terrains urbains ou ruraux non immatriculés au nom du vendeur ou du bailleur ». En somme, un immeuble non immatriculé sort du commerce juridique. On retrouve ici une règle classique de droit des obligations : pour être valable, un acte juridique doit répondre à certaines conditions dont l'existence d'un objet licite, certain et dans le commerce. L'article 1128 C. civ. est explicite : « Il n'y a que les choses qui sont dans le commerce qui puissent être l'objet des conventions ». Autrement dit, l'ordonnance de 1974 dénie le droit de propriété de certaines personnes (toutes celles qui ne sont pas visées au texte) et, si elle reconnaît le droit de propriété d'autres personnes, elle le vide d'une bonne partie de sa substance en interdisant toute vente ou location du bien s'il n'a pas été immatriculé. Par exemple, imaginons qu'un individu ait acquis un terrain sous le régime de la transcription, avant 1974. Sa propriété est officiellement reconnue, puisque son cas figure dans la liste de l'article 2. Mais, s'il ne s'est pas plié aux exigences de l'article 3, c'est-à-dire s'il n'a pas fait immatriculer son bien dans le nouveau système, il lui est interdit de le revendre ou de le mettre en location, à peine de nullité. La volonté d'empêcher de tels actes et donc d'imposer l'immatriculation est si forte que l'article 8 de l'ordonnance va jusqu'à sanctionner pénalement le vendeur, le bailleur ou le notaire qui a passé un tel acte ! L'abusus, attribut du droit de propriété, est sacrifié sur l'autel d'une politique d'immatriculation à tout prix. Point de salut sans immatriculation !

Permettez-moi de vous donner une dernière illustration de la rigueur extrême du droit camerounais de la publicité foncière. L'article 40 du décret de 1976 énonce que toutes les fois qu'une modification est portée sur le titre foncier, elle doit l'être en même temps, sur le duplicata remis au

---

[13] Art. 5 ord. 6 juillet 1974.

propriétaire. A défaut de production de ce duplicata par le propriétaire, après sommation restée sans effet, le propriétaire est déchu de son droit et n'est relevé de cette déchéance que par l'accomplissement de la formalité requise. Et durant cette période de déchéance, il ne peut pas céder son bien. C'est là une disposition bien sévère : pour assurer la concordance des duplicata en circulation avec les titres fonciers détenus par l'administration, on remet en cause le droit de propriété de celui qui n'est pas en mesure de fournir son duplicata, par exemple parce qu'il l'a perdu. Alors, je vous rassure tout de suite, la situation n'est pas irrémédiable pour l'intéressé, car l'article 43 du décret lui permet de se tourner vers le juge pour obtenir une ordonnance annulant le duplicata perdu. Au vu de cette décision judiciaire, le conservateur pourra délivrer un nouveau duplicata à l'intéressé.

La situation n'est pas irrémédiable, mais elle est très originale en droit. Le duplicata perdu conserve sa force tant qu'il n'est pas annulé et il ne peut être remplacé sans cela. En quelque sorte, il y aurait un principe d'unicité du duplicata. On a un peu le sentiment que ce document incarne l'immeuble, comme un titre au porteur matérialise une créance... C'est reconnaître à un document administratif une force et une valeur tout à fait inhabituelle. On est presque dans l'ordre du sacré. Ceci me rappelle d'ailleurs ces objets ou ces lieux de culte qui, pour devenir profanes, doivent être désacralisés. Une autre remarque peut être faite : curieusement, la perte du duplicata conduit à une forme d'expropriation temporaire (mais le temporaire peut durer) et sans indemnité.

Un dernier inconvénient de la réforme de 1974 me paraît devoir être signalé : l'incertitude qui plane sur l'usucapion.

C) Une incertitude (l'usucapion)

On ne trouve pas dans les textes de 1974 et 1976 de reconnaissance de l'usucapion qui figure pourtant dans le Code civil français adopté en 1960 par le Cameroun indépendant. A dire vrai, la prescription acquisitive est totalement occultée, aussi bien par l'ordonnance du 6 juillet 1974 que par son décret d'application du 27 avril 1976. Et comme seuls des cas de propriété reposant sur un titre sont reconnus par l'ordonnance, on est fondé à croire que la prescription acquisitive en matière immobilière est abolie depuis au moins 1974 en droit camerounais. La lecture de l'article 22 de l'ordonnance nous conforte dans cette idée. Outre qu'il abroge expressément deux textes antérieurs (un décret-loi de 1963 et une ordonnance de 1948), il précise que l'ordonnance « abroge les dispositions contraires en la matière ». Sur ce point, le texte ne fait que rappeler un mécanisme bien connu : celui de l'abrogation tacite. Une loi nouvelle abroge implicitement les dispositions des lois anciennes avec lesquelles elle est incompatible. L'article 22 était donc superflu sur ce point : il ne fait que rappeler une évidence à travers ce qui constitue une formule-balai.

Se pose alors la question de la compatibilité de l'ordonnance de 1974 et des articles du Code civil camerounais qui prévoient et régissent la prescription acquisitive. A mon avis, l'incompatibilité est manifeste si l'on considère que la liste issue des articles 2, 4 et 5 de l'ordonnance est exhaustive. En effet, la prescription acquisitive est alors abrogée dès lors qu'elle n'est pas reprise dans cette liste. Mais cette liste est-elle exhaustive ? La lettre du texte ne permet pas de l'affirmer. L'article 2 énonce « font l'objet du droit de propriété privée les terres énumérées ci-après ». Il n'énonce pas « *ne* font l'objet du droit de propriété privée *que* les terres énumérées ci-après ».

Je me fais un peu l'avocat du diable en parlant ainsi, car l'esprit de l'ordonnance me semble, en réalité, aller dans le sens du caractère exhaustif de la liste. Mais vous voyez que le doute est permis. Avis aux avocats qui rechercheraient des moyens pour faire reconnaître en justice la prescription d'un bien par leur client, depuis 1974.

Cela étant, j'ai encore un autre moyen à proposer à l'avocat dont le client prétendrait avoir usucapé un immeuble avant (et non plus après) l'entrée en vigueur de l'ordonnance de 1974 (pour peu que l'usucapion ait encore existé en 1960, à l'indépendance du Cameroun). Vous savez que l'article 2 du Code civil qui, je crois, existe aussi bien dans le Code camerounais que dans le Code français, prohibe la rétroactivité de la loi nouvelle. En France, l'obstacle est limité pour le pouvoir législatif, car ce texte étant législatif, le parlement peut en principe y déroger. En droit camerounais, la liberté du législateur paraît bien moindre, car la non-rétroactivité des lois est proclamée dans le préambule de la Constitution camerounaise, ledit préambule faisant partie intégrante de la Constitution en vertu de son article 65. Cette prohibition constitutionnelle de la rétroactivité des lois est-elle, comme en droit français, cantonnée à la matière pénale ou s'agit-il d'une interdiction générale ? La lettre de la Constitution camerounaise semble aller dans le sens d'une interdiction générale. Mais sans doute sera-t-il intéressant d'avoir l'avis du Conseil Constitutionnel, lorsqu'il sera enfin constitué. Admettons, si vous le voulez bien, que la prohibition est générale. Si l'on applique rétroactivement l'abolition de l'usucapion par l'ordonnance de 1974, on fait donc une application anticonstitutionnelle de ce texte ! Et si l'on considère que la Constitution ne vise que la rétroactivité pénale, on se doit se rappeler que la non-rétroactivité n'est pas seulement un principe légal, mais aussi, en vertu de l'article 2 du Code civil, un principe d'interprétation des lois lorsque l'on s'interroge sur leur sens ou leur portée. Or, c'est précisément un problème d'interprétation que pose l'ordonnance. Bref, je pense que les incertitudes découlant de la réforme de 1974 pourraient susciter, quarante ans plus tard du contentieux devant les tribunaux, car, vous le savez, le droit de propriété est insusceptible de prescription extinctive.

En conclusion, je serai très bref, car je crains d'avoir abusé de votre temps. Je tirerai simplement deux leçons de la réforme camerounaise de 1974 et 1976. Tout d'abord, le « titrement » est en soi une bonne chose, mais il peut produire des effets pervers. Il sécurise le doit foncier, mais il peut conduire à la remise en cause de droits acquis. Seconde leçon à retenir : les lois doivent s'efforcer d'épouser la sociologie du pays qui les adopte. Pendant la Révolution française, le législateur a aboli les coutumes qui constituaient la majeure partie du droit positif sous l'Ancien Régime. Après la Révolution, les rédacteurs du Code civil ont réintroduit la coutume dans le droit français et celle-ci est même redevenue une des sources du droit. Portalis et ses collègues rédacteurs ont eu la sagesse que n'avaient pas eue les révolutionnaires des années 1790. Ils ont pris en compte les mœurs de leur temps et de leur peuple.

LA QUESTION DE LA DOUBLE NATIONALITE SOUS LE PRISME DU DROIT INTERNATIONAL PRIVE : LE LÉGISLATEUR CAMEROUNAIS ENTRE LE DROIT *DE LEGE LATA* ET *DE LEGEFERENDA*

MONEBOULOU MINKADA Hervé Magloire[1]

RÉSUMÉ

La présente étude s'intéresse à la question de la double nationalité sous le prisme du droit international privé : un législateur entre le droit *de lege lata* et le droit *de lege ferenda*. Elle se structure autour de l'interrogation de savoir s'il faut admettre ou non la double nationalité au Cameroun, eu égard au mécanisme du droit international privé. En effet, le Cameroun prohibe la double nationalité *de lege lata*. Cette interdiction, qui date de 1968, a eu des fondements qui semblent aujourd'hui en perte de vitesse. Qui plus est, le souci de contrôler l'effectivité du lien d'allégeance à un Etat, tel qu'aménagé par le droit international privé, amoindrit les craintes des dangers de la double nationalité. Ainsi l'enjeu de cette étude est de proposer à la réforme visant l'accès à la double nationalité *de lege ferenda* au Cameroun, une catégorisation de l'accès à la double nationalité ou une théorie de la nationalité par degré.

ABSTRACT

This study concerns the possibility to have two nationalities in Cameroon, regarding the international private law. In fact, the cameroonian law is against having two nationalities. But we want to know if in a reform, it is possible to have two nationalities without spoiling the spirit of having an effective link with one State. The truth is that, as far as, the rules of international private law are concerned, we can have many nationalities; but one effective link with one of those States. However, in our case, we invite the cameroonian authorities to allow those who are not involved in their

[1] *Docteur Ph./D en droit privé, Chargé de Cours à la Faculté des Sciences juridiques et politiques à l'Université de Douala*

professions with the State's secret, to have two nationalities. It will enable the country to improve the lifestyle of their relatives and the country as a whole.

Introduction

Pour ou contre la double nationalité ? C'est une question qui interpelle souvent à un moment de son histoire un Etat. Le Cameroun[2] dans son droit positif[3] consacre le non-cumul de nationalité. Toutefois cette posture devient complexe au regard de l'application à géométrie variable des dispositions portant Code de la nationalité[4] et des solutions qu'offre le droit international privé[5].

Une claire appréhension de la thématique commande d'expliquer certains termes clés. En décomposant le terme « nationalité », on a l'adjectif « national » et le substantif « Nation ». Peut-on y voir un lien entre nation et nationalité ? La réponse n'est possible qu'après certaines précisions. La Nation est un concept politique circonstanciel. Selon l'acception française, la Nation désigne « tous les habitants d'un même Etat, d'un même pays, qui vivent sous les mêmes lois et usent d'un même langage »[6]. Pour la doctrine

---

[2]État d'Afrique centrale sur le golfe de Guinée ; 475 000 km (carré) ; 20 000 000 hab. (Camerounais). Cap. Yaoundé. Langues : anglais et français. Monnaie : franc CFA. ; voir. Le Petit Larousse illustré, Paris, 1999, p. 1214.

[3]Loi n° 68/LF/3 du 11 juin 1968 portant code de la nationalité camerounaise ; décret n° 68/DF/478 du 16 décembre 1968 fixant les modalités d'application du code de la nationalité camerounaise.

[4]Des illustrations ultérieures témoigneront de la prise en compte des textes sur la nationalité pour certains et de la non-évocation desdits textes pour d'autres.

[5]Le droit international privé peut être défini comme l'ensemble des règles applicables aux individus dans les relations internationales. Il présente sur le droit international public le grand avantage d'être assorti de sanctions efficaces. Sans doute se heurte-t-on fréquemment au fait que chaque Etat est imbu de sa souveraineté. Mais les Etats transigent plus facilement sur les prérogatives privées de leurs ressortissants que sur leurs prérogatives propres. En outre, il est possible de rendre une règle de droit obligatoire à l'encontre des étrangers qui résident sur le territoire national. L'idée de souveraineté se traduit seulement par le fait que chaque Etat a son système national de droit international privé. ; voir, Loussouarn (Y.) et Bourel (P.), *Droit international privé*, 4e Edition, Paris, Editions Dalloz, 1993, p.1-2.

[6]Dictionnaire de l'Académie française, publié en 1694.

allemande, la Nation renvoie à une communauté de personnes partageant une unité culturelle, linguistique vivant sur le même territoire et soumises à l'autorité d'un même gouvernement[7]. Si en France le substrat de la Nation est le « vouloir-vivre ensemble », en Allemagne, c'est la similitude culturelle qui fonde la Nation. Le Cameroun, avec sa multiplicité ethnique, se situe dans l'approche française de la Nation. Avec l'avènement de l'Etat-nation, la Nation est désormais constituée de l'ensemble des citoyens, qui sont titulaires collectivement de la souveraineté[8]. Il est indéniable, au regard de ce qui précède, qu'il existe un lien entre la Nation et la nationalité[9].

En effet, la nationalité peut être envisagée d'un point de vue juridique et sociologique[10] ; souvent les deux aspects sont concordants[11]. Seul l'aspect juridique de la nationalité intéresse la présente analyse. Dans cette acception, la nationalité est le lien juridique qui unit un individu à un Etat[12]. En principe, l'existence d'un groupe de personnes constituant une Nation précède celle de l'Etat[13]. Toutefois, il arrive aussi que l'Etat précède la Nation[14], et même que la Nation existe sans Etat[15]. On peut simplement définir l'Etat comme une collectivité qui se compose d'un territoire et d'une population soumis à un pouvoir politique organisé[16].

---

[7]Comité de direction, *Vocabulaire juridique (dir.) G. Cornu, Association Henri Capitant*, Paris, PUF, 2012, p.672.

[8]Dollat (P.), *La citoyenneté française : une superposition de citoyennetés*, RFDA, 2005, p. 75.

[9]C'est pourquoi la Commission d'arbitrage pour la paix en Yougoslavie définit la nationalité comme le lien juridique unissant une personne à un Etat et à sa Nation ou à son peuple.

[10]Un individu peut avoir un sentiment d'appartenance à une nation, à une communauté d'individus, par exemple en raison d'une histoire, d'une culture ou d'une langue commune.

[11]Mélin (F.), *Droit international privé*, 4e édition, Paris, Gualino, Mémentos LMD, 2010, p. 216.

[12]Comité de direction, *Vocabulaire Juridique, op.cit.*, p. 672.

[13]Mayer (P.) et Heuze (V.), *Droit international privé,* 8e édition, Paris, LGDJ-Montchrestien, 2004, p. 609.

[14] En Afrique, en général et au Cameroun en particulier, l'avènement de l'Etat a été une décision du colon. C'est pourquoi après l'indépendance, le premier Président Ahmadou Ahidjo s'est engagé en 1966 à bâtir l'unité nationale. C'est dire que l'Etat camerounais a existé avant la Nation camerounaise.

[15] L'illustration d'une Nation sans Etat est celle de la Nation palestinienne à la quête d'un Etat palestinien.

[16]Commission d'arbitrage pour la paix en Yougoslavie dans son premier avis du 29 novembre 1991.

Sur le plan interne, la nationalité désigne une notion de droit, mais aussi une notion de fait. La nationalité de fait est l'appartenance à une communauté[17]. Et la nationalité de droit renvoie à « l'appartenance juridique d'une personne à la population constitutive d'un Etat »[18]. Sur le plan international, la Cour Permanente de Justice Internationale (CPJI) précise en 1926 dans son arrêt relatif à *certains intérêts allemands en Haute Silésie polonaise*, que la nationalité s'entend d'un « lien personnel » qui unit les personnes à un Etat et détermine « leur situation juridique »[19]. Ce lien, dont on sait qu'il peut être également attribué à des personnes morales ou bien encore à des objets, gouverne ainsi « le statut d'une personne physique… rattachée à un Etat par un lien d'allégeance » suivant les termes du projet de convention élaboré en 1929 par la *Haward Law School*[20]. En 1952, ces termes sont repris en l'état par la Commission de codification du droit international (CDI) dans ses travaux sur la nationalité et l'apatridie[21]. L'importante convention sur la nationalité adoptée par le Conseil de l'Europe dans le contexte de la recomposition du paysage politique en Europe centrale et orientale énonce pour sa part (article 2) que, si « la nationalité désigne bien le lien juridique entre une personne et un Etat », « il n'indique pas l'origine ethnique de la personne »[22]. La nationalité désigne donc « une relation juridique spécifique entre une personne et un Etat, relation qui est reconnue par cet Etat »[23]. En synthèse, la nationalité doit être envisagée comme un statut juridique en deux dimensions : « l'une verticale, qui relie l'individu à l'Etat dont il est en quelque sorte le sujet ; l'autre horizontale, qui fait du national le membre d'une communauté dont sont exclus les étrangers et qui bénéficie, par rapport à ces derniers, d'un

[17]Meloné (S.), « La nationalité des personnes physiques », in *Encyclopédie juridique de l'Afrique*, Abidjan, Dakar, Lomé, Les Nouvelles Editions Africaines, 1982, p. 83.
[18]Battifol (H.) et Lagarde (P.), *Droit international privé*, 6e édition, tome I, Paris, LGDJ, 1974, p. 66.
[19]CPJI, série A, n° 7, *Certains intérêts allemands en Haute Silésie polonaise*, n°7, 25 mai 1926, p.70.
[20] Research in International Law, Part I. Nationality, Supplement à l'American Journal of International Law., vol. 23, 1929, p. 17 et ss.
[21]Annuaire de la CDI, 1952, Vol.II, p.6.
[22] Convention européenne sur la nationalité, 1997.
[23] Convention européenne sur la nationalité, Rapport explicatif, STE n°166, § 23.

statut privilégié »[24]. En effet, le lien de nationalité confère un ensemble de droits civils et politiques permettant de différencier le national de l'étranger[25], qui est considéré comme « tout individu qui ne possède pas la nationalité de l'Etat dans lequel il se trouve »[26].

La distinction de la nationalité de la citoyenneté[27] n'est pas aisée. Historiquement, le citoyen « désignait à l'origine le membre de la Cité » et signifie aujourd'hui l'individu jouissant des droits politiques lui permettant de participer à la vie de l'Etat »[28]. La citoyenneté connaît une définition plus ou moins large selon qu'elle porte uniquement sur les droits civiques, en tant que droits de participer au gouvernement de la cité en qualité d'électeur ou d'élu, ou bien qu'elle inclut également les droits civils concernant la vie privée ou professionnelle, voire les droits sociaux propres à l'Etat-providence. Selon cette approche extensive, les droits civils et sociaux forment le substrat juridique et économique indispensable à l'exercice effectif, réel, des droits politiques consubstantiels à la citoyenneté[29].

Pour les internationalistes, le citoyen est synonyme de national. Alphonse Rivier écrit ainsi : « sujets, nationaux, citoyens, régnicoles : autant de termes synonymes dont l'opposé est étranger »[30]. La doctrine internationaliste anglophone utilise le terme « *citizenship* », lui préférant celui de « *nationality* »[31]. Les droits internes associent les deux termes sans les confondre, la nationalité de l'Etat emportant la citoyenneté : l'appartenance

---

[24]Lagarde (P.), « Nationalité », in Alland (D.) et Rials (S.) (sous la dir. de), *Dictionnaire de la culture juridique*, Paris, PUF/LAMY, 2003, p. 1051 s.

[25]Il est généralement admis que les étrangers sont exclus du bénéfice des droits politiques et des fonctions politiques. Voir en ce sens Lagarde (P.), « Nationalité », in *Encyclopédie Dalloz*, Répertoire de droit international, Tome II, Paris, Dalloz, 2002, p. 3.

[26]Article 1er de la Déclaration Universel des Droits de l'Homme.

[27]Lanfranchi (M. P.), « Les notions de nationalité et citoyenneté interrogées par le droit international public », in Lanfranchi (M.P.), Lecucq (D.), Nazet-Allouche (D.), *Nationalité et citoyenneté : perspectives de droit public comparé, droit européen, droit international public,* Journée de l'UMR.6201, Bruylant, Bruxelles, 2011.

[28] Salmon (J.), *Dictionnaire de Droit international public*, Bruylant, AUF, 2001, p. 174.

[29]Dollat (P.), *op.cit.*, p. 69.

[30] Rivier (A.), *Principes de droit des gens*, vol I, Rousseau, Paris, 1896, p. 137.

[31]Eide (A.), « Citizenship and International Human Rights Law : Status, Evolution and Challenges », in Butenschon (N. A.), Davis (U.), Hassassian (M.), *Citizenship and the State in the Middle East : Approches and Applications*, Syracuse University Press, 2000, p. 89.

et l'identification au groupe emportent le droit de participer à la vie de la Cité. Toutefois, on peut avoir la qualité de « national » sans pour autant que le statut englobe la reconnaissance de droits politiques[32]. On pense aussi qu'on peut être frappé soit d'incapacité juridique[33], soit de déchéances pénales[34], qui affectent le plein exercice de la citoyenneté, sans que sa nationalité ne soit remise en cause. Cette étude notionnelle permet de distinguer la nationalité des notions voisines.

Le droit de la nationalité a été introduit en Afrique et au Cameroun en particulier avec l'Etat colonial[35], mais le statut des Camerounais et des Togolais fut bien différent de celui des originaires des colonies. Les populations des territoires sous tutelle ne pouvaient pas acquérir la nationalité du mandataire ou du tuteur[36], comme les colonies. Faute de support étatique, ces pays ne pouvaient apparemment pas être pourvus d'une nationalité propre. C'est en ce sens qu'il faut analyser le décret du 16 avril 1957 transformant le Cameroun en territoire sous tutelle[37]. Il s'agissait de créer de toutes pièces une nationalité camerounaise. La procédure était indirecte[38]. L'existence de la nationalité camerounaise était mise en doute, car en pratique elle ne s'accompagnait d'aucun changement dans le régime administratif de ce pays ; qui demeurait en pratique une colonie française[39].

---

[32]Eide (A.), *op.cit.*, p.103 ; Von Glahn (G.), Taubee (J.L.), Law among Nations, sept 2009, p. 210.

[33] L'article 398 du Code civil camerounais définit la minorité. Le mineur non émancipé, selon les articles 476 à 487 codes civil, est frappé d'une incapacité juridique. Certains majeurs sont aussi frappés d'incapacité à raison de leur imbécilité, de leur démence ou de leur fureur (article 489 code civil).

[34]L'article 30 du Code pénal camerounais énumère les déchéances : 1) la destitution et l'exclusion de toutes fonctions, emplois ou offices publics.

[35]Meloné (S.), *op.cit.*, p.83.

[36] Rolland (L.) et Lampué (D.), *Droit d'outre-mer*, Paris, 1959, p. 86 ; Decottignies (R.), « La condition des personnes au Togo et au Cameroun », *Annales africaines*, 1957, p. 16 ; Marc de Biéville, « La naissance d'une nouvelle nationalité en Afrique : la nationalité camerounaise », *Revue juridique et politique d'outre-mer*, 1961, p. 600.

[37]Marc de Biéville, *op.cit.*, p. 601.

[38] En ce sens qu'elle résultait de la décision des autorités françaises de conférer au Cameroun un statut étatique et non d'une législation instituant une nationalité camerounaise.

[39]Gonidec (P. F.), « De la dépendance à l'autonomie : l'Etat sous tutelle du Cameroun », *Annuaire français de droit international*, 1957, p. 601 et p. 626.

En résumé, à la veille de l'indépendance dans les colonies, les indigènes avaient la nationalité du colonisateur. Dans les territoires sous tutelle, la nationalité était tout au plus virtuelle[40]. Le premier Code de la nationalité camerounaise intervient le 26 novembre 1959[41] dans l'ex-Cameroun oriental. Et dans l'ex-Cameroun occidental, la question de la nationalité continuait à être régie par le *British Protectorate, Protected States and Protected Persons Order in Council* en 1949. Ils consacrent la nationalité unique et admettent exceptionnellement la double nationalité. L'indépendance du Cameroun intervenue le 1er janvier 1960 n'apporte aucun changement à ce choix. À la suite du référendum de 1961 et de l'adoption d'une constitution fédérale le 1er septembre 1961, le Cameroun devient un Etat fédéral le 1er octobre 1961 par l'Union de la République du Cameroun[42]. L'article premier al. 9 de la Constitution fédérale de 1961 prévoyait que les ressortissants des Etats fédérés sont citoyens de la République fédérale et possèdent la nationalité camerounaise. Ainsi, une nationalité unique était attribuée à tous les Camerounais à partir du 1er octobre 1961, date de l'entrée en vigueur de l'Etat fédéral du Cameroun. Un nouveau Code de la nationalité est adopté le 11 juin 1968 à la faveur de l'unification des différents textes applicables dans l'un et l'autre Etat fédéré. Ce texte opère un renforcement de la nationalité unique. Ce texte sous-tendu par un contexte politique précis, se trouve questionné par un Avant-projet du Code des personnes et de la famille, qui va admettre la double nationalité. Cette rupture d'option législative a suscité la thématique suivante : « la question de la double nationalité sous le prisme du droit international privé : un législateur camerounais entre le droit *de lege lata* et *de lege ferenda* ».

Cette étude comporte certains intérêts. Sur le plan pratique, certains Camerounais jouissent paisiblement de la binationalité, alors que d'autres en sont handicapés[43]. Sur le plan juridique, des interrogations jaillissent

---

[40]Meloné (S.), *op.cit.*, p. 85.

[41]Cf. Ordonnance n° 59-66 du 26 novembre 1959.

[42]L'union comprend l'ancien territoire sous mandant puis sous tutelle française et l'ancien territoire sous mandant puis sous tutelle de la Grande-Bretagne.

[43]L'actualité camerounaise sur l'invalidation de l'élection de l'artiste Prince Ndedi Eyango au poste de Président du Conseil d'Administration de la SOCAM, le 02 novembre 2013 parce qu'il serait de nationalité américaine, est révélatrice d'une certaine prise en compte de

relativement au conflit de nationalités, conflit de lois entre personnes de nationalités différentes, la protection diplomatique des binationaux. On explorera aussi l'hypothèse de l'uninationalité dans la plurinationalité au plan théorique. Il est question de l'accès à la plurinationalité tout en préservant le fondement de l'uninationalité. Par ailleurs *de lege ferenda*, le législateur camerounais va admettre la double nationalité[44]. Est-ce pour autant qu'elle devrait bénéficier à tous les aspirants ? Sur le plan méthodologique, une approche multidisciplinaire sera préconisée[45]. Sous l'angle politique, l'objectif de consolidation de l'unité nationalité de 1966 est désormais obsolète par le retour du multipartisme en 1990. Enfin, la double nationalité peut être utile pour d'autres raisons exclusives de l'accès

---

la loi de 1968 sur la nationalité ; cf. Nguimbous (P.), « Cameroun-Affaire double nationalité : Ndedi Eyango signe et persiste », *Le Jour*, Cameroon-Info.Net, 2000-2014.

[44]L'Avant-projet de loi portant code des personnes et de la famille au Cameroun, version 2011, comporte des dispositions consacrant l'admission de la double nationalité. On en veut pour preuve : article 160 : « Tout Camerounais justifiant d'une autre nationalité peut répudier la nationalité camerounaise ». Article 166 : « L'enfant dont l'un des parents est étranger a la faculté de répudier la nationalité camerounaise dans les douze (12) mois précédant sa majorité, s'il peut, conformément à la loi nationale de cet étranger, se prévaloir de la nationalité de celui-ci ». Article 170 : « (1) L'étranger qui épouse une Camerounaise ou l'étrangère qui épouse un Camerounais peut, sur sa déclaration expresse, souscrire dans les formes prévues aux articles 187 et suivants du présent Code, acquérir la nationalité camerounaise au moment de la célébration du mariage ». Article 182 : « Perd la nationalité camerounaise, celui qui exerce la faculté de répudier sa qualité de Camerounais conformément aux dispositions du présent Code ». Article 183 : « (1) La personne de nationalité camerounaise qui épouse une personne de nationalité étrangère conserve la nationalité camerounaise, à moins qu'elle ne déclare expressément et dans les conditions prévues aux articles 160 et suivants du présent Code, répudier cette qualité ». Au regard de ces dispositions, on peut cumuler la nationalité camerounaise avec une autre, si on n'exerce pas la faculté de répudier la nationalité Camerounaise. Article 163 : « Est Camerounais : l'enfant dont l'un des parents est camerounais ». Cet article n'a pas exigé que les deux parents soient Camerounais. Un des parents peut être étranger et l'enfant sera toujours Camerounais ; avec la possibilité de cumuler la nationalité étrangère de son parent, si cette législation lui permet. On constate ainsi une admission tacite de la double nationalité *de lege ferenda*.

[45] Elle va mettre à contribution : le droit des personnes, le droit de la nationalité, le droit international privé, le droit international public.

aux fonctions de souveraineté[46]. L'ensemble de ces intérêts sous-tend l'interrogation suivante : le législateur camerounais doit-il admettre ou exclure sans restriction la double nationalité ?

Si l'exclusion de la double nationalité *de lege lata*[47]est critiquable (I), on propose une admission à conditionner de la double nationalité *de lege ferenda*[48] (II) au Cameroun.

I- UNE EXCLUSION CRITIQUÉE DE LA DOUBLE NATIONALITÉ AU CAMEROUN *DE LEGE LATA*

Huit ans après l'indépendance du Cameroun, le législateur se décidait d'adopter un Code sur la nationalité. La lecture des dispositions amène à conclure à l'exclusion de la double nationalité. Cette exclusion de la double nationalité était justifiée par des considérations politiques d'antan[49]. De nos jours, l'exclusion de la double nationalité est critiquée à raison de son caractère paradoxal (A). Bien plus les considérations, qui sous-tendent l'option d'une seule nationalité, ne sont pas ignorées dans le cumul de nationalités. La préservation de l'essence de l'uninationalité dans la double nationalité relativise l'exclusion de la double nationalité (B).

A– Une exclusion paradoxale de la double nationalité au Cameroun

La lecture des dispositions du Code de la nationalité au Cameroun conduit à la conclusion qu'un Camerounais ne peut avoir qu'une seule nationalité. On dit donc qu'il y a exclusion de la double nationalité *de jure*

---

[46]Le lien de sang avec deux parents de nationalité étrangère, la préservation de deux patrimoines appartenant aux parents de différentes nationalités, l'accès aux opportunités d'une citoyenneté étrangère compatible avec la nationalité camerounaise seraient autant de raisons qui sous-tendent la double nationalité.

[47]« *De lege lata* » : en considérant la loi telle que l'on existe. ; cf. Comité de rédaction, *Lexiques des termes juridiques*, Paris, 17e édition, Dalloz, 2010, p. 222.

[48]« *De lege ferenda* » : en se référant à la loi telle que l'on souhaiterait qu'elle fût. ; cf. Comité de rédaction, *Lexiques des termes juridiques,* op.cit., p. 222.

[49]Il convient de rappeler qu'entre 1955 et 1968, une portion importante des upcistes avait acquis les nationalités étrangères, du fait de l'exil et du maquis. Pour mettre hors-jeu ces politiciens, contrôler l'opinion publique et consolider l'unité nationale, les pouvoirs publics ont soutenu et obtenu une loi sur la nationalité, excluant les Camerounais possédant une autre nationalité de la scène politique. Voir, Eyinga (A.), *Mandat d'arrêt pour cause d'élections, de la démocratie au Cameroun* (1970-1978), Paris, L'Harmattan, 1978.

(1). Ce durcissement législatif contraste avec la survie de la double nationalité *de facto* (2). Cette cohabitation paradoxale entre les exigences du droit positif et les constatations pratiques relativise l'effectivité de l'uninationalité.

1–L'exclusion de la double nationalité *de jure*

Exclure la double nationalité revient à promouvoir l'uninationalité. Et le Cameroun a reçu cette doctrine dans son droit positif. La notion d'« uninationalité » renvoie au statut de celui qui a une seule nationalité. Il a donc un lien d'allégeance avec un seul Etat. Sur le plan interne, le national est le citoyen de son Etat. À ce titre, il dispose des droits[50] et supporte des charges[51] à l'égard de son Etat. Seul l'Etat dont la nationalité est en cause a compétence pour conférer ou denier à un individu cette nationalité[52]. « Il appartient à chaque Etat de déterminer par sa législation quels sont ses nationaux »[53]. L'exercice de ces prérogatives de souveraineté traduit l'instrumentalisation du droit au sol ou du sang. Le droit du sang, *jus sanguini*, résulte d'une conception objective de la Nation reposant sur les critères ethniques et culturels ; il fonde l'attribution de la nationalité sur la filiation. Quant au droit du sol, il exprime une conception subjective ou élective de la Nation qui sacralise la volonté de vivre ensemble selon des valeurs partagées. C'est pourquoi les codes fondés sur le *jus soli* admettent aisément le droit de renonciation[54].

---

[50]Préambule de la Constitution camerounaise du 18 janvier 1996 : « L'Etat garantit à tous les citoyens de l'un et de l'autre sexe, les droits et libertés énumérés au préambule de la Constitution ».

[51]Préambule, *op.cit.*, « Tous les citoyens contribuent à la défense de la patrie ».

[52] Au Cameroun, l'article 1er de la loi de 1968 portant code de la nationalité dispose : « La loi détermine quels individus ont, à leur naissance, la nationalité camerounaise à titre de nationalité d'origine ». Dans le même sens, l'Avant-projet du Code des personnes et de la famille camerounais (version 2011) dispose en son Article 158.- « La loi détermine quelles personnes ont, à leur naissance, la nationalité camerounaise à titre de nationalité d'origine ».

[53] Article 1er de la Convention de La Haye du 12 avril 1930 ; CPJI. Avis n° 4 du 7 févr. 1923 dans l'*affaire des décrets de nationalité en Tunisie et au Maroc*, avis n° 7 sur l'interprétation du Traité des minorités du 28 juin 1919 entre la Pologne et les Puissances alliées. La CPJI a affirmé que les questions de nationalités étaient comprises dans le domaine « réservé », c'est-à-dire ressortissant à la compétence exclusive de l'Etat.

[54]Dollat (P.), *op.cit.*, p. 78.

Sur le plan international, l'Etat doit exercer sa protection diplomatique et soumettre l'individu relié à des droits et obligations où qu'il se trouve. Ce lien confère à l'Etat un titre juridique dans la sphère internationale[55] : exercer sa protection, agir devant le juge international, définir des règles[56]. Sur le plan politique, l'Etat conserve le choix de la composition de sa population en distinguant les nationaux et les étrangers ; parce que ces derniers doivent posséder d'autres liens d'allégeance[57].

Cette conception de l'uninationalité est perceptible par les dispositions camerounaises sur la perte de la nationalité[58]. Si les alinéas de l'article 31 sont aisés à assimiler, une ambigüité demeure sur l'article 32. En effet, l'article 31 constitue la charnière conservatrice de l'uninationalité. Ainsi « perd la nationalité camerounaise : a) le Camerounais majeur qui acquiert ou conserve volontairement une nationalité étrangère »[59]. Les alinéas b[60]) et c[61]) ne sont que des hypothèses variées pour rendre compte de la perte automatique de la nationalité, prévue par l'alinéa a). En de termes simples, lorsqu'on est Camerounais, toute démarche qui aboutit à l'obtention d'une nationalité étrangère entraîne perte de la nationalité camerounaise. La perte

---

[55] CIJ, Nottebohm, « Exercer la protection, s'adresser à la Cour, c'est se placer sur le plan du droit international. C'est le droit international qui détermine si un Etat a qualité pour exercer la protection et saisir la Cour », Rev. p. 20-21.

[56] Lanfranchi (M. P.), *op.cit.*, p. 2.

[57] Rezek (J. F.), « Le droit international de la nationalité », RCADI, 1987, p. 352 ; De Burlet (J.), « De l'importance d'un droit international coutumier de la nationalité », Revue critique de droit international privé, 1978, n° 67, p. 326.

[58] En effet, les dispositions sur l'attribution et l'acquisition de la nationalité camerounaise ne renseignent par sur l'impossibilité de cumuler les nationalités. On est plus en présence des opportunités de nationalités. Permettent d'acquérir la nationalité camerounaise, les circonstances suivantes : la filiation (art. 6 à 8), la naissance au Cameroun (art. 9 à 12), le mariage (art. 17 à 19), déclaration de nationalité en raison de la naissance, la résidence au Cameroun ou de l'adoption ou de la réintégration des parents (art. 20 à 23), et de la naturalisation (art. 24 à 27).

[59] Article 31.a) de la loi n° 68/LF/3 du 11 juin 1968 portant code de la nationalité au Cameroun.

[60] Article 31 b) : « celui qui exerce la faculté de répudier la qualité de Camerounais conformément aux dispositions de la présente loi ».

[61] Article 31 c) : « celui qui, remplissant un emploi dans un service public d'un organisme international ou étranger, le conserve nonobstant l'injonction de le résigner faite par le Gouvernement camerounais.

de la nationalité camerounaise est établie *ad validitatem* au jour de l'obtention d'une nationalité étrangère. Le constat de la perte de nationalité par les autorités compétentes opère comme un formalisme *ad probiotionem.* On peut même avoir les opportunités de cumul de nationalité comme dans l'hypothèse du mineur ayant des parents de nationalités différentes ou de la femme mariée à un étranger. Une fois l'option effectuée pour une nationalité, l'article 31 de la loi de 1968 permet de tirer les conséquences juridiques qui s'imposent. L'enfant qui après sa majorité choisit ou répudie la nationalité camerounaise, conserve ou perd celle-ci sans possibilité de cumul. Il y a une remise en cause de l'égalité parentale sur le mineur[62]. Et la marge de manœuvre de la femme mariée est aussi limitée au regard de l'ambiguïté de l'article 32. Le fait que : « la femme camerounaise qui épouse un étranger conserve la nationalité camerounaise »[63], peut être vu comme un aménagement de la binationalité. En fait, le législateur protège la femme mariée à un étranger contre le risque d'apatridie[64], si la loi nationale du mari ne lui permet pas d'acquérir sa nationalité. Aussi la femme mariée camerounaise à un étranger a une nationalité certaine (la nationalité camerounaise) et une nationalité éventuelle (la nationalité d'alliance). Si elle entreprend les formalités pour acquérir la nationalité de son mari ; on déduit qu'elle « acquiert une nationalité étrangère » et donc « perd la nationalité camerounaise »[65].

En bref, le droit positif camerounais de la nationalité a réceptionné la conception de l'uninationalité, excluant ainsi la double nationalité *de jure.* Cependant, la double nationalité survit *de facto.*

---

[62]Principe contenu dans l'article 9 de la Convention sur l'élimination de toutes les formes de discrimination à l'égard des femmes du 18 décembre 1979, ratifiée par le Cameroun en 1993. Cet article dispose : « 2. Les Etats parties accordent à la femme des droits égaux à ceux de l'homme en ce qui concerne la nationalité de leurs enfants ».

[63]Article 32 (1) de la loi de 1968.

[64] L'apatridie est la situation de la personne qu'aucun Etat ne considère comme son ressortissant, soit du fait qu'il a perdu la nationalité qu'il possédait, soit du fait que l'individu ne s'est jamais vu attribuer une nationalité. L'apatride ne bénéficie pas de la protection internationale d'un Etat. cf. Mayer (P.) et Heuzé (V.), *op.cit.*, p. 620-621.

[65] Article 31 a) de la loi de 1968.

2–La survie de la double nationalité *de facto*

On ne peut nier l'imbrication existentielle qu'on peut établir entre les faits et le droit positif. Si le droit positif régule le comportement des sujets du droit, il arrive aussi que les faits renseignent sur l'effectivité du droit positif. Il est question de mesurer l'écart entre la règle posée et les comportements suivis[66]. Si les comportements ne suivent pas les prescriptions posées par la règle, on assiste à une crise d'effectivité. Il ne convient guère de conclure à l'échec de la règle de droit. On peut plutôt y voir un appel à une réflexion sur les contours nouveaux à donner au droit positif[67]. C'est dans cette logique qu'il convient d'inscrire les rapports des faits alléguant des cas de double nationalité au Cameroun dans une sociologie du droit. Certaines sources informent que certains Camerounais soit posent des actes justificatifs d'une nationalité étrangère[68], soit ont obtenus effectivement une nationalité étrangère[69].

---

[66]Encinas de Munagori (R.), Lhuilier (G.), *Introduction au droit*, Flammarion, 2002, p. 211.

[67]Il est question de s'inspirer du positivisme factualiste. C'est un positivisme ouvert sur le fait ; il considère que c'est dans le milieu social qu'il convient, soit de découvrir les règles de droit, soit de puiser les sources de l'inspiration du législateur, soit de vérifier l'effectivité de l'application du droit formel et par là son adéquation aux besoins de la société ; cf. Oppetit (B.), *Philosophie du droit*, Paris, Editions Dalloz, 1999, p. 65.

[68]Le 22 avril 2012, jour du vote pour le premier tour de l'élection présidentielle française, Roger Milla (Ambassadeur itinérant à la présidence de la République du Cameroun) et Adolphe Moudiki (Administrateur directeur général de la Société nationale des hydrocarbures) ont voté. Or, la Constitution française est claire : « sont électeurs, dans les conditions déterminées par la loi, tous les nationaux français majeurs des deux sexes, jouissant de leurs droits civils et politiques » ; Biaga (M.), « Double nationalité : Roger Milla et Adolphe Moudiki tombent le masque », *Emergence*, https://kongossa.fr/politique/4593/politique-double-nationalité...

[69]Dans la sélection camerounaise de football, nombre de joueurs détiennent la double nationalité : camerounaise et française pour la majorité des cas ; camerounaise et espagnole par exemple. Samuel Eto'o est arrivé en Espagne en 1996, l'ancien joueur d'UCB de Douala aura attendu dix ans après la signature de son premier contrat professionnel avec le Real Madrid (1997), pour officiellement prêter serment comme citoyen espagnol, en octobre 2007. Et, malgré le fait qu'il possède la double nationalité espagnole et camerounaise, Samuel Eto'o Fils continue d'évoluer au sein des Lions indomptables ; Voir dans ce sens, Anjick (J.E.), « Controverse : Eto'o, Song, Mbia, Makoun…sont-ils encore Camerounais ? » ; Mutations du 07-08-2008.http://makea-word.com/fr/bnews.php ? nid=1738&sites=0&seite=50&lt ; /font>

La binationalité constatée de *facto* trouve un support dans l'inapplication de la loi sur la nationalité. En effet, tant qu'un décret ne prononce pas la perte de la nationalité camerounaise[70], on peut tirer profit des deux nationalités. Et dans le paysage camerounais, aucun décret portant perte de nationalité n'a été pris depuis l'adoption de la loi de 1968. Ceux qui ont deux nationalités et dont le statut est utilisé comme un moyen de déstabilisation pour une raison quelconque ont de beaux jours devant eux.

Tout ce qui précède rend problématique le durcissement de l'uninationalité. Bien plus, le droit prévoit des solutions qui permettent de préserver l'essence de l'uninationalité même en cas de double nationalité.

B–La préservation de l'essence de l'uninationalité dans la double nationalité

Démontrer l'existence d'une seule et réelle nationalité dans la double nationalité commande au préalable de cerner le cumul de nationalités (1). Ensuite, la jurisprudence sur le conflit de nationalités a relativisé l'effective double nationalité (2). C'est ce qui préserve l'essence de l'uninationalité dans la double nationalité.

1–L'essentiel sur le cumul de nationalités

Un individu qui est le national de deux ou plusieurs Etats ne constitue pas une hypothèse irréelle. On peut présenter avec un Etat certains liens qui justifient l'inclusion dans sa population constitutive, et avec un autre des liens différents mais tout aussi solides, provoquant une réaction identique[71]. On peut, par hypothèse, avoir un père gabonais et une mère française. Si l'on considère l'équivalence de la maternité et de la paternité, on peut rattacher cet enfant aussi bien au Gabon, qu'à la France. Et sous peine d'en faire un apatride, il est normal que chacun lui offre sa nationalité[72].

La binationalité est aussi favorisée par le fait que, certains Etats attribuent la nationalité non seulement à raison du lien de la filiation (*jus sanguinis*), mais aussi à raison du lieu de naissance (*jus soli*). Par ailleurs, les femmes mariées conservent souvent leur nationalité ancienne tout en acquérant celle

[70]Article 40 de la loi de 1968.
[71]Mayer (P.) et Heuzé (V.), *op.cit.*, p. 615.
[72]Ibid.

de leur mari. Elles ont alors une double nationalité, et les enfants du couple risquent de se trouver dans le même cas[73].

Lorsqu'un individu a la nationalité de plusieurs Etats, chacun d'eux peut réclamer une compétence personnelle à son égard. La solution au conflit positif de nationalités illustre la préservation de l'essence de l'uninationalité dans le cumul de nationalité. Ce postulat est déductible des tendances jurisprudentielles.

2–L'illustration jurisprudentielle de l'essence de l'uninationalité dans la double nationalité

Le conflit de nationalités[74] peut être positif[75] ou négatif[76]. Dans toutes ces hypothèses, l'intervention du juge international ou étatique rend compte d'une réelle uninationalité dans la double nationalité.

Sur le volet international, une juridiction doit retenir la nationalité de l'Etat qui se prétend compétent, sans se demander si l'individu concerné ne possède pas aussi une ou plusieurs autres nationalités, même plus effective. Ainsi, si l'Etat A veut protéger contre l'Etat B son national, peu importe que celui-ci ait également la nationalité de l'Etat C, même si elle est plus effective[77] ; pourvu que la nationalité de l'Etat A ait l'effectivité minimale sans laquelle elle est inopposable à B, selon l'arrêt *Nottebohm*[78]. Pour évincer toute possibilité de conflit entre les Etats agissant dans l'intérêt d'un seul individu (leur national), la Convention de La Haye du 12 avril 1930, en son article 4 dispose : « un Etat ne peut exercer sa protection

---

[73]Ibid., p. 616.

[74] Situation dans laquelle plusieurs nationalités sont attribuées à un même individu et où il est nécessaire de n'en retenir qu'une ; cf., Comité de direction, *Vocabulaire juridique*, *op.cit.*, p. 230.

[75] Le conflit de nationalités est positif lorsque chaque Etat déclare sa compétence sur un individu qui a plusieurs nationalités. Le conflit positif peut être concordant : lorsque les Etats protègent le même intérêt. Le conflit positif peut être discordant lorsqu'un Etat conteste la compétence de l'autre sur un individu.

[76]Le conflit de nationalités est négatif lorsqu'aucun Etat ne déclare sa compétence sur un individu. On parle d'apatridie.

[77]Sentence *Salem* rendue par le tribunal arbitral egypto-americain le 8 juin 1932, JO, 1933, 1046, Rev.crit. DIP 1934.706, Note Niboyet ; Sentence *Strunsky-Mergé* rendue par la Commission de conciliation italo-américaine le 10 juin 1955, AFDI 1956. 430.

[78]Mayer (P.) et Heuze (V.), *op.cit.*, p. 616.

diplomatique au profit d'un de ses nationaux à l'encontre d'un Etat dont celui-ci est aussi le national ». Ce qui précède résume le conflit positif concordant. Quid du conflit positif discordant ?

L'article premier de la Convention de La Haye du 12 avril 1930, après avoir posé le principe de la compétence de l'Etat pour attribuer la nationalité, rappelle la nécessité d'une conformité avec les « coutumes internationales et les principes généraux du droit des gens généralement reconnus en matière de nationalité ». Ce sont des coutumes internationales et principes généraux du droit des gens que le juge international a valorisé pour résoudre les conflits de nationalités dans l'arrêt *Nottebohm* et le différend *Albert Flegenheimer.*

Dans l'arrêt *Nottebohm*[79], il s'agit de déterminer si la naturalisation conférée à Nottebohm peut être invoquée vis-à-vis du Guatemala ; de telle sorte que le Liechtenstein soit par là fondé à exercer sa protection au profit de Nottebohm contre le Guatemala. L'arbitre international a fait prévaloir la nationalité effective[80] sur la nationalité moins effective, apparente, ou patrie nominale. Le Liechtenstein ne pouvait pas exercer sa protection diplomatique pour défaut de rattachement effectif avec Nottebohm.

Dans le différend *Albert Flegenheimer*[81], le 20 septembre 1958, la Commission de conciliation établie par les Etats-Unis et l'Italie en application de l'article 83 du Traité de paix a rejeté pour irrecevabilité une demande formée dans l'intérêt d'*Albert Flegenheimer* par les Etats-Unis. Cette décision conforte l'Italie dans sa logique[82]. L'Italie conteste la

---

[79]*Affaire Nottebohm* (Liechtenstein c. Guatemala), Cour Internationale de Justice, 1955, le 6 avril, Rôle général n° 18.

[80] La nationalité effective est celle concordant avec la situation de fait, celle reposant sur le lien de fait supérieur entre l'intéressé et l'un des Etats dont la nationalité était en cause. Les éléments pris en considération sont divers et leur importance varie d'un cas à l'autre : le domicile de l'intéressé y tient une grande place, mais il y a aussi le siège de ses intérêts, ses liens de famille, sa participation à la vie publique, l'attachement à tel pays par lui manifesté et inculqué à ses enfants, etc. ; cf. *affaire Nottebohm, op.cit.*

[81]Commission de conciliation Etats-Unis-Italie, *Différend Albert Flegenheimer*, Décision du 20 septembre 1950, Annexe suisse 1961.155.

[82]L'Italie a fait plaider en s'appuyant sur l'arrêt rendu dans l'*Affaire Nottebohm* que, quelle que soit la situation du réclamant en droit interne américain, « les Etats-Unis n'ont pas qualité pour exercer, en sa faveur le droit de protection diplomatique ; ni saisir la

protection diplomatique d'Albert Flegenheimer par les Etats-Unis, faute d'un lien affectif de nationalité.

Sur le volet interne, le juge sera saisi non pas d'un conflit de nationalités, mais d'un conflit de lois. Quelle est la loi applicable au statut personnel d'un binational ou d'un plurinational[83] ? Le juge national peut adopter deux attitudes : soit si toutes les nationalités sont étrangères, la plus effective l'emporte[84] ; soit si l'une des nationalités est la nationalité du for, elle l'emporte[85]. Cette dernière solution, qui affirme la prévalence de la nationalité du for, a été critiquée par l'approche fonctionnelle. Elle commande de faire prévaloir « la fonction que remplit la nationalité dans l'hypothèse considérée »[86]. Il s'agit de faire valoir, pour une nationalité étrangère, le jugement d'une juridiction étrangère, telle qu'illustrée dans l'*affaire Dujaque*[87] et l'*affaire Naji Abdelmjid c/ Fadil Touria*[88]. Si l'approche

---

Commission », faute de lien effectif de nationalité entre les Etats-Unis et Albert Flegenheimer.

[83]Lorsque la règle de conflit est alternative, le choix n'est pas nécessaire, et l'on devrait pouvoir retenir, au titre de « la loi nationale », chacune des lois désignées par les diverses nationalités de l'intéressé.

[84]La règle a été expressément énoncée par la Cour de cassation (Civ. 15 mai 1974, *Martinelli*, Rev.crit. DIP 1975. 260, note Nisard). Elle est conforme à l'article 5 de la Convention de La Haye de 1930 : « Dans un Etat tiers, l'individu possédant plusieurs nationalités devra être traité comme s'il n'en avait qu'une ».

[85]La règle est conforme à la Convention de La Haye du 12 avril 1930 (art.3) : « Un individu possédant deux ou plusieurs nationalités pourra être considéré par chacun des Etats dont il a la nationalité comme son ressortissant ». Elle est en général considérée comme allant de soi, et la Cour de cassation l'a consacrée : Civ. 17 juin 1968, *Kasapyan*, (deux arrêts)Rev. crit. DIP 1969.59, note Battifol, GA n° 46 ; 7 nov.1972. Rev. crit. DIP 1973.301, note Lagarde ; Civ. 1er, 16 mars 1999, Bull. I, n° 101, p. 66.

[86]Lequette (Y.), « De l'approche fonctionnelle des conflits de nationalités dans la répudiation entre époux franco-marocain », *Revue critique de droit international privé*, Dalloz, 2014, p. 6.

[87]Dans *l'affaire Dujaque* le litige mettait aux prises deux époux divorcés qui se disputaient la garde de leur enfant mineur. Polonais, mariés en Pologne, ceux-ci étaient venus s'installer en France, où ils avaient acquis la nationalité française sans perdre leur nationalité d'origine, puis, s'étaient séparés, le mari restant en France, la femme rentrant en Pologne avec l'enfant, lui-même double national. Un jugement de divorce français avait confié la garde au père, mais quelque temps plus tard un jugement polonais attribuait, par application de la loi polonaise de l'enfant, la garde à la mère qui demandait l'exequatur de cette décision en France. Par un arrêt du 18 juin 1985, la Cour de Paris accorda cet exequatur sur le

fonctionnelle peut être plausible dans les hypothèses où elle ne compromet pas l'ordre public du for, elle devient risquée lorsque l'ordre public étranger ne coïncide pas avec l'ordre public du for et expose l'issue du litige au résultat que le juge se propose d'atteindre[89]. C'est pourquoi,

---

fondement de la Convention franco-polonaise du 5 avril 1967 en considérant que le juge polonais saisi de l'action directe ne pouvait retenir que la nationalité polonaise de l'enfant. Un pourvoi avait été formé, la haute juridiction le rejette par un arrêt très motivé. Selon elle, la Convention franco-polonaise était applicable « bien qu'au regard de la loi française toutes les parties en cause fussent françaises », car « l'esprit de cette convention étant de régler l'ensemble des rapports juridiques de caractère international en matière de droit des personnes et de la famille, il convient de la faire jouer dès lors que le litige concerne des personnes qui ont la nationalité polonaise, même si elles ont aussi la nationalité française ». Et s'agissant de l'exequatur en France du jugement polonais modifiant l'attribution de la garde de l'enfant, hypothèse pour laquelle l'article 10, alinéa 2 de la Convention prévoyait, en cas de domicile séparé des parents, l'application de la loi nationale de l'enfant, elle décide « que c'est aussi avec raison que les juges d'appel ont estimé que la juridiction étrangère était en droit pour déterminer la loi applicable (...) de prendre en considération, comme l'eût fait le juge français dans le cas où il aurait été saisi, la nationalité qui était attribuée à l'enfant par la loi locale, à savoir, en l'espèce, la loi polonaise ». Voir, Lequette (Y.), « De l'approche fonctionnelle des conflits de nationalités dans la répudiation entre époux franco-marocain », *Revue critique de droit international privé*, Dalloz, 2014, p. 5.

[88]*Affaire Naji Abdelmjid c/ Fadil Touria*, Tribunal de grande instance de Paris (1re Ch., ch. des urg.), 27 septembre 1990 : en l'espèce, Naji Abdelmjid et Touria Fadil, tous deux de nationalité marocaine se sont mariés le 21 mai 1982 au Consulat général du Maroc à Strasbourg. L'acte dressé à cette occasion a été transcrit sur les registres de l'état civil français par décret du 22 août 1985. Ils ont l'un et l'autre acquis la nationalité française, sans pour autant, rompre le lien d'allégeance qui les unissait au Royaume du Maroc. Nadji est retourné au Maroc et a répudié sa femme selon la loi marocaine. Et il est prévu dans l'article 13 de la Convention franco-marocaine du 10 août 1981 que la dissolution du lien conjugal homologuée par un juge au Maroc, produise effet en France dans les mêmes conditions que les jugements de divorce prononcés à l'étranger. Le 4 septembre 1987 la décision judiciaire de répudiation de Fadil a été prononcée par l'autorité judiciaire marocaine. L'épouse a eu la garde de l'enfant issu du mariage, une somme forfaitaire de 8000 dirhams au titre de don de consolation, une pension alimentaire de 800 f. Cette décision rendue au Maroc, a fait l'objet d'une demande d'exequatur en France. Le tribunal de grande instance de Paris a déclaré exécutoire en France l'acte reçu le 4 septembre 1987 par le Tribunal de première instance de Casablanca, équivalent par ses effets à une décision de divorce entre Naji Abdelmjid et Touria Fadil. Voir, Lequette (Y.), « De l'approche fonctionnelle des conflits de nationalités dans la répudiation entre époux franco-marocain », *Revue critique de droit internationale privé*, Dalloz, 2014, p.1 et 2.

[89]Lequette (Y.), *op.cit.*, p. 8.

préventivement, l'approche fonctionnelle doit être exclue pour faire prévaloir l'ordre interne sur les lois étrangères[90] comme dans l'arrêt *Boll*[91].

En synthèse, le primat de la nationalité effective sur la ou les nationalité(s) moins effective(s), apparente(s) ou nominale(s) consolide la thèse de la préservation de l'essence de l'uninationalité dans le cumul de nationalités. Le but de cette démonstration est d'établir que l'admission du cumul de nationalités ne saurait effacer fondamentalement l'essence de l'uninationalité. Par ailleurs, l'ineffectivité de la loi de 1968 et la préservation de l'essence de l'uninationalité même dans le cumul de nationalité fondent la critique du droit camerounais *de lege lata* sur la nationalité. En conséquence, le Cameroun gagnerait à conditionner l'accès à la double nationalité *de lege ferenda.*

---

[90]Si l'on fait prévaloir les lois étrangères sur la loi du for, pourra-t-on imposer la polygamie permise au Maroc, au juge français, alors que l'ordre public français la prohibe ? En effet, l'approche fonctionnelle du conflit de loi sur la nationalité peut remettre en cause les fondements même de la société du for. C'est dans ce sillage qu'il convient d'inscrire la pensée de Brune Oppetit, lorsqu'il affirme : « … l'approche systématiquement fonctionnelle des questions de (…) de conflits de nationalités porte en elle la négation de notions fondamentales (…) dans lesquelles s'incarnent des valeurs de base » ; cf. Oppetit (B.), *Philosophie du droit, op.cit.*, p. 109.

[91]Arrêt de la CIJ du 28 novembre 1958 (affaire relative à l'application de la Convention de 1902 pour régler la tutelle des mineurs, Pays-Bas c. Suède) : en l'espèce, l'enfant M. E. Boll était née d'un père néerlandais et d'une mère suédoise. Elle avait la nationalité de son père. À la mort de sa mère, son père fut nommé tuteur par le Tribunal de première instance de Norrköpping (Suède) avec comme curateur le grand-père maternel. Quelques semaines plus tard, l'office des mineurs de Norrköpping mettait l'enfant sous le régime de l'éducation protectrice en application de l'article 22a de la loi suédoise du 6 juin 1924. Le père et la tutrice s'y opposèrent. Le différend qui opposa la Suède et les Pays-Bas reposait sur l'applicabilité à une enfant néerlandaise du régime d'éducation protectrice suédois. Selon les Pays-Bas, la Convention de 1902 donnait dans un tel cas compétence à la loi nationale de la mineure pour l'organisation de la tutelle. La Cour écarta la théorie néerlandaise et rejoignit la Suède en alléguant que : le régime de l'éducation protectrice doit s'appliquer à toute la jeunesse vivant en Suède ».cf. Daniel-Henri (V.), L'arrêt de la CIJ du 28 novembre 1958 (affaire relative à l'application de la Convention de 1902 pour la tutelle des mineurs, Pays-Bas c. Suède). In : Annuaire français de droit international, volume 4, 1958, p.250-256.

II–UNE ADMISSION CONDITIONNEE DE LA DOUBLE NATIONALITE AU CAMEROUN *DE LEGE FERENDA*

L'Avant-projet du Code des personnes et de la famille au Cameroun s'inscrit en faveur de l'admission de la double nationalité[92]. Ainsi, l'acquisition voire la conservation d'une nationalité étrangère n'entraîne plus automatiquement la perte de la nationalité camerounaise[93]. Toutefois, peut-on y voir une ouverture de la double nationalité à tous les Camerounais ? La réponse est négative. En effet, admettre la double nationalité au Cameroun sous certaines conditions, revient à l'aménager en déterminant les circonstances où elle n'est pas permise et les hypothèses de permission. De manière poétique, il est question de distinguer une admission à limiter (A) à côté d'une admission aménageable (B) de la double nationalité au Cameroun dans le droit prospectif. On pose ainsi les bases d'une théorie de la nationalité par degré.

A– Une admission à limiter d'une double nationalité au Cameroun

Si certains Camerounais peuvent avoir deux nationalités, d'autres ne sauraient y prétendre à raison de la théorie d'allégeance effective (1). Celle-ci a des corollaires sur l'exclusion de la double nationalité (2).

1–Les limites consécutives à la théorie de l'allégeance effective

La nationalité est un lien entre l'individu et l'Etat[94]. De cette définition, il est possible d'avoir entre l'individu et l'Etat deux types de lien : un lien effectif et un lien apparent. Ces deux orientations de la nationalité ont pour conséquence l'usage des notions distinctes comme : nationalité effective[95] et nationalité apparente. Cette évolution conceptuelle de la nationalité a des inférences sur la notion d'allégeance.

---

[92]Les dispositions justificatives de l'accès à la double nationalité dans l'Avant-projet du Code des personnes et de la famille version (2011) sont : articles 160 ; 163 ; 166 ; 170 (1) et 183 (1). Les citations et explications ont été données à la note de bas de page 43.

[93]Djuikouo (J.), « La question du cumul des nationalités en droit camerounais », *Juridis Périodique*, n° 98, avril-mai-juin 2014, p. 59.

[94]Loussouarn (Y.) et Bourel (P.), *op.cit.*, p. 548.

[95]Se dit de la nationalité lorsqu'il existe entre un individu et l'Etat qui la confère des liens de fait (comportement, langue, milieu de vie) tels que cet individu est plus étroitement rattaché à la population de cet Etat qu'à celle de tout autre (V. Conv. La Haye, 12 avr. 1930, a. 5) ; Comité de direction, *Vocabulaire juridique*, *op.cit.*, p. 673.

L'allégeance renvoie à la situation de dépendance d'une personne envers le souverain dont elle est le sujet ou, plus généralement, envers l'Etat dont elle a la nationalité[96]. Si la nationalité connaît des évolutions, il est difficile d'affirmer que l'allégeance ne sera guère affectée. En effet, le lien entre la nationalité et l'allégeance est ombilical de sorte qu'à une nationalité effective correspond une allégeance effective et à une nationalité apparente correspond une allégeance apparente[97]. Ainsi, l'allégeance effective désigne une situation de dépendance effective d'une personne envers le souverain dont il est sujet ou envers l'Etat dont il a la nationalité. Les signes d'allégeance effective ont pour origine : la volonté de l'individu[98].

La distinction entre allégeance effective et allégeance apparente est fondamentale ; car c'est dans l'hypothèse d'allégeance effective, qu'on peut cerner le serment d'allégeance. C'est un serment par lequel un sujet ou un citoyen reconnaît son devoir d'allégeance et jure la fidélité à son pays ou, le cas échéant, à son monarque[99]. L'allégeance devient une obligation de loyauté et d'obéissance à l'égard d'un Etat ou d'un souverain qui impose, dans certains cas, une prestation de serment particulière de la part de celui qui entend prendre la nationalité du pays concerné[100]. C'est aussi une obligation de loyauté, d'obéissance et de fidélité du citoyen à l'égard de l'Etat de résidence[101]. *À contrario*, le défaut de sentiment d'appartenance à l'Etat est susceptible d'entraîner une suspicion de l'individu considéré comme un traître, indigne de confiance[102].

---

[96]Comité de direction, *Vocabulaire juridique*, *op.cit.*, p. 56.

[97]La notion d'allégeance apparente est dérivée de nationalité apparente. Il est question des individus qui n'ont pas de lien effectif avec l'Etat dont ils portent la nationalité. Dans la jurisprudence précédemment exploitée, Nottebohm aurait une allégeance apparente offerte par le Liechtenstein ; et Albert Flegenheimer aurait une nationalité apparente acquise des Etats-Unis.

[98] Lagarde (P.), Dionisi-Peyrusse (A.), « Essai sur une nouvelle conception de la nationalité », Paris, Defrénois, 2008, p. 436. *Revue critique de droit international privé,* Dalloz, 2014, p. 2.

[99]Serment d'allégeance, http://fr.wikipedia.org/wiki/Serment d % C3% A 9 geance.

[100]Ramas-Muhlbach (B.), « L'allégeance à l'Etat juif comme ciment nécessaire de la société israélienne », http://fr.manhigut.org/index.php?option=com...

[101] Ibid.

[102] Ramas-Muhlbach (B.), « Israël face à la double allégeance des citoyens israéliens », http://fr.manhigut.org/index.php?option=com...

En bref, la distinction nationalité effective et apparente a permis de ne pas confondre l'allégeance effective et apparente. Les corollaires de l'allégeance effective participent à la relativisation de la double nationalité.

2–Les corollaires de l'allégeance effective sur l'exclusion de la double nationalité

La théorie de l'allégeance effective renseigne sur le statut prohibitif de la double nationalité et sur la kyrielle des sanctions juridiques y afférentes. Cette doctrine puise son fondement dans la théorie de la souveraineté. On ne saurait admettre que des individus qui détiennent des postes de souveraineté[103] ou qui accèdent au secret d'Etat, possèdent la double nationalité.

Pour ce qui est du statut prohibitif de la double nationalité, il concerne les fonctions susceptibles de permettre au postulant d'accéder au secret d'Etat. Il n'est pas à confondre avec secret professionnel[104]. Encore appelé secret de la défense nationale, on entend par secret d'Etat : des renseignements, objets, documents, données informatisées, fichiers ou procédés qui doivent être tenus cachés dans l'intérêt de la défense nationale et dont la recherche, l'appropriation, le détournement, la reproduction, la divulgation ou la destruction constituent des infractions contre la sûreté de

---

[103]La souveraineté désigne le caractère suprême d'une puissance (*summa potestas*) qui n'est soumise à aucune autre. C'est aussi le caractère d'un organe qui n'est soumis au contrôle d'aucun autre et se trouve investi des compétences les plus élevées ; Comité de direction, *Vocabulaire juridique (*dir. G. Cornu) Association Henri Capitant, Paris, PUF, 8e édition, 2007, p. 882. Les développements sur les théories de la souveraineté royale, populaire, nationale et représentative ont été effectués in Moneboulou Minkada (H. M.), « L'expression de la souveraineté des Etats membres de l'OHADA (l'Organisation pour l'Harmonisation en Afrique du Droit des Affaires): une solution-problème à l'intégration juridique », *Revue de l'Ersuma*, n°3, 2013.

[104]Obligation, dont le respect est sanctionné par la loi pénale, imposant à certains professionnels de taire les confidences recueillies au cours de l'exercice de leur profession (Comité de rédaction, *Lexiques des termes juridiques*, Paris, 17e édition, Dalloz, 2010, p. 655.). Le secret professionnel concerne parfois un personnel qui exerce des fonctions insusceptibles d'attenter aux informations de souveraineté. Il s'agit des données relatives à la vie privée. C'est ainsi que sont astreints au secret professionnel : les médecins et chirurgiens, avocats, ministre du culte, banquiers. Cette liste s'inspire de l'énumération de l'article 310 du Code pénal camerounais. À l'inverse, le secret d'Etat a plus un rapport avec la sûreté de l'Etat.

l'Etat[105]. Cette définition française a le mérite d'être tatillonne. L'approche camerounaise, quant à elle, est plus synthétique. Il est question de : « tout renseignement de toute nature susceptible d'aider des entreprises hostiles contre la République et qui n'a pas été rendu public »[106].

Ainsi les dépositaires du secret d'Etat ne sauraient prétendre à la double nationalité. Au regard du Cameroun, peuvent accéder au secret d'Etat, les personnes exerçant des fonctions électives et les fonctionnaires[107]. Sont élus, le Président de la République, les députés, les sénateurs, les maires, les conseillers municipaux et régionaux[108].On note une discrimination entre les fonctions électives assorties de l'exigence d'une nationalité d'origine[109] et celles ouvertes aux Camerounais naturalisés[110]. L'exclusion de la double

---

[105]Comité de direction, *Vocabulaire juridique*, op.cit., p. 939.

[106]Article 109 du Code pénal camerounais.

[107]On emprunte à l'article 131 du Code pénal camerounais, la *Définition du fonctionnaire* : « est considéré comme fonctionnaire, pour l'application de toute loi pénale, tout magistrat, tout officier public ou ministériel, tout préposé ou commis de l'Etat ou toute autre personne morale de droit public, d'une société d'Etat ou d'économie mixte, d'un officier public ou ministériel, tout militaire des forces armées ou de gendarmerie, tout agent de la sûreté nationale ou de l'administration pénitentiaire et toute personne chargée même occasionnellement d'un service, d'une mission ou d'un mandat publics, agissant dans l'exercice ou à l'occasion de l'exercice de ses fonctions. ».

[108]Loi n° 2012/001 du 19 avril 2012 portant code électoral, modifiée et complétée par la Loi n° 2012/017 du 21 décembre 2012 porte code électoral au Cameroun.

[109]Article 117 : « Les candidats aux fonctions de Président de la République doivent jouir de la plénitude de leurs droits civiques et politiques et avoir trente-cinq (35) ans révolus à la date de l'élection. Ils doivent être citoyens camerounais d'origine et justifier d'une résidence continue dans le territoire national d'au moins douze (12) mois consécutifs et d'une inscription sur les listes électorales à la date du scrutin ». L'article 220 (2) ne permet qu'aux citoyens camerounais d'origine et justifiant d'une résidence effective au Cameroun, de candidater à la fonction de sénateur. Ces articles sont extraits de la Loi n° 2012/001 du 19 avril 2012 portant code électoral, modifiée et complétée par la Loi n° 2012/017 du 21 décembre 2012 porte code électoral au Cameroun.

[110]Article 156 : « Peut-être candidat aux élections des députés à l'Assemblée nationale, tout citoyen camerounais sans distinction de sexe, jouissant du droit de vote et régulièrement inscrit sur une liste électorale, âgé de vingt-trois (23) ans révolus à la date du scrutin et sachant lire et écrire le français ou l'anglais ». Article 157 : « L'étranger qui a acquis la nationalité camerounaise par naturalisation n'est éligible qu'à l'expiration d'un délai de dix (10) ans à compter de la date d'acquisition ». L'article 175 (3) permet à l'étranger naturalisé d'être éligible aux élections municipales, à l'expiration du délai de 10 ans à compter de la

nationalité est sous-tendue par le souci de leur éviter un conflit d'intérêts ou mieux un conflit d'allégeances effectives[111].

Quant aux sanctions consécutives à la théorie d'allégeance effective, il convient de rappeler qu'elles sont de deux ordres : civiles et pénales. Sur le plan civil, le droit camerounais *de lege lata* prévoit la perte de la nationalité pour double nationalité. Toutefois, *de lege ferenda*, on pourrait prévoir des sanctions frappant les personnes exclues du cumul de nationalité. Il peut s'agir du retrait de la nationalité[112] et de l'interdiction du territoire[113]. Sur le volet pénal, il convient de préciser que, celui qui est convaincu de trahison ou d'espionnage à l'égard du Cameroun, est considéré comme un étranger[114]. En pareille occurrence, les dispositions sur la déchéance de la nationalité trouvent un terrain d'application. Le Code pénal camerounais prévoit les atteintes à la sureté intérieure[115] et extérieure de l'Etat[116]. Si le prévenu est détenteur d'une nationalité étrangère, il serait aisé de l'expulser

---

date d'acquisition. L'article 252 permet d'étendre les dispositions de l'article 175 (3) à l'élection des conseillers régionaux. Ces articles sont contenus dans la loi n° 2012/001 du 19 avril 2012 portant code électoral, modifiée et complétée par la Loi n° 2012/017 du 21 décembre 2012 porte code électoral au Cameroun.

[111] Il est question d'une personne qui a deux nationalités de deux Etats en conflit et qui est tenue soit de garder les secrets d'Etat, soit d'informer l'un des deux chefs d'Etat au détriment de l'autre.

[112] Article 23-7 du Code civil français (2013) : « Le Français qui se comporte en fait comme le national d'un pays étranger peut, s'il a la nationalité de ce pays, être déclaré, par décret après avis conforme du Conseil d'Etat, avoir perdu la qualité de Français ». On peut remplacer la France par le Cameroun, dans l'optique d'une réforme législative.

[113] C'est une sanction qui trouve sa logique dans le fait que l'interdit du territoire camerounais va rejoindre sa nationalité effective. Il s'agit de l'Etat bénéficiaire du secret livré.

[114] En effet, il témoigne de son attachement effectif à un autre Etat, dont l'attribution de la nationalité ne serait qu'une formalité.

[115]Les atteintes à la sûreté intérieure couvrent les infractions comme : la sécession (article 111 cp), la guerre civile (article 112 cp), la révolution (article 114 cp), bande armée (article 115 cp), insurrection (article 116 cp).

[116] Les atteintes à la sûreté extérieure concernent : hostilités contre la patrie (article 102 cp), trahison (article 103 cp), atteinte à la défense nationale (article 105 al 2 cp), intelligences avec une puissance étrangère (article 106 al 1 et 2 cp), non-dénonciation (article 107 cp) ; temps de guerre (article 108 cp).

et de lui interdire le territoire camerounais. S'il n'a pas de nationalité étrangère, il sera frappé des déchéances de l'article 30 du Code pénal[117].

Tout ce qui précède procède de la circonscription du cadre exclusif de la double nationalité. Le but est de préciser à contrario, les zones d'admission de la double nationalité au Cameroun.

B– Une admission aménageable d'une double nationalité au Cameroun

Admettre la double nationalité au Cameroun, passe par l'élaboration d'un statut permissif de la double nationalité (1) et les figures de celle-ci (2). Toutefois, remplir les conditions d'accès à la double nationalité ne constitue pas un droit. En effet, l'Etat dont on sollicite la nationalité en second ressort dispose d'un pouvoir discrétionnaire dans l'appréciation de son attribution[118].

1–Un statut permissif de la double nationalité au Cameroun

Le fondement théorique de la double nationalité peut être systématisé dans le néologisme : « nationalitude »[119]. Cette expression renvoie à la nationalité apparente. Elle peut correspondre avec certains liens de la personne avec l'Etat. Ces liens pourraient justifier un accès au territoire de cet Etat et la possibilité pour l'intéressé de « se placer en situation d'effectivité de soumission à la souveraineté de l'Etat suffisante pour pouvoir

---

[117]Article 30 : « Les déchéances consistent :
1° Dans la destitution et l'exclusion de toutes fonctions, emplois ou offices publics ;
2° Dans l'incapacité d'être juré, assesseur, expert, juré-expert ;
3° Dans l'interdiction d'être tuteur, curateur, subrogé tuteur ou conseiller judiciaire, si ce n'est de ses propres enfants, ou membre d'un conseil de famille ;
4° Dans l'interdiction de porter toute décoration ;
5° Dans l'interdiction de servir dans les forces armées ;
6° Dans l'interdiction de tenir une école ou même d'enseigner dans un établissement d'instruction et, d'une façon générale, d'occuper des fonctions se rapportant à l'éducation ou à la garde des enfants ».

[118]L'article premier de la Convention de la Haye du 12 avril 1930 pose le principe de la compétence de l'Etat pour attribuer la nationalité.

[119]C'est une expression qu'on doit à Amélie Dionisi-Peyrusse, *Essai sur une nouvelle conception de la nationalité,* Paris, Defrénois, 2008, 436.

obtenir la nationalité ». La nationalitude s'apparente à une nationalité en sommeil[120].

Il importe de préciser que les Camerounais qui n'exercent pas de fonctions susceptibles de compromettre le secret d'Etat ou leur allégeance effective, seraient aptes à posséder une double nationalité. Cette approche épargne de la contrainte d'effectuer une liste nominative[121]. Une autre précision est fondamentale : le titulaire d'une double nationalité est disqualifié des fonctions conduisant au secret d'Etat. Il s'agit d'une conséquence déductible de l'impossible double allégeance effective. Toutefois, celui qui renonce à la nationalité étrangère pour avoir seulement la nationalité camerounaise peut devenir éligible. Il doit respecter certaines conditions :

- il est question de séjourner durant un délai raisonnable au Cameroun[122] ;
- pendant ce délai, les services secrets devraient produire un rapport d'enquête de moralité[123] ;
- faire du Cameroun sa nationalité effective.

Ces précisions préliminaires concourent à clarifier les enjeux et contraintes tributaires de l'acquisition d'une double nationalité. Ayant aplani ces difficultés, il importe de s'appesantir sur les figures d'une double nationalité au Cameroun.

---

[120]Lagarde (P.), *op.cit.*, p. 3.

[121]Il ne serait pas pour le Cameroun souverainement gênant d'accorder la double nationalité : aux commerçants, aux footballeurs, aux musiciens et autres artistes, aux enseignants, aux membres du corps médical,…bref à toute personne qui par son activité n'accèdent pas aux informations de souveraineté.

[122]Ce délai peut être de cinq (05) ans. On retrouve le même délai pour les demandes de naturalisation adressées à l'égard du Cameroun. Il est question de justifier d'une résidence habituelle au Cameroun pendant les cinq années consécutives qui ont précédé le dépôt de sa demande ; (article 25 b) de la loi de 1968, *op.cit.*

[123] L'enquête de moralité a pour visée d'avoir les informations sur la probité du postulant ; et d'apprécier la rupture effective ou apparente de l'allégeance avec la puissance étrangère.

2–Les figures d'une double nationalité au Cameroun

Avoir deux nationalités, dont l'une est camerounaise, concernerait soit le Camerounais, soit un étranger.

Pour ce qui est du Camerounais, il doit avoir une première nationalité camerounaise et une seconde nationalité étrangère. Ainsi un Camerounais d'origine ou naturalisé pourrait manifester l'envie d'obtenir une nationalité étrangère. Si le pays étranger la lui accorde, alors il pourrait avoir deux nationalités. Toutefois, le pays étranger gagnerait à collaborer avec le Cameroun pour s'assurer que le binational potentiel est dans la catégorie des citoyens autorisés à accéder à une nationalité supplémentaire. L'intérêt est dans le droit de cet Etat de faire prévaloir sa protection auprès d'un Etat tiers et d'éviter le rejet de l'Etat requis à l'instar des affaires *Nottebohm*[124] et *Albert Flegenheimer*[125].

Concernant l'étranger qui voudrait posséder cumulativement la nationalité camerounaise, il devrait formuler une demande de naturalisation[126]. Elle est accordée par décret[127]. Toutefois, cette acquisition de la nationalité camerounaise par décret n'est automatique. Les autorités publiques sont libres d'accorder ou de refuser discrétionnairement la nationalité camerounaise. Lorsqu'un étranger est naturalisé et qu'il conserve sa nationalité d'origine, il doit être informé des fonctions qu'il ne saurait exercer, pour éviter un conflit d'allégeance effective.

Conclusion

En dernière analyse, la réflexion s'est structurée autour de la question de la double nationalité sous le prisme du droit international privé : un

---

[124] Le Guatemala n'a pas reconnu le droit du Liechtenstein d'exercer sa protection diplomatique en faveur de Nottebohm.

[125] L'Italie s'est opposée au droit des Etats-Unis d'exercer la protection diplomatique en faveur d'Albert Flegenheimer.

[126] Articles 24 à 27 de la loi de 1968 sur le code de la nationalité et articles 9 à 12 du décret de 1968 fixant les modalités d'application au code de la nationalité camerounaise.

[127] Article 12 du décret de 1968, *op.cit.* ; article 175 de l'Avant-projet du code des personnes et de la famille (version 2011) : « (1) La naturalisation est accordée par décret. (2) Les conditions dans lesquelles s'effectuent l'introduction de la demande de naturalisation, la fixation du montant du droit de sceau au profit du Trésor et du contrôle de l'état de santé sont déterminées par décret ».

législateur entre le droit *de lege lata* et *de lege ferenda.* Cette analyse a été structurée autour de l'interrogation suivante : le législateur camerounais doit-il admettre ou exclure sans restriction la double nationalité ? Au-delà des intérêts, il a semblé idoine de rappeler quelques résultats. On constate d'abord qu'un accès à la double nationalité ne compromettrait pas l'allégeance effective. C'est le lien sacré justificateur de l'essence de l'uninationalité même dans le cumul de nationalités. Ensuite, il ressort que les évolutions, que connaît la notion de nationalité, se répercutent sur celle d'allégeance. Ainsi, à une nationalité effective correspond une allégeance effective et à nationalité apparente équivaut une allégeance apparente. Enfin, dans un univers enclin à la mondialisation, il est idoine d'admettre le cumul de nationalités sous réserve de conditions précises. De même, l'encadrement juridique et jurisprudentiel des conflits de nationalités participe de cette minimisation des appréhensions et dangers durcissant l'uninationalité. De ce qui précède, une admission à conditionner de la double nationalité au Cameroun est plausible. Cette étude vise tous les pays qui voient dans la double nationalité une atteinte à la sûreté de l'Etat. Elle ne remet pas fondamentalement en cause les piliers protecteurs de l'Etat et ses secrets. Tout de même, il urge de savoir la posture qu'adopterait le législateur camerounais, étant donné qu'il y a un chantier sur le code de la nationalité et qu'il n'a pas encore envisagé une catégorisation de l'accès à la double nationalité ou au cumul de nationalités. On lui propose de s'appesantir sur la théorie de la nationalité par degré.

LA RÉPRESSION PÉNALE DU BLANCHIMENT DES CAPITAUX EN ZONE CEMAC : LE CAS DU CAMEROUN

Ernest Roger AWONO NOMO[1]

Il est difficile de jeter un regard sur la scène politique aussi bien nationale qu'internationale, sans noter la recrudescence de la violence qui caractérise de plus en plus les rapports entre ses acteurs[2]. Il paraît encore moins aisé de dissocier la montée en puissance de la plupart de mouvements terroristes du canal le plus usité pour le financement de leurs activités, à savoir le blanchiment des capitaux. Bien qu'assez récente dans la littérature juridique, le « blanchiment des capitaux » est une réalité au moins aussi ancienne que la criminalité de profit. Car la dissimulation des profits issus d'activités illicites s'impose très souvent. Ses origines exactes restent toutefois assez confuses. On les a souvent situées aux années 1930. Notamment, l'expression « blanchiment d'argent » serait née à la suite du scandale dit d'AL CAPONE[3]. Cependant, elle fut utilisée dans le langage judiciaire pour la première fois en 1982[4]. Il faudra attendre 1988 pour voir cette expression être intégrée dans un instrument juridique international[5]. Dans le paysage

---

[1] Docteur, Assistant à la Faculté des Sciences Juridiques et Politiques, Université de Yaoundé II

[2] La montée en puissance de mouvements terroristes à l'instar de la nébuleuse « Al quaida » à l'échelle mondiale, de l'Etat Islamique au Levant (EIL) au Moyen-Orient ou encore de « Boko Harram » dans la zone frontalière entre le Nigéria et le Cameroun n'en sont qu'une illustration.

[3] Ce dernier, chef dune famille mafieuse aurait racheté en 1928, à Chicago, une chaîne de blanchisserie (les sanitary cleanning shops). Via cette façade légale, il recyclait les nombreuses ressources issues d'activités illicites de contrebande d'alcool entre 1919 et 1933. Il convient de noter que finalement, Al Capone fut condamné pour fraude et non pour blanchiment des capitaux qui s'est avéré plus difficile à établir.

[4] http://fr.wikipedia.org/wiki/blanchiment_d'argent.

[5] Précisément dans la Convention des Nations Unies contre le trafic illicite de stupéfiants et de substances psychotropes.

juridique des pays de l'Afrique centrale et du Cameroun en particulier, la loi n° 97-19 du 07 août 1997 relative au contrôle des stupéfiants, des substances psychotropes et des précurseurs et à l'extradition et l'entraide judiciaire dans ces matières constitue l'un des premiers instruments juridiques internes à avoir consacré ce concept déjà acquis dans nombre de milieux. En effet, dans l'imagerie populaire, l'argent acquis par des moyens illégaux porte le nom d'« argent sale ». Le blanchiment apparaît comme le processus par lequel le criminel donne à ces fonds une apparence « propre ». C'est cette idée de dissimulation de l'origine illicite des fonds issus d'activités criminelles qui dominent également les approches définitionnelles du concept en droit. Ainsi en droit international public, le blanchiment des capitaux renvoie à l'opération consistant à donner une apparence licite à un bien d'origine illicite qu'il soit corporel ou incorporel, par des opérations de transfert ou de conversion auprès des institutions financières ou de crédit[6]. Les textes légaux tendent à lui donner une définition à la fois plus extensive et plus précise[7]. Au sens du Règlement n° 01/03-CEMAC-UMAC-CM du 04 avril 2003 portant prévention et répression du blanchiment des capitaux et du financement du terrorisme en Afrique centrale, le blanchiment des capitaux désigne un ou plusieurs des agissements ci-après énumérés commis intentionnellement :

- la conversion ou le transfert de biens provenant d'un crime ou d'un délit au sens des textes applicables dans les Etats membres ou du présent règlement, dans le but de dissimuler ou de déguiser l'origine illicite desdits biens ou d'aider toute personne qui est impliquée dans la commission de ce crime ou délit à échapper aux conséquences juridiques de ses actes ;

---

6 Salmon J. (sous la direction), *Dictionnaire de droit international public,* de Bruylant, Bruxelles, 2001, p.130.

7 Cf. Convention des Nations Unies contre le trafic illicite de stupéfiants et de substances psychotropes ; convention des Nations Unies relative à la criminalité transnationale organisée de 2000 ; convention des Nations Unies contre la corruption de 2003 ; convention de l'Union africaine contre la corruption ; règlement CEMAC portant prévention et répression du blanchiment des capitaux et du financement du terrorisme. La loi n°97-19 du 7 août 1997 relative au contrôle des stupéfiants, des substances psychotropes et des précurseurs et à l'extradition et l'entraide judiciaire dans ces matières ; projet de refonte du Code pénal camerounais, etc.

- la dissimulation ou le déguisement de la nature, de l'origine, de l'emplacement, de la disposition, du mouvement ou de la propriété de bien provenant d'un crime ou d'un délit au sens des textes applicables dans les Etats membres ou du Règlement CEMAC ;
- l'acquisition, la détention ou l'utilisation des biens provenant d'un crime ou d'un délit au sens des textes applicables dans les Etats membres ou du Règlement ;
- la coaction, la conspiration, la tentative ou la simple complicité relatives aux actes susmentionnés[8].

L'étendue des comportements constitutifs de blanchiment justifie de l'importante mobilisation contre ce phénomène à l'échelle sous-régionale. Cette organisation de la prévention, mais surtout de la répression du blanchiment des capitaux, voit son intérêt accru en Afrique centrale en particulier au moins pour deux raisons. D'un côté, les mouvements terroristes se radicalisent et semblent devenir encore plus difficiles à contenir[9]. De l'autre, l'ampleur de la corruption et de la criminalité économique en générale semble avoir atteint ces dernières décennies des proportions inquiétantes dans la sous-région[10]. C'est à juste titre si l'effort de lutte contre ce fléau dans la zone CEMAC se matérialise particulièrement dès la fin des années 90. Au Cameroun notamment dès 1997[11], on note un début de répression toutefois confinée au blanchiment de produits issus du trafic des stupéfiants, des substances psychotropes et des précurseurs[12]. La répression du blanchiment d'une manière générale ne verra le jour qu'à

---

[8] Cf. R. Merle et A. Vitu, *Traité de droit criminel T1*, Paris, Cujas, 1984 pour plus amples développements de ces concepts juridiques.

[9] Création par l'EIL d'un Etat islamiste sur un tiers respectif des Etat de Syrie et d'Iraq ; création d'un Khalifat au nord du Nigéria par la secte Boko Harram.

[10] Cf. classement Transparency international des pays les plus corrompus du monde.

[11] Il s'agit en application de la Convention des Nations Unies contre le trafic illicite de stupéfiants et de substances psychotropes, de la loi n°97-19 du 7 août 1997 relative au contrôle des stupéfiants, des substances psychotropes et des précurseurs et à l'extradition et l'entraide judiciaire dans ces matières

[12] Il est vrai, le recel de l'article 24 du Code pénal camerounais réprime depuis 1965 les agissements énoncés à l'article 1-c du règlement CEMAC relatif au blanchiment des capitaux (l'acquisition, la détention ou l'utilisation des biens provenant d'un crime ou d'un délit au sens des textes applicables dans les Etats membres ou du Règlement).

partir de 2003. Le Règlement n° 01/03/CEMAC/UMAC/CM du 04 avril 2003 portant prévention et répression du blanchiment des capitaux et financement du terrorisme en Afrique centrale, révisé par le Règlement n° 02/10 du 02 octobre 2010 constitue actuellement le principal outil juridique en la matière. Il est d'application directe dans tous les Etats membres. Seulement son contexte d'intervention prête à s'interroger. En effet, le blanchiment est un préalable essentiel au financement du terrorisme et un accessoire indispensable aux infractions de corruption. Au regard de la déflagration actuelle de ces deux formes de criminalités en Afrique centrale et particulièrement au Cameroun, le dispositif répressif mis en place pour lutter contre le blanchiment joue-t-il véritablement son rôle ? En d'autres termes, la répression pénale du blanchiment des capitaux au Cameroun est-elle fiable ? Quelques auteurs ont évidemment abordé la question[13], toutefois les aspects relatifs à la valeur de cette répression semblent avoir été traités de manière furtive. Ainsi, comme on reconnaît un oiseau à son pelage, les outils choisis dans le cadre d'une répression peuvent présager du résultat qu'il y a lieu d'en attendre ; et comme on juge un maçon au pied du mur, c'est à l'aune de son rendement qu'il convient de juger de l'opportunité d'une institution par essence restrictive de libertés. L'analyse du dispositif répressif contre le blanchiment des capitaux dresse à toutes fins utiles une lecture objective à son sujet. Parce qu'un dispositif doit d'abord être aménagé avant d'être appliqué, c'est tantôt au regard de son élaboration (I) tantôt à celui de sa mise en œuvre (II) que l'étude de la répression du blanchiment sera menée, avec pour finalité ultime de déterminer en fin de compte la pertinence qu'il y a lieu de lui reconnaître.

I- Le souci de conformité des fondements de la répression aux standards internationaux

Le fondement est le point de départ logique d'où se déduit un ensemble de connaissances. Il s'agit de la base logique, idéologique et textuelle sur

[13] Nyama J.M., *Droit bancaire et de la microfinance en zone CEMAC*, CEFORD, 2006 ; Abissama Onana, « Activités criminelles et blanchiment de capitaux en Afrique centrale » in *Les débats économiques du Cameroun et d'Afrique*, septembre 2003 ; Tchabo Sontang H.M., « Secret bancaire et lutte contre le blanchiment d'argent en zone CEMAC », Mémoire de DEA, université de Dschang-Cameroun ; Abanda Atangana A., *Le blanchiment d'argent en zone CEMAC*, Yaoundé, Presses universitaires libres, 2010, etc.

laquelle est assise une règle où un ensemble de règles. En matière de blanchiment des capitaux, les standards sont inspirés par des entités internationales à l'instar du comité de Bâle, le Groupe d'Action Financière (GAFI) ou encore l'Organisation des Nations Unies (ONU). Deux idées directrices dominent ces standards : la coopération internationale et la coordination des régimes juridiques. Au regard de l'harmonisation du dispositif institutionnel de lutte contre le blanchiment des capitaux dans la zone CEMAC (A) et de la régulation des éventuelles divergences entre les ordres juridiques internes des Etats membres (B), tout porte à croire que c'est vers l'idéal imposé par ces standards internationaux que tendent les fondements de cette répression en Afrique centrale.

A. L'harmonisation de la répression

L'harmonisation de la répression s'effectue par deux mécanismes dans le cadre de la lutte contre le blanchiment des capitaux dans la zone CEMAC. Il s'agit d'une part de la détermination communautaire de l'incrimination et de la sanction du blanchiment des capitaux proprement dit (1) et d'autres parts de la détermination par les législations nationales de l'incrimination et de la sanction des infractions sous-jacentes (2).

1. L'uniformisation du régime de l'infraction de blanchiment

Le développement d'une théorie générale du droit répressif en zone CEMAC et de la répression du blanchiment des capitaux en particulier se traduit par une volonté d'uniformiser l'assiette des agissements punissables sous l'étiquette de blanchiment des capitaux. Dans le processus d'harmonisation des droits des Etats dans les conventions internationales, cette volonté s'est le plus souvent traduite par un compromis : l'uniformisation de la qualification pénale, alors que la détermination de la sanction était distincte d'une législation nationale à l'autre des Etats membres[14]. La consécration d'un principe de compétences supranationales dans la définition des infractions s'est par exemple traduite par l'incrimination du faux ou de la fraude aux formalités commises par le commerçant à l'article 69 de l'Acte Uniforme relatif au Droit Commercial

[14] Cf. droit pénal OHADA.

Général. Il en est de même du manquement aux règles d'immatriculation[15] ou encore des atteintes aux droits préférentiels des associés[16]. Les législations internes disposent quant à elles de la compétence absolue pour fixer la sanction de ces infractions communautaires. S'agissant par exemple de l'abus des biens et des crédits sociaux, le Sénégal[17], la Centrafrique[18] et le Cameroun[19] prévoient tous un emprisonnement allant de un à cinq ans et une amende.

On peut saluer l'effort de conciliation des souverainetés des Etats et de l'harmonisation des règles juridiques dans un domaine qui traverse largement la délimitation physique des frontières notamment le droit des affaires. Mais cela ne saurait occulter la regrettable conséquence qui est de faire correspondre des régimes juridiques différents à des qualifications identiques, foulant à la base, la raison d'être des catégories juridiques en droit[20]. Sans doute pour éviter cet écueil et soucieux d'une véritable intégration sous-régionale, le législateur CEMAC ose davantage. Le Règlement communautaire relatif à la prévention et à la répression du blanchiment des capitaux ne distingue pas la compétence en matière d'incrimination de celle en matière de sanction. L'incrimination et la sanction du blanchiment sont dévolues à la compétence du législateur communautaire. L'article 1er du Règlement détermine l'étendue des comportements auxquels il convient d'attribuer la qualification de blanchiment des capitaux[21]. Le même article *in limine* mentionne que les actes doivent avoir été commis intentionnellement. Tous les éléments constitutifs sont donc prévus par le Règlement notamment l'*actus reus* et le *mens rea* qui doit accompagner ces éléments matériels. Quant à la sanction du blanchiment, l'article 46 énonce : est puni d'un emprisonnement de cinq

---

[15] Article 886 Acte Uniforme relatif aux sociétés commerciales et groupements d'intérêt économique.

[16] Articles 894 et 895 Acte Uniforme relatif aux sociétés commerciales et groupements d'intérêt économique ; article 387 AUSC.

[17] Cf. Loi n° 98/22 du 26 mars 1998.

[18] Cf. Loi n°10.001/06 janvier 2010.

[19] Cf. Loi n° 2003/008 du 10 juillet 2003.

[20] Cf. Bergel J.L., *Méthodes du droit, théorie générale du droit*, Paris, Dalloz, 2003, p. 208 et s.

[21] Voir énumération à l'introduction.

à dix ans et d'une amende pouvant aller jusqu'à cinq fois le montant des sommes blanchies sans être inférieure à dix millions, celui qui aura commis intentionnellement un ou plusieurs agissements énumérés à l'article 1er du Règlement ou aura tenté de les commettre.

De la combinaison des articles 1er et 46 du Règlement se dégage l'évidence selon laquelle l'incrimination et la sanction du blanchiment ressortissent effectivement de la compétence du législateur communautaire. Contrairement au législateur OHADA qui distingue la compétence en matière d'incrimination et celle en matière de sanction, ne réservant au législateur communautaire que la première, le législateur CEMAC a voulu transcender des blocages virtuels qui en fin de compte se révèlent fantaisistes à bien d'égards[22]. Une telle uniformisation ne peut être que salutaire.

D'abord parce qu'elle permet de transcender les différences de régimes juridiques pour une même catégorie juridique sous le fallacieux prétexte d'une différence de situation géographique du même criminel ou de sa nationalité dont le changement se trouve juste être une question de fait ou de formalités administratives, sans que la capacité criminelle ne varie réellement[23].

De plus, le retard dans l'application des conventions légalement ratifiées trouve également une solution. En effet, il est souvent regrettable de constater que des conventions ratifiées par les Etats parties ne sont effectivement appliquées par les Etats que bien des années plus tard. Tel est le cas de l'infraction d'information mensongère et non-révélation prévue par l'Acte Uniforme OHADA relatif au droit des sociétés commerciales et des groupements d'intérêt économique[24]. Le Sénégal applique effectivement la sanction pénale depuis 1998. Il a fallu attendre 2003 pour que cette sanction soit effective au Cameroun et 2010 pour la Centrafrique. Mais si le pouvoir d'incriminer et de sanctionner le blanchiment des capitaux est reconnu au législateur communautaire, il semble exagéré d'en déduire une

---

22 Cf. La quasi-identité des sanctions de l'abus des biens et des crédits sociaux ainsi que de la distribution des dividendes fictifs dans les législations sénégalaise, centrafricaine et camerounaise (article 4 Loi sénégalaise précitée ; article 13 Loi centrafricaine précitée et article 7 Loi camerounaise précitée).

23 Cf. Gassin R., *Criminologie*, 6e éd, Paris, Dalloz, p. 693 et s.

24 Parmi lesquels figurent les institutions financières.

compétence absolue. Car l'existence d'une infraction ne dépend pas seulement de la réalisation avec l'intention coupable des éléments matériels. Certains crimes sont parfois tributaires d'autres éléments externes à l'infraction même, mais sans lesquels l'infraction ne saurait être retenue. Tel est le cas du blanchiment des capitaux dont il convient d'analyser la compétence quant à la détermination de l'élément préalable.

2. Le pluralisme de régime des infractions d'origine

Certaines infractions dépendent pour leur réalisation de l'existence d'un élément préalable. En matière de recel, le Code pénal camerounais en son article 324 érige en élément préalable que la chose objet du recel soit issue d'un crime. L'existence d'une infraction préalable est donc une condition sine qua non de l'existence de l'infraction de recel. Pour ce qui est du Règlement CEMAC, l'article 1er exige que le bien blanchi provienne d'un crime. En d'autres termes, pas de crime préalable pas de qualification de blanchiment. Car le bien en lui-même intéresse moins le législateur communautaire que sa qualité de *corpus delicti*. La littérature juridique fait usage d'une terminologie diversifiée pour rendre compte de cet élément. Sous la synonymie des concepts tels que « infraction sous-jacente »[25], « infraction de base »[26] ou « infraction d'origine », la réalité matérielle est la même. Le législateur communautaire opte cependant pour le terme « infraction d'origine ». Elle désigne toute infraction pénale, même commise à l'étranger, ayant permis à son auteur de se procurer des produits au sens du Règlement CEMAC de 2003[27]. Il faut d'ailleurs noter que la sanction pénale du blanchiment s'applique quand bien même l'auteur de l'infraction d'origine ne serait ni poursuivi ni condamné. Il en est également ainsi quand bien même il manquerait une condition pour agir en justice à la suite de ladite infraction. Ce qui importe c'est que l'infraction d'origine existe en elle-même. Mais comment en déduire l'existence ? Doit-on rechercher dans le Règlement CEMAC ? La problématique de la compétence des législations nationales dans la répression du blanchiment en Afrique centrale est ainsi posée.

---

[25] Cf. recommandations du GAFI.

[26] Cf. Chapppez J.L., *loc.cit.*

[27] Cf. article 3-21.

Le problème n'a évidemment qu'une portée limitée au droit pénal substantiel. L'aspect procédural sur le plan international ayant de tout temps incombé aux autorités nationales. La question est de savoir à qui incombe la compétence de définir les infractions d'origine. C'est ici que la conciliation entre le souci d'harmonisation et les impératifs de souveraineté des Etats prend réellement corps en Droit CEMAC. Edulcoration du principe de la légalité[28], une parturition singulière a dû être usitée par le législateur CEMAC. Au législateur national et dans une moindre mesure à d'autres ordres juridiques, on reconnaît la compétence de déterminer les infractions d'origine ainsi que leur régime juridique. L'article 1er *in limine* du Règlement CEMAC évoque de manière constante le blanchiment de biens provenant d'un « crime ou délit au sens des textes applicables dans l'Etat membre ou du présent Règlement ». Il apparaît en filigrane ce qui pourrait être qualifié de « compétence conjointe ».

D'une part, les infractions d'origine peuvent être des crimes ou de délits au sens des textes applicables dans les législations internes des Etats membres. Cette dévolution de compétences renvoie *de jure* à l'ensemble du droit pénal interne des Etats parties. Au Cameroun, cela renvoie à l'ensemble des crimes et délits graves du Code pénal et des lois pénales spéciales. On peut ainsi citer le détournement des deniers publics (art 184 du code pénal), la corruption (art 134 et 134 bis du code pénal), le faux (art 144, 314 et autres CP), l'escroquerie (art 318 CP), le bilan frauduleux (art 108 loi n° 99/015 du 22 décembre 1999 portant statut général des entreprises publiques et des entreprises du secteur public et parapublic), etc.[29]

D'autre part, la détermination des infractions d'origine peut incomber au législateur communautaire puisque le Règlement intègre dans la catégorie des infractions d'origine, les infractions contenues dans ce même Règlement. Peuvent donc constituer des infractions d'origine, le fait pour les dirigeants ou les agents d'organismes financiers ou de toute personne

[28] Cf. Tchantchou H.et Akouete Akue M., « L'état du droit pénal dans l'espace OHADA », *Revue semestrielle d'études, de législation, de jurisprudence et de pratique professionnelle en droit OHADA*, n° spécial-novembre/décembre 2011.

[29] Cf. Awono Nomo E. R., *La criminalité en col blanc au Cameroun*, Thèse de doctorat Ph.D, université de Yaoundé II, 2014.

assujettie au titre de l'article 5, de porter à la connaissance du propriétaire des sommes ou de l'auteur de l'une des opérations mentionnées aux articles 18 et 36 du Règlement, l'existence de déclarations faites auprès de l'Agence Nationale d'Investigation Financière (ANIF) ou de donner des informations sur les suites qui lui ont été réservées[30]. Peuvent également constituer des infractions d'origine, la méconnaissance des règles relatives au secret des informations recueillies au titre des dispositions du Règlement et à l'interdiction de les divulguer ; la destruction, la falsification ou la soustraction des registres ou documents dont la conservation est prévue par le Règlement CEMAC, etc. Les infractions d'origine sont également de la compétence du législateur CEMAC dans la mesure où en dehors du texte de 2003 relatif au blanchiment des capitaux, ce législateur dispose de la compétence pour ériger en infraction certains agissements. Il en est ainsi des infractions contenues dans le Règlement n° 02/03-CEMAC-UMAC-CM relatif aux systèmes, moyens et incidents de paiement[31]. Le même raisonnement est valable pour le législateur OHADA[32].

Par ailleurs l'intervention de l'ordre juridique international dans la détermination des infractions de base est une réalité. En effet, les Etats parties peuvent ratifier des conventions prévoyant des infractions pénales. Si la sanction de ces infractions incombe en définitive aux législations nationales[33], l'incrimination reste le fait des instances internationales. Il en est ainsi des infractions contenues dans la Convention des Nations Unies relatives à la lutte contre la corruption, dans celle relative au trafic des stupéfiants de 1988 ou encore de celle relative à la criminalité transnationale organisée.

En définitive, la détermination des infractions de base n'incombe ni au seul législateur communautaire ni aux seules législations nationales. Elle fédère la compétence de plusieurs ordres juridiques à la fois national, sous-

[30] Cf. article 48 du Règlement CEMAC.

[31] Cf. articles 196 et suivants, articles 200 et suivants, articles 237 et suivants.

[32] Voir supra.

[33] Sous réserve des infractions de crimes contre l'humanité dont la sanction peut incomber aux juridictions internationales. Voir à ce sujet Ntono Tsimi G., *Le paradigme du crime contre l'humanité et la renaissance du pluralisme juridique dans les droits pénaux africains*, Thèse de Doctorat /Ph.D. Université de Yaoundé II, 2012.

régional, régional[34] et international. La question que l'on peut se poser tout de même est de savoir si le défaut d'uniformité de l'élément préalable n'est pas de nature à conduire à une répression biaisée du blanchiment des capitaux.

B. La régulation du risque de répression asymétrique

L'harmonisation des sources s'accomplit par deux mécanismes conciliatoires. D'une part, le législateur communautaire se reconnaît la compétence pour incriminer et sanctionner les agissements de blanchiment proprement dit. D'autre part la détermination de l'incrimination et la sanction des infractions sous-jacentes met en branle une compétence conjointe. Au regard du rapport vital qui existe entre l'objet de ces deux compétences respectives et eu égard aux disparités qui peuvent exister d'un modèle juridique à un autre et d'un ordre juridique à l'autre, il semble nécessaire de réguler en amont (2) l'inévitable risque d'asymétrie (1) dans une répression qui aspire à l'uniformisation.

1. Le risque de répression asymétrique

La pluralité des ordres juridiques en présence dans la répression du blanchiment des capitaux en zone CEMAC semble prédisposer particulièrement à un certain nombre de difficultés. L'une d'entre elles réside dans l'asymétrie de la répression au moment de son application effective à l'intérieur des Etats.

La langue française définit le terme asymétrie comme étant un défaut de symétrie. La symétrie renvoie elle-même à l'harmonie dans les parties d'un objet ou dans la disposition d'objets semblables. On peut donc parler d'asymétrie lorsque des objets sensés jouer la même fonction dans des entités semblables n'opèrent pas de manière identique. Telle est le sens que l'expression épouse ici. Elle rend compte du risque de dissimilitude susceptible d'exister dans la répression du blanchiment à l'intérieur des Etats membres du fait de la variabilité d'un élément essentiel à l'existence de l'infraction du blanchiment, en l'occurrence l'infraction d'origine. La difficulté n'est pas propre à la matière du blanchiment, mais le domaine en constitue une illustration parfaite.

---

[34] Cf. Convention de l'Union Africaine relative à la lutte contre la corruption.

En effet, l'infraction de base remplit la fonction juridique d'élément préalable de l'infraction de blanchiment des capitaux[35]. La détermination de cet élément préalable incombe aux législations nationales[36]. Or l'adage est bien connu : « *cujus regio, ejus religio* ». Les Etats organisent leurs législations en fonction du modèle et des options juridiques qui leur paraissent opportuns. Ainsi les modèles juridiques en fonction de leurs idéologies et de la plus ou moins grande confiance qu'ils accordent à la sanction pénale se classent en plusieurs. On peut ainsi opposer les modèles libéraux aux modèles autoritaristes[37]. A l'intérieur de ces modèles se distinguent encore des variantes. Par exemple, à l'intérieur du modèle libéral on distingue la variante de la modération du système pénal de la variante du repli même du système pénal. En fonction des susceptibilités de chaque législation, la répression dans son principe, dans son intensité et dans ses moyens est susceptible de varier. Des agissements qui ici sont réprimés peuvent ne pas l'être là. De même une infraction qualifiée de grave dans une législation peut s'avérer moins grave dans une autre[38]. L'illustration en est faite avec la réglementation de la consommation du cannabis en Amérique du Sud. Le risque d'une divergence entre les différentes législations internes est donc réel.

Si les infractions de base avaient fait l'objet d'une énumération, le problème se poserait seulement au sujet de savoir quels sont les faits que les législateurs nationaux font effectivement entrer dans ces qualifications pénales. Dans le cas d'espèce, les infractions de base ne sont pas précisées, même pas sous la forme d'une simple qualification. L'article 1er (a) se contente d'énoncer que les crimes et délits sont entendus au sens des textes applicables dans les Etats membres. Des hypothèses où les mêmes

---

[35] Voir supra.

[36] Voir supra

[37] Cf. Pradel J., *Droit pénal comparé*, Paris, Dalloz, 1995, p.113 et s.

[38] Voir l'exemple en droit OHADA. En ce qui concerne les atteintes aux droits préférentiels des associés, le Cameroun prévoit un emprisonnement de trois mois à trois ans et une amende de cent mille à un million de francs[38]. La Centrafrique punit le même comportement d'un emprisonnement allant de un à cinq ans d'emprisonnement et d'une amende de un à cinq millions[38]. Le Sénégal, pour des agissements similaires, ne prévoit aucune peine d'emprisonnement. Seule une amende pouvant aller de cent mille à un million est prévue.

agissements font l'objet d'une qualification de blanchiment dans un Etat sans forcément que tel soit le cas dans un autre sont donc bien concevables. Il en est ainsi du blanchiment des capitaux issus de l'enrichissement illicite. Alors qu'il n'est pas encore formellement érigé en infraction pénale au Cameroun, l'enrichissement illicite l'est dans d'autres Etats. Ce malaise que l'on doit au pluralisme juridique dans la répression du blanchiment n'est qu'un aspect du problème général relatif à la difficile cohérence de la répression des formes de criminalités transnationales.

2. La régulation

Un système juridique ne saurait être parfait, puisqu'aucune œuvre humaine ne l'est. Le droit conscient de cela, fait usage de principes correcteurs tels que l'abus de droit ou encore la fraude à la loi. Le dispositif CEMAC de répression du blanchiment des capitaux s'est doté de mécanismes lui permettant de colmater les différentes brèches inhérentes à toute harmonisation. L'« approche fondée sur le risque » en est un.

L'approche fondée sur le risque est un principe mis en place par le GAFI. Il s'agit de l'un des nouveaux standards pour la mise en œuvre des mesures de lutte contre le blanchiment des capitaux et le financement du terrorisme. Le principe prône une évaluation de risques par chaque Etat et chaque institution assujettie à la répression. Les domaines les plus exposés au blanchiment des capitaux répertoriés, le principe impose aux Etats de prendre des décisions et des mesures au niveau national pour résorber la criminalité dans ces domaines. Ainsi, les Etats doivent clairement identifier et évaluer de façon continue les risques auxquels ils font face. Ils doivent adapter leurs systèmes répressifs à la nature de ces risques. Aux risques les plus élevés doivent correspondre des mesures renforcées. Et aux risques les moins élevés doivent correspondre des mesures simplifiées. Les mesures dont il est question ici englobent l'érection en infraction dans les Etats membres des agissements servant de base au blanchiment des capitaux, y compris si elles ne l'étaient pas encore dans l'ordre juridique interne. Le souci de l'identité d'incrimination dans tous les Etats CEMAC semble pouvoir trouver par ce principe un début de solution, fût-elle indirecte. L'analyse des infractions économiques les plus répertoriées dans un pays comme le Cameroun tend à établir le primat des crimes tels que le détournement des deniers publics, le faux, ou des infractions de corruption de manière générale[39]. L'analyse des rapports des ONG telles que Transparency International tend à relever que le taux de corruption dans la plupart des pays de la zone CEMAC est sensiblement le même[40]. En d'autres termes, en application de l'approche fondée sur le risque, des mesures à peu près semblables devraient être prises par les Etats pour ériger en infractions dans leurs ordres juridiques internes les faits de corruption. Ces mesures impliquent également l'érection en infraction de tous les comportements illicites servant de base à la qualification de blanchiment des capitaux. Dans le même sens, les recommandations du GAFI imposent aux Etats d'incriminer dans leurs ordres juridiques internes au moins certains faits bien déterminés[41]. Globalement, la liste des infractions sous-jacentes au blanchiment des capitaux a été étendue par le GAFI pour comprendre le maximum d'infractions issues des rapports de typologie de lutte contre le blanchiment des capitaux dans la plupart des pays du monde.

Le problème qui pourrait se poser ici est celui de la force obligatoire des recommandations du GAFI sur les Etats CEMAC. Car il faut le rappeler, il ne s'agit que de simples recommandations. A ce sujet, force est de constater que dans un premier temps, le GAFI est une organisation intergouvernementale réunissant en son sein les pays les plus industrialisés du monde. S'il ne compte que trente-six membres[42], il adresse ses recommandations à plus de cent quatre-vingts pays dans le monde. Il constitue une institution de référence en matière d'élaboration des législations nationales et internationales relatives au blanchiment des capitaux. L'allusion à ces recommandations est faite dans le préambule du Règlement de 2003 révisé en 2010. Les mêmes recommandations figurent dans le préambule de la Convention des Nations Unies relative à la lutte contre la criminalité transnationale organisée. La plupart des dispositions des conventions en matière de blanchiment, qu'elles soient régionales ou internationales prennent largement appui sur ces recommandations. Par

---

[39] Cf. rapport ANIF 2011.

[40] Cf. classements Transparency International des pays les plus corrompus du monde.

[41] Il en est ainsi des catégories désignées d'infractions suivantes : la participation à un groupe criminel organisé ; le terrorisme et son financement ; la traite des êtres humains et le trafic illicite de migrants ; le trafic illicite des armes ; la corruption ; la fraude ; les infractions fiscales pénales ; le faux, etc.

[42] Et pas des moins influents dans le processus décisionnel à l'échelle mondiale.

ailleurs des institutions spécialisées d'envergure semblable brillent par leur singulière rareté. De même, la pertinence logique de ces recommandations n'a vraiment jamais fait l'objet d'une grande équivoque. Eu égard à l'autorité de cette institution et à l'influence de ses membres sur la scène internationale et dans les plus grandes instances de prise de décisions, il convient de reconnaître la capacité de contrainte de cette institution. Si les recommandations du GAFI n'ont donc pas une force obligatoire directe *de jure*, il y a lieu de noter que *de facto*, elles représentent bien plus que de simples recommandations.

Le Règlement CEMAC tente également à son niveau de réguler. Dans son article 1er (a) il se réserve le pouvoir de déterminer les infractions sous-jacentes. Il s'agit des infractions figurant dans le texte communautaire lui-même et dans une certaine mesure, de celles figurant dans les autres règlements communautaires.

De tels mécanismes paraissent de nature à réduire certains obstacles éventuels à la coopération internationale en matière de lutte contre le blanchiment des capitaux à l'instar du risque de discordance sus évoqué. Reste le problème lié à la détermination des éléments constitutifs de ces infractions sous-jacentes et du degré de sévérité de leur sanction dont la compétence incombe inévitablement aux législations nationales des Etats[43].

Globalement, le phénomène de la répression du blanchiment des capitaux en zone CEMAC et notamment ses fondements semblent largement empreints d'une volonté de s'arrimer résolument aux standards internationaux en la matière. En est-il autant de sa mise en œuvre ?

II- La problématique mise en œuvre de la répression du blanchiment des capitaux

La timide application des sanctions (B) et la faible cohésion des institutions publiques (A) apparaissent entre autres comme les circonstances principales qui tendent à gripper la mise en œuvre de la répression du

[43] Un indice de la gravité des infractions réside ici en la répression de cette infraction par une peine d'emprisonnement supérieure à quatre (04) ans conformément à certains standards internationaux.

blanchiment des capitaux en zone CEMAC et à remettre en question l'effort d'arrimage aux standards internationaux.

A. La relative cohésion des institutions

Les institutions peuvent être des normes (1) ou des organes (2).

1. La question de la constitutionnalité de l'obligation de poursuite

La hiérarchie des normes est un principe sacré dans tout système juridique. Elle renvoie à la nécessaire conformité de la norme inférieure à la norme immédiatement supérieure[44]. L'équilibre du système juridique tout entier en dépend. En droit interne, la Constitution représente le sommet de la hiérarchie. La loi et les règlements au sens de l'article 26 et suivants se situent au niveau intermédiaire. Au plus bas de l'échelle, se trouvent les décrets d'application, les arrêtés, circulaires et autres instructions. Le caractère essentiel de cette hiérarchie justifie la création d'organes politiques et juridiques à l'instar du Sénat ou du Conseil Constitutionnel. La non-conformité d'une norme inférieure à la Constitution ne pose généralement pas un problème du point de vue du régime applicable puisqu'elle est purement et simplement écartée. La complication croît lorsqu'une norme supranationale va à l'encontre des dispositions constitutionnelles. La question qui se pose alors est de savoir qu'elle est le sort réservé à la disposition supranationale. C'est le sempiternel débat sur la hiérarchie réelle entre la Constitution et les normes supranationales. En droit camerounais, le débat semble avoir été tranché par les dispositions de l'article 44 de la Constitution qui énoncent : si le Conseil Constitutionnel a déclaré qu'un traité ou accord international comporte une clause contraire à la Constitution, l'approbation en forme législative ou la ratification de ce traité ou de cet accord ne peut intervenir qu'après la révision de la Constitution. En d'autres termes, sous réserve de la déclaration d'inconstitutionnalité par le Conseil Constitutionnel, toute ratification d'un traité comportant une disposition non conforme à la Constitution est invalide tant que la Constitution n'a pas été modifiée.

---

[44] Cf. Kelsen H., *Théorie pure du droit,* Paris, LGDJ, 2004 ; Millard E., *Théorie générale du droit,* Paris, Dalloz, 2006.

La question que l'on peut se poser est de savoir quel est le sort d'une disposition contraire à la Constitution, mais dont l'instrument dans lequel elle figure a été ratifié sans que le Conseil Constitutionnel ait statué sur l'inconstitutionnalité. Tel semble être le cas de l'article 34 (nouveau) du Règlement CEMAC révisé en 2010. Cet article relatif aux suites à donner aux déclarations de soupçons semble clair. Il énonce : dès que les informations recueillies mettent en évidence des faits susceptibles de relever du trafic de stupéfiants, de l'activité d'organisations criminelles, du blanchiment ou de toute autre infraction prévue par le présent Règlement, l'ANIF en réfère au procureur de la République près la juridiction compétente à qui elle transmet un rapport sur les faits comportant son avis. L'article précise *in fine* : le procureur de la République ainsi saisi « est tenu d'engager les poursuites ». Le caractère obligatoire apparaît clairement : le procureur est lié par le rapport d'enquête de l'ANIF pour ce qui est des infractions ci-dessus. Si le principe selon lequel l'opportunité des poursuites appartient au procureur de la République n'était prévu que par l'article 41 du Code de procédure pénale, le problème ne se poserait pas, puisque la Convention a une autorité supérieure à celle de la loi. Ce principe du Code de procédure pénale veut que le choix de poursuivre ou de classer sans suite ou même de faire retour des procès-verbaux d'enquête pour complément d'enquête relève du pouvoir discrétionnaire du procureur de la République[45].

La difficulté survient par contre au regard de la nature de l'organe dont émane le rapport d'enquête, en l'occurrence l'ANIF. Cellule nationale de renseignement financier, l'ANIF constitue l'autorité d'enquête par excellence en matière de blanchiment des capitaux. Si elle jouit d'une autonomie financière et d'un pouvoir de décision[46], cette institution reste une cellule de renseignement de type administratif rattaché au ministère des Finances[47], contrairement aux recommandations du GAFI[48]. Admettre que

[45] Cf. article 41 Code de procédure pénale.

[46] Cf. article 25 R-CEMAC et arrêt présidentiel n° 2005/187 du 31 mai 2005.

[47] Cf. article 2(2) du décret n° 2005/187 du 31 mai 2005 portant organisation et fonctionnement de l'agence nationale d'investigation financière ; rapport CONSUPE de la conférence technique sur « la lutte contre le blanchiment des capitaux et FT » organisé le 28 janvier 2011.

le procureur de la République soit lié par le rapport de l'ANIF, c'est admettre que la justice soit liée par les actes d'une autorité administrative. Or l'article 37 (2) *in fine* de la Constitution camerounaise martèle à suffisance le principe de l'indépendance du pouvoir judiciaire à l'égard du pouvoir exécutif et du pouvoir législatif. En définitive, les dispositions de l'article 34 *in fine* du Règlement CEMAC[49] sont en l'état actuel du statut de l'ANIF, contraires aux dispositions de l'article 37 (2) *in fine* de la Constitution camerounaise.

Doit-on continuer à appliquer ces dispositions faute pour le Conseil constitutionnel de les avoir déclarées inconstitutionnelles avant l'adoption du Règlement par le comité ministériel de la CEMAC du 02 octobre 2010 ? La réponse qui se dégage de l'article 47 (3) *in limine* de la Constitution de 1996 semble conduire à entériner la disposition inconstitutionnelle. Car le Conseil constitutionnel, seul compétent en matière de contrôle de la constitutionnalité des traités et accords internationaux, doit être saisi avant la ratification desdits traités et accords. A l'évidence, le texte inconstitutionnel ne peut plus être retiré. Mais la question reste de savoir si dans l'effectivité, la coopération entre les organes répressifs prônée par les standards internationaux ne va pas muter en véritable duel.

2. Le problème des garanties d'indépendance de l'ANIF

L'indépendance de la justice est un gage du procès juste et équitable. Nul besoin de rappeler sa place parmi les principes directeurs de la procédure pénale. Principe constitutionnel prévu à l'article 37 de la Constitution du Cameroun, l'indépendance de la justice figure en bonne place dans tous les instruments abordant les questions de procédure pénale. La nécessité du principe de l'indépendance de la justice dans la répression du blanchiment des capitaux en zone CEMAC est donc une lapalissade. Lorsque la recommandation 30 du GAFI énonce que les autorités de poursuite pénales soient également responsables des enquêtes sur le blanchiment des capitaux, c'est bien en droite ligne avec cette préoccupation de l'indépendance de la justice. Même si l'ANIF n'est pas une autorité de police judiciaire au sens

[48] Cf. Recommandation 30 : les autorités de poursuites pénales sont également responsables des enquêtes sur le blanchiment des capitaux.

[49] Oblige le président de la République à poursuivre.

strict du terme, on lui reconnaît la qualité d'organe d'enquête à compétence spéciale au sens de l'article 80 du Code de procédure pénale et des articles 25 et suivants du Règlement CEMAC. En tant qu'autorité d'enquête, le principe de l'indépendance est naturellement applicable à cette institution. On aurait cru cette inquiétude réglée à la lecture des dispositions relatives au mandat de ses membres[50]. Mais il n'en est rien en réalité.

Tout d'abord compte tenu de la nature administrative de l'ANIF, son mode de fonctionnement n'obéit pas au principe d'indépendance *stricto sensu* requis à l'égard des autorités judiciaires. L'article 27 du Règlement CEMAC, en exigeant que le Chef de l'ANIF soit un fonctionnaire détaché du ministère des Finances montrait déjà sa tendance à se détacher des recommandations du GAFI qui requiert que les autorités chargées des poursuites soient aussi responsables de l'enquête. La soumission de cette autorité à la hiérarchie administrative est accrue par le fait que l'ANIF camerounaise n'est qu'une direction du ministère des Finances ; contrairement au Gabon où l'ANIF est une direction générale[51].

De jure, elle est soumise aux ordres du ministre des Finances qui exerce une influence significative sur la nomination des membres statutaires de l'ANIF ainsi que du personnel de cette institution. En effet, le Premier ministre nomme le directeur de l'ANIF sur proposition du ministre des Finances. Ce dernier nomme lui-même les autres membres ainsi que le personnel des services d'appui. Au sujet de la durée du mandat des membres de l'ANIF, seul le directeur de l'institution est nommé pour un mandat de trois ans renouvelable une fois. Les autres membres et a fortiori le personnel des services d'appui peuvent être révoqués à tout moment[52].

De facto, le constat est encore plus inquiétant. En effet, l'analyse des infractions économiques les plus récurrentes en Afrique centrale et au Cameroun en particulier montre une large prédominance des détournements de deniers publics. Il s'agit de l'infraction d'origine la plus

---

[50] Cf. article 7(1) du décret portant organisation et fonctionnement de l'ANIF. Pourtant, loin s'en faut.

[51] Cf. Rapport ANIF Gabon 2011.

[52] Article 7(3) du décret portant organisation et fonctionnement de l'ANIF.

récurrente[53]. Les rapports de la CONAC tendent à le confirmer. D'après la stratégie nationale de lutte contre la corruption, après le budget d'investissement public, les finances publiques représentent le secteur le plus touché par la corruption avec une intensité de la corruption de l'ordre de 7,06/10[54]. Ainsi les auteurs de détournements, délinquants potentiels en matière de blanchiment des capitaux, peuvent se recruter même parmi les collègues et éventuellement les supérieurs hiérarchiques du directeur de l'ANIF. Nommés par le ministre des Finances qui a également une main mise sur la gestion de leurs carrières avant, pendant et après leur séjour à l'ANIF, les membres de cette institution ont-ils les mains suffisamment libres pour mener de façon indépendante les fonctions d'enquête qui leur incombent ? L'état actuel des choses ne semble pas laisser le croire.

La solution à cette distorsion réside, semble-t-il, au simple respect d'une recommandation du GAFI : faire de l'ANIF une cellule de renseignement financier de type judiciaire plutôt qu'administratif avec les adaptations qui s'imposent.

B. La timide application de la sanction

Un paradoxe marque le processus d'application de la sanction pénale (1) et semble se justifier par une fuite en avant des institutions judiciaires face aux difficultés de la pratique (2).

1. Le paradoxe de la rareté des poursuites pénales

Le processus normal d'application de la sanction pénale emprunte généralement un schéma devenu classique. La procédure débute par une enquête préliminaire, suivie de la phase des poursuites à laquelle la phase d'instruction peut parfois faire suite. Le jugement clôture le procès pénal. Ainsi, le dispositif CEMAC institue à la base le principe de l'obligation de dénonciation par lequel pourront être alertées les autorités d'enquête. La dénonciation est l'information donnée à une autorité publique de la commission d'une infraction en un lieu. L'article 135 du Code de procédure pénale la définit comme une déclaration écrite ou verbale au sujet de la

[53] Cf. Awono Nomo E.R., *La criminalité en col blanc au Cameroun*, Thèse de doctorat/Ph.D, université de Yaoundé II, 2014 ; Rapport ANIF 2011.

[54] L'intensité de la corruption reflète la gravité du fléau dans le secteur. Cf. « Stratégie nationale », p.32.

commission d'une infraction et émanant non de la victime, mais d'un tiers. Elle n'est en principe assujettie à aucune forme[55]. S'il existe d'autres modes de saisine des autorités d'enquête tels que la plainte ou le procès-verbal établi par une autorité compétente, la dénonciation constitue le principal mode en matière de blanchiment. Car le blanchiment des capitaux fait partie de ces crimes dits « sans victimes ». Le législateur, conscient de cette réalité, a mis en place des mécanismes visant à contraindre les tiers à dénoncer les actes de blanchiment. Cette obligation est consacrée dans le Règlement CEMAC sous l'appellation de « déclaration de soupçons ». L'article 18 du Règlement fait obligation aux organes financiers et autres personnes assujetties au titre de l'article 5 de déclarer à l'ANIF toute somme, toute opération et toute information de nature à susciter des soupçons de blanchiment des capitaux. L'article 8 impose la même obligation aux personnes autres que celles expressément assujetties à l'article 5. Cette obligation semble avoir un effet au regard de l'évolution des déclarations de soupçons enregistrées par l'ANIF. En 2006, l'ANIF a enregistré cent quatre-vingt-une déclarations de soupçons ; en 2007 elles se chiffraient à quatre-vingt-quinze ; en 2008 on en a noté quatre-vingt-trois ; en 2009 cent dix-neuf et en 2010 cent vingt-quatre. Au total jusqu'en 2010, l'ANIF a reçu six cent cinq (605) déclarations de soupçons[56]. Logiquement, il apparaît que le mécanisme mis en place pour catalyser la dénonciation du blanchiment des capitaux remplit sa fonction avec une certaine efficacité.

L'ANIF, autorité d'enquête par excellence en matière de blanchiment des capitaux, a pour mission de recevoir les informations et renseignements en provenance des assujettis. Elle doit ensuite les analyser. Lorsque les soupçons établissent les faits de blanchiment des capitaux, l'ANIF a pour obligation de les transmettre à l'autorité judiciaire compétente. L'article 25 du Règlement CEMAC reconnait à l'ANIF cette compétence lorsqu'il énonce qu'elle est chargée de recevoir, traiter et transmettre le cas échéant aux autorités judiciaires les déclarations auxquelles sont tenus les organismes et personnes assujettis au titre de l'article 5. Il s'agit vraisemblablement de reconnaître à l'ANIF les pouvoirs d'enquête qui ordinairement incombent au procureur de la République. A ce niveau, le mécanisme mis en place par

---

[55] Cf. article 135 (4-b) Code de procédure pénale.
[56] Cf. Rapports ANIF 2006-2010.

la législation CEMAC semble également fournir un certain rendement. En 2006 par exemple, vingt-six dossiers ont été transmis à la justice par l'ANIF ; en 2007 trente-quatre; en 2008 vingt-neuf; en 2010 trente-cinq ; en 2011 quarante[57]. Au total, jusqu'en 2011 cent-soixante-un dossiers ont été transmis à la justice par l'ANIF.

Au regard de la récurrence des déclarations de soupçons et de la régularité de leur transmission à la justice, il eut été logique que les tribunaux connaissent une certaine affluence des affaires de blanchiment des capitaux. Curieusement, la réalité semble toute autre. Pour ne prendre que l'exemple des tribunaux de Yaoundé, l'analyse des registres du greffe laisse penser qu'aucune affaire de blanchiment des capitaux n'a été enrôlée jusqu'au mois de juillet 2014. Tout au plus il serait possible de noter l'existence de deux affaires en cours d'instruction.

Le questionnement semble donc permis[58]. Comment expliquer ce paradoxe ? Quel a été le sort des cent-soixante-une affaires transmises à la justice depuis 2006 et identifiées par l'ANIF comme étant bel et bien des cas de blanchiment ?

On peut tenter d'apporter une réponse pour les affaires transmises avant le 10 octobre 2010. A cette date, l'opportunité de poursuite reconnue au procureur s'appliquait en matière de blanchiment des capitaux comme en toute autre matière. Conformément à l'article 141, le procureur de la République était libre de classer sans suite les dossiers transmis à la justice par l'ANIF. Ceci posait *obiter dictum,* le problème de la compétence technique du procureur de la République en matière de blanchiment des capitaux. Celui-ci dispose-t-il d'une expertise suffisante pour remettre en cause l'avis d'une institution technique comme l'ANIF ? C'est sans doute pour répondre par la négative que le Règlement communautaire institue en octobre 2010, l'obligation pour le procureur de la République de poursuivre lorsque le dossier lui est transmis par l'ANIF[59]. En tout état de cause,

---

[57] Cf. Rapports ANIF 2006-2011.

[58] Il convient de réitérer que les tribunaux de Yaoundé ne sont cités ici qu'à titre d'illustration sous réserve de la probabilité toutefois réduite que les cent-cinquante-une autres affaires transmises à la justice jusqu'en 2011 aient été traitées dans tous les tribunaux de la République à l'exclusion des tribunaux de Yaoundé siège des institutions.

[59] Avec tout ce que cela comporte comme incongruité d'ordre juridique voir supra p. 12.

l'éventualité d'un classement sans suite ne se pose plus depuis le 02 octobre 2010. Depuis cette date en effet, l'article 34 (nouveau) énonce *in fine* : le procureur de la République ainsi saisi est tenu d'engager les poursuites. Désormais, il existe une obligation de poursuivre, imposée au procureur. Comment donc expliquer malgré cela, la rareté des poursuites pour blanchiment des capitaux alors même que la transmission de dossiers par l'ANIF est une réalité ? Le mystère demeure.

2. L'absorption de la sanction du blanchiment par la répression des détournements de deniers publics

Si l'application du droit peut se faire de manière non contentieuse, la solution du litige par le juge constitue le plus souvent la principale manifestation de l'application du droit en matière pénale notamment. Et si l'application de la sanction pénale du blanchiment des capitaux en zone CEMAC reste peu visible, certaines raisons peuvent en constituer une tentative d'explication dans le contexte camerounais à tout le moins.

En effet, le paysage juridique camerounais est marqué depuis la fin des années 2000 par une vaste campagne d'assainissement des mœurs dans la gestion des biens publics dite « opération épervier ». Le dispositif normatif y relatif n'a pas connu une révolution profonde. L'article 184 du Code pénal[60] reste la base légale la plus usitée pour réprimer les actes des gestionnaires indélicats. Par contre, le cadre institutionnel a fondamentalement été renforcé. Sur le plan de l'enquête, plusieurs institutions de natures diverses conjuguent leurs actions dans le sens de la protection de la fortune publique. Il s'agit en plus du traditionnel ministère public, des institutions telles que le Contrôle Supérieur de l'Etat (CONSUPE), la Commission Nationale de Lutte contre la Corruption (CONAC), l'ANIF, le Conseil de Discipline Budgétaire et Financière (CDBF) et même les instances administratives à compétence générale à l'instar des conseils de discipline relevant de la fonction publique ou des structures d'audit interne des établissements publics. Du point de vue des institutions judiciaires, il convient de noter l'entrée en scène d'une juridiction spéciale dont le caractère exceptionnel est à la mesure des missions qui lui sont attribuées : le Tribunal Criminel

[60] Détournement des deniers publics.

Spécial (TCS)[61]. Le TCS, compétent dès lors que le préjudice causé par le détournement de biens publics est supérieur ou égal à cinquante millions, se caractérise surtout par le particularisme de la procédure applicable[62]. Cette procédure semble être dominée par un souci d'efficacité[63] et de célérité[64]. Il convient de relever que les mêmes caractères spéciaux sont applicables dans les juridictions de droit commun pour ce qui concerne exceptionnellement les détournements de biens publics inférieurs à cinquante millions[65].

A l'observation, cette lutte semble porter ses fruits dans une certaine mesure. La CONAC créée en 2006 avaient traité jusqu'en 2011, sept cent vingt-trois cas de corruption. Plusieurs hautes personnalités ont été épinglées par le CONSUPE et plusieurs hauts commis de l'Etat ont été condamnés par la justice, dont une dizaine de ministres et directeurs généraux. Tel est le contexte qui caractérise le paysage judiciaire camerounais en matière de lutte contre la criminalité économique au moment où intervient l'instrument communautaire de répression du blanchiment.

Le rôle de l'ANIF dans ce processus est considérable. Organe d'enquête spécialisé dans le blanchiment des capitaux, l'ANIF a transmis jusqu'en 2011, cent quatre-vingt-dix dossiers à la justice. L'analyse de l'évolution des déclarations de soupçons traitées par l'ANIF et transmises à la justice met en évidence la prédominance des détournements des deniers publics parmi les infractions sous-jacentes soient 56/190 cas transmis[66].

On sait que la sanction du blanchiment suppose l'établissement de son élément préalable, c'est-à-dire de l'infraction sous-jacente. En d'autres termes, pour que le juge prononce la sanction du blanchiment des capitaux, l'existence de l'infraction sous-jacente, en l'occurrence le détournement de

---

[61] Pour développements sur le concept, voir Mbouyom F.X., *La répression des atteintes à la fortune publique au Cameroun*, Yaoundé, SODEAM, 1970.

[62] Cf. loi TCS 2011.

[63] Au regard de la composition et de la compétence de cette juridiction.

[64] Au regard des délais de l'exclusion des voies de recours ou même de l'arrêt de poursuite. Cf. Yawaga Spener, *Avancées et reculades dans la répression des détournements de deniers publics au Cameroun : Regard critique sur la loi de 2011/028 du 11 décembre 2011 portant création d'un TCS.*

[65] Cf. loi TCS du 11 décembre 2011.

[66] Cf. Rapport ANIF 2011.

deniers publics doit être établi par l'accusation. Naturellement, la procédure applicable est le *ius singulare* de 2011 prévu pour les détournements de biens publics[67]. Ce n'est qu'à la suite de l'établissement du détournement que la question du blanchiment des capitaux pourra valablement être évoquée. Le blanchiment des capitaux intervient alors comme une infraction connexe ou tout au moins comme une infraction en concours réel. Il y a concours réel d'infractions lorsque la même personne commet plusieurs actes matériels incriminés par la loi pénale et lorsque ces infractions successives ne sont pas séparées les unes les autres par une condamnation[68]. Le juge répressif français prononce une seule peine, celle de l'infraction la plus sévèrement réprimée[69]. En droit camerounais, le régime est également celui du non-cumul prévu à l'article 51 du Code pénal. Il énonce notamment : au cas où un même individu fait l'objet d'une même poursuite pour plusieurs infractions commises, la peine la plus rigoureuse est seule prononcée.

Dans l'hypothèse la plus probable, le blanchiment des capitaux est une infraction connexe aux détournements de deniers publics. Le détournement de deniers publics est puni d'une peine pouvant aller jusqu'à un emprisonnement à vie si la valeur du bien est supérieure à cinq cents mille. La peine peut aller jusqu'à vingt ans si la valeur est supérieure à cent mille francs CFA. Dans tous les cas, elle est au moins de cinq ans même si la valeur est inférieure à cent milles. A l'évidence, le blanchiment des capitaux porte le plus souvent sur des sommes supérieures à cinq cents mille. La sanction correspondante est l'emprisonnement à vie[70]. Par contre la sanction prévue pour les blanchiments des capitaux est comprise entre cinq et dix ans pour ce qui est de l'emprisonnement. Lorsqu'une infraction de blanchiment est connexe au détournement de deniers publics, la sanction normalement applicable sera évidemment celle du détournement. Matériellement, la sanction du blanchiment des capitaux, en l'état actuel du droit, paraît difficile à prononcer. Ce pourrait être une explication de la faible visibilité de la sanction de l'article 46 du Règlement communautaire sans pour autant

[67] Voir Loi de 2011 sur le TCS.

[68] Cf. Merle et Vitu, p.488.

[69] Cf. article 5 du Code pénal français.

[70] Article 184 du Code pénal.

que cela ne justifie la rareté des décisions de justice constatant au moins l'existence de l'infraction de blanchiment.

Peut-être est-ce alors dû au fait de la difficile preuve du blanchiment des capitaux. En effet, le principe en matière pénale est la preuve au-delà de tout doute raisonnable[71]. La preuve du détournement de deniers publics consiste à démontrer que le bien reçu n'a pas été affecté à l'usage pour lequel il était destiné. Par contre la preuve du blanchiment des capitaux doit montrer au-delà de tout doute raisonnable que « le »[72] bien détourné a fait l'objet d'un acte de blanchiment. Il s'agit de prouver que le bien objet du blanchiment est identique à celui qui a été détourné, sinon « *in dubio pro reo* ». Lorsqu'il s'agit d'autres biens, l'exercice peut être relativement aisé. Par contre lorsqu'il s'agit de fonds publics, surtout lorsqu'ils n'ont pas fait l'objet d'un transfert électronique direct des caisses publiques vers les institutions financières, la preuve paraît moins aisée[73]. Comment en effet prouver de manière indiscutable que les fonds déposés dans un compte sont ceux-là même ayant effectivement été détournés ? Une somme de dix millions de francs détournée peut servir à l'achat d'un véhicule alors qu'à la même période, l'auteur du détournement de deniers publics transfère à sa famille des fonds issus d'une activité licite. Il semble qu'il existe un doute à ce niveau. L'identité entre les fonds détournés et les fonds effectivement blanchis n'est jamais assez sûre.

Cette difficulté, associée au caractère connexe de l'infraction de blanchiment peut-être de nature à atténuer la détermination à poursuivre et à sanctionner valablement l'infraction connexe. Du moment où le détournement de deniers publics est retenu et sanctionné et que de toutes les façons la difficile preuve du blanchiment n'accroît pas substantiellement la gravité de la sanction applicable en définitive, la rareté de la sanction du blanchiment paraît trouver une certaine explication. La sanction du blanchiment des capitaux semble donc dans une certaine mesure être aspirée par la preuve plus aisée et la plus grande sévérité de l'infraction de

[71] Cf. articles 307 et suivants du Code de procédure pénale.

[72] Article défini.

[73] C'est notamment le cas de l'auto-blanchiment. Cf. Rapport CONSUPE de la conférence technique sur « la lutte contre le blanchiment des capitaux et FT » organisé le 28 janvier 2011.

détournement. Cela est accru par la célérité de la procédure applicable aux détournements de deniers publics dans l'environnement juridique actuel au Cameroun.

La dématérialisation des moyens de paiement semble être de nature à atténuer à long terme la difficulté au niveau de la preuve.

****

En définitive, l'étude portait sur la pertinence du dispositif répressif contre le blanchiment des capitaux au Cameroun. Même si sa mise en œuvre paraît sérieusement compromise par des difficultés de natures diverses, il se dégage de ce dispositif une réelle volonté de s'arrimer aux standards les plus évolués en la matière. En attendant, les atteintes à la fortune publique et à l'intégrité du territoire restent une réelle préoccupation. L'urgence de rendre effectives les lois sur la déclaration des avoirs et la répression de l'enrichissement illicite ne parle-t-elle désormais pas d'elle-même ?

MASS COMMUNICATION AND THE DISTURBANCE OF PUBLIC PEACE IN CAMEROON: IS PROSECUTION FOR THE DISSEMINATION OF FALSE INFORMATION AN ANACHRONISM?

TATAH NSANWE NDI[1]

ABSTRACT

The charge of balancing the human right of free speech on the one hand and the preservation of peace through restraint of this right on the other, has often been an arduous one: not least because it is every-so-often difficult to delimit where rights end and duties begin, but perhaps more relevantly because the interpretation of what constitutes "rights" or "duties" is subjective. This paper attempts an excursion into the question of whether prosecution for the dissemination of false information through the press (separate from and independent of defamation as an offence) has been overridden by modern day democratic freedom of expression principles in Cameroon. An analytical examination of current legislation on the subject reveals that provisions still abound that prosecute the dissemination of false information through the press. This offence, referred to conveniently as the propagation of false information has been latent for the most part and overridden by the more popular and readily employed offence of defamation. The requirement that public peace must have been disturbed for the offence to be consummated has been scraped off, thereby eliminating the unique ingredient the offence had from criminal defamation. Whether this renders the offence redundant is not germane as it is clear that for all intents and purposes, Cameroonian law still prosecutes the dissemination of false information amidst national and international instruments guaranteeing free speech. Whatever the case, for these two parallel principles to co-exist, free speech rights must be exercised with caution, professionalism and maturity in order to maintain a semblance of balance.

---

[1] Assistant Lecturer, Laws, Faculty of Laws and Political Science, University of Yaounde II, Soa.

INTRODUCTION

The turn of the century has seen what can be described as the greatest development in technology since the industrial revolution. In fact, the new millennium has witnessed the evolution of telecommunication through the Internet, which has eased and fostered not only inter-person communication, but also more significantly, multimedia and the dissemination of information to the public. Communication to the public has evolved from print media, through radio, television and cable television to the now popular World Wide Web better known as the Internet. Through this particular medium, information can be accessed in almost all parts of the globe by the simple click of a button. The media, which had been very influential even before this development, has become so powerful that it is often said that the press constitutes the fourth arm of any given government.

The task of balancing communication through the press and avoiding unrest generated by such has often been a daunting one. The law prescribes many defences that can be used to justify communication: justification authenticating the truth of such statements and justification that it was a fair comment on a matter of public interest. But these prescriptions are employed principally in civil matters – civil defamation, and where the wrong is a crime against an individual's reputation- criminal defamation. But the question is: what if communication sparks public unrest or upsets public order? The spectre of what incendiary communication through the press would do to a society cannot be overemphasised as, at the very least, it can lead to civil strife[2]. As a result many jurisdictions have provisions prosecuting what is generally referred to as the *propagation of false information.*

[2] The most glaring example of how dangerous reckless journalism destroys a society can be seen in the part the media played in the Rwandan Genocide of the early 1990s. Indeed it was the untrue information spread by the *Radio Television Libre des Mille Collines* that instigated the gradual development of the so-called "genocidal norm"[2]: this resulted in the death of over 800.000 people!

This inevitably results in the conflict of two inviolable principles of a society: the sanctity of peace, which dictates that a successful society is that which nurtures peace and avoids undue unrest, and the sanctity of democracy, manifested by the existence of the freedom of expression. Many, if not all jurisdictions guarantee this human right of free expression in national Constitutions and are signatories of international instruments[3]. Experience has proved that free speech must be accompanied by veracity and maturity or at least some equity. The media, as a tool of national and international debate must not be used for disturbing the peace or instigating unnecessary unrest. Reckless sensationalism in lieu of discreet professionalism can be very dangerous to a democracy.

The Cameroonian Constitution clearly states that the state shall guarantee "the freedom of communication, of expression, [and] of press"[4], and affirms the country's attachment "to the fundamental freedoms enshrined in the Universal Declaration of Human Rights, the Charter of the United Nations and the African Charter on Human and Peoples' Rights, and duly ratified conventions relating thereto..."[5] But, as in other jurisdictions, freedom of expression in Cameroon is still checked by regulatory and deterrent provisions especially if such expressions impinge on matters of national security and public peace. The question therefore is whether provisions prosecuting the propagation of false information are out-dated, and if so what other measures can possibly be used to check the problems likely to result from "too much" freedom.

Perhaps by far, the most important and readily used mechanism employed to regulate wanton publication and propagation of information is

---

[3] Examples of such international instruments are the Universal Declaration of Human Rights , 1948 (particularly Article 19) and the African Charter on Human and Peoples' Rights, 1981 (particularly Article 9)

[4] Paragraph 5 (16) of the Preamble to the Constitution (Law No. 96-06 of 18 January 1996, as amended).

[5] For instance Cameroon acceded to the International Convention on Civil and Peoples' Right ICCPR, 1966) in June 1984, and Article 19 of this Law is a verbatim transposition of Article 19 of the Universal Declaration of Human Rights. This article states that: "Everyone has the right to freedom of opinion or expression; this right includes freedom to hold opinions without interference and to seek, receive and impart information and ideas through the media and regardless frontiers."

defamation. However, it is neither the intention nor is it within the scope of this article to discuss the various trappings of defamation as a crime in Cameroon. The main point of focus of this article shall be to establish whether the offence of the propagation of false information (separate from and independent of defamation) is still punishable under Cameroonian penal law, and if so whether this constitutes breach and violation of human rights principles embedded in national and international instruments. A useful starting point would be to look at the evolution of communication through the press in Cameroon

1. Communication Through the Press in Cameroon

The legislation on free press can be traced as far back as the colonial era, when Cameroon was still a mandated territory under the French and the English, and the laws applicable depended on which side of the legal divide one found himself[6] Newspapers started appearing in Cameroon in the early 1900s, in native languages when the colonial masters attempted to spread the new civilization and Christianity. These, however were more of tracks and pamphlets, written by missionaries, local authorities and native contributors; and these contributions were more persuasive than enlightening. These later turned into tools used by the colonial masters for propaganda and were the beginning of what is known as state media[7].

With the advent of ideals like "nationalism and Pan-Africanism", African countries started dividing for self-rule and determination gradually beginning in the 1920s, "opposition press" evolved and Cameroonians found the media as "a means of expression, a weapon for colonized blacks to criticize European domination and raise awareness"[8]. A typical example of such papers was *"Mbale"* (The Truth) Newspaper, a paper, written and

---

[6] Cameroon is a bi-jural state with the one part dominantly applying English-received and English-influenced laws and legal principles (the former West Cameroon), and the other dominantly applies French-received and French-influenced laws and legal principles (former East Cameroon).

[7] Gallagher, David, "Public and Private Press in Cameroon: Changing Roles in the New Pluralism", 1995, p. 2, available at www.lightningfield.com/cameroon/1995 (consulted on November 6, 2009, 18th march, 2010 and 23 July, 2010

[8] Gallagher, David, *op.cit*

printed by Cameroonians in France which intended to reveal the "hidden truth" to Cameroonian people.[9]

After independence and reunification, the neo-colonialist government, if any thing, tightened its hold on the media. Several journalists were arrested and "what became known as the law of silence dampened the nation's previous enthusiasm for newspapers".[10]

It was not until 1966 that a uniform Press Law was passed in Cameroon[11]. It has been observed that "the major feature of the 1966 press law and its subsequent amendments was its elaborate system of control which involved administrative, financial, and territorial surveillance. It was based on "preventive press" ideology where ownership of a press organ was scrutinized and emphasis laid on pre-publication control by the administrative authorities. Less regard was given to judicial control of the press in matters of libel and defamation. Moreover, the spirit of the law was essentially repressive which showed in its prescription for heavy imprisonment sentences whenever its provisions were violated."[12]

This piece of legislation was essentially a newspaper law and in 1987, after the introduction of television[13] a law[14] was enacted on audio-visual communication. The landmark development, which represents the position today, was the coming into force of the Law Relating to Freedom of Mass Communications[15]. This law stipulates that freedom of communication applies to all forms of communication. With the coming into force of this law, "the press was unchained...[and] made things easier for journalists, as press freedom was institutionalized, and only limited by the law of libel and

---

[9] *Loc.cit.*

[10] Immediately after reunification, the Amadou Ahidjo government tightened its hold on all opposition including the press. Several journalists were arrested and detained with no trial; see Gallagher, David, *ibid.*

[11] Law No. 66/LF/13, of 21 December, 1966(otherwise known as the Press Law).

[12] Churchill, E.M., "The Right to Inform and the 1990 Press Law in Cameroon", *Africa Media Review*, Vol.6, 1992, pp 21 and 22

[13] The television was officially introduced in Cameroon in 1985, See Ngoh, V. J. , *History of Cameroon Since 1800*,Pressbook, Limbe 1996, p. 302

[14] Law No. 87/19 of December 17, 1987 on audio-visual communications.

[15] Law No. 90/052 of 19 December 1990

defamation, which incorporates both fine and imprisonment as punishment. With the advent of these liberty laws, the country now has over 200 newspapers, some of the major ones include *Cameroon Tribune, L'Action, Le Messager, The Herald, Dikalo, The Post, The Star Headlines, EDEN, La Nouvelle Expression, Mutations, L'Effort Camerounais, Popoli, The Sun etc.*"[16]

Therefore, the 1990 Law liberalized access to information; and many people, at least in principle had access to information through the media. This was further enhanced when the legislations on private ownership of radio and television of 2000 and 2001 were enacted, respectively. It is however regrettable that the first television licenses were issued only as recent as 2007.[17] Whatever the case it is clear that the press in Cameroon is no longer hampered by stringent press censorship, as was the case before the coming into force of the 1990 Law.

Ostensibly, the press can comment on social, economic, political, cultural and, generally, all national issues so long as the comments are fair. Individuals who are victims of false or unfair comments can seek redress for defamation[18]. But what remains uncertain is whether the State can still bring an action for the propagation of false information. This is so because, in spite of the fact that this has not been recognized as an actionable offence under the 1990 Law, the Cameroon Penal Code still contains a provision on the dissemination of false information, and one would wonder whether this "oversight" is necessary or a mere ploy to keep the press in check.

Censorship powers over published material are vested in the Minister in charge of Territorial Administration and Decentralization (MINATD) by law, and the punishment for such is harsher and more damaging than was

---

[16] Nkemayang, P.F., "The Role of the Media in Cameroon", The star Headlines, available at www.public.unionky.edu/fulbright (consulted on February 26, 2010 at 16:05)

[17] Canal 2 and STV 2, see www.allafrica.com/stories/2008; see also www.irex.org/programs/msi_africa. However there are approximately 70 privately owned unofficial radio stations; see 2009 Country Reports on Human Rights Practices, Bureau and Democracy, Human Rights and Labour, March 11, 2010, also available at www.state.gov/g/drl/.

[18] S. 305, CPC.

the case under the previous law[19]. Given this wide range of powers of censorship vested in MINATD, matters of dissemination of information harmful to public order hardly ever go to court. The MINATD uses its discretion to ban or suspend newspapers and audio-visual media houses[20]. In Cameroon, therefore most cases that appear before the court are those relating to criminal defamation or contempt.

2. The Meaning of Communication through the Press

The Law on Social Communication in Cameroon has not provided a definition for communication through the press. Generally speaking however, communication *stricto sensu* has many definitions but for present purposes suffice it to state that it "is the activity of conveying meaningful information. Communication requires a sender, a message, and an intended recipient, although the receiver need not be present or aware of the sender's intent to communicate at the time of communication; thus communication can occur across vast distances in time and space. Communication requires that the communicating parties share an area of communicative commonality. The communication process is complete once the receiver has understood the sender"[21]

It follows that communication through the press organs simply means the act of conveying meaningful information to the public through press organs. The Cameroonian law clearly states that a press organ "shall mean any newspaper, periodical, magazine or pamphlet intended to communicate opinions, ideas, thoughts, current or social which is published at regular intervals"[22]. The uniqueness of communication through the press is that it

[19] See Part V, Chapters IX , X and XI on offences and penalties.

[20] MINATD suspended *La Plume du Jour* Newspaper indefinitely for publishing articles with derogatory allegations against the President with headlines reading: A *Moralizer without Morals* and *Who Benefits From Prisons?* ", available at www.africa.upenn.edu/newsletter (consulted on August 17, 2009). According to amnesty international, in 2003, the authorities closed down or refused to grant licences to as many as 12non-government radio and television stations", see Amnesty International Report, Amnesty International Publications, 2009, Al index: AFR 17/001/2009,p 19 see also the Letter to the President of the Republic from the Committee to Protect Journalists' Executive Director, of March 11, 2010, available at www.cpj.org.

[21] Culled from www. en.wikipedia.org/wiki/Communication on March 18, 2011.

[22] S. 5, Social Communication Law, 1990

targets a larger audience than ordinary communication, and in this connection, the term "mass media" is often used to capture the scope of communication meant for an extended audience.

Until fairly recently, mass media was defined to involve seven major channels of communication: books, newspapers, magazines, and recordings, radio, movies and television. This has all changed with the continuing explosion of digital communication technology: the Internet and the availability of tools like MSN, Facebook, Twitter, and Instant Email. Does communication through the Internet constitute communication through the press? The 1990 law on social communication is silent on this, but a close reading of section 2 of that law gives the impression that Internet communication can be construed as part of mass media. That section provides that "this law shall apply to all forms and means of mass communication…" The qualifying word "all' would mean that even digital communication is contemplated by the law, especially as today communication is mostly done digitally.

It is therefore submitted that communication through the press includes communication be it through print, audio, visual, audio-visual or digital press organs, provided that the communication targets an audience, who can understand and appreciate the purport of the message therein. Where such communication is made in such a manner as to upset public order, public peace is said to be disturbed. What remains to be determined is whether the dissemination of false information is an offence in Cameroon.

3. Prosecuting the Dissemination of False Information in Cameroon

Before the coming into force of the Universal Declaration of Human Rights in 1948, most jurisdictions in the world prosecuted the dissemination of false information as an offence separate from and independent of defamation or libel. At common Law, for example, the offence was defined as "The misdemeanour of spreading false information that causes discord between the monarch and the people, or between the important people in the realm."[23]This position was reinforced by statute in stating that any propagation or publication of false statements is punishable by law if it is "likely to cause fear or alarm in or to the public or to disturb

[23] 3 Edw.I, ch.34, Black's Law Dictionary(7th Ed), p. 619

the public peace, or to undermine public confidence in the conduct of public affairs"[24] Countries like France, Canada, Germany and Australia had similar provisions. The rationale for the prosecution for the propagation of false news has been graphically stated thus: "...The law always punishes... [the propagation of false information]... because they ... tend to create disturbances and ... disturb the 'public peace'. The law reckons it a greater offence when the [false information] is pointed at persons in the public capacity, as it is a reproach to the government to have corrupt magistrates, etc. ... and it tends to sow sedition, and disturb the peace...."[25] Today, many jurisdiction, because of technological advances have extended this regulation to communication through the internet[26]

It would be appropriate to indicate here that the offence of the propagation of false information is different from criminal defamation in that while the latter deals with the propagation of false information that injures the reputation of a living person, the former need not be directed at a particular person or to his reputation, and it must be information that is likely to stir unrest or breach public peace[27]. As earlier indicated, the coming into force of the Universal Declaration Human Rights 'caused' many jurisdictions to wipe-off such provisions from their penal legislations[28].

However, Cameroon like some African and less-democratic countries still maintain false information provisions. There is no elaborate law on defamation or libel in Cameroon. Neither is there a specific statutory enactment on the disturbance of public peace. The only legislation that

---

[24] *Section 33B*, English Public Order Act, 1972 (No.9); A law of the United States made it a crime to "write, print, utter or publish...any false, scandalous and malicious writing...against the government." i.e. Section 2 of the Act for the Punishment of Certain Crimes Against the United States," enacted July 14, 1979

[25] Per Lord Raymond C.J., R v. Francklin, [1731], 17 State Tr. 625.

[26] See e.g. *Article 13*, PRC Interim Regulations Governing the Management of International Computer Networks (*Zhonghua renmin gongheguo jisuanji xinxi wangluo guoji lianwang guanli zanxing guiding*), *Fazhi Ribao* (*Legal Daily*), February 12, 1996, issued by State Council Order No.195, signed by Premier Li Peng on February 1, 1996 provides that communication through the internet prosecutes communication that "... disseminates information prejudicial to public order ....".

[27] See details below.

[28] In England, for instance, The Law Revision Act of 1982.

provides for the dissemination of false information is the Cameroonian Penal Code. Section 240 of the Code provides that:

> (1) "Whoever publishes or propagates, by any means whatever any news without being able to proof either its truth or that he had good reason to believe it to be true, shall be punished with imprisonment of from one to five years and with a fine of from twenty-thousand to ten million
>
> (2) The penalty shall be doubled for anonymous publication or propagation."

A close reading of this section lays bare four significant elements:

- The information must be made public;
- The information must be false;
- Public peace need not necessarily be disturbed
- Proof of veracity can be a defence.

i) The information must be made public

The notion of communicating to the public can be gleaned from the opening sentence of the section, which clearly provides that "whoever publishes or propagates by any means whatever, any news...." Although neither the section nor the Code, for that matter, goes on to define publication or propagation, the words, when given their obvious and ordinary meaning imply communication to the public. This is because, it is inconceivable that the section can punish communication made in private since such can neither be proved nor taken to affect any person or event to the extent of causing unrest. In fact, publication has been defined by the Nigerian Penal Code in its section 374(2)[29] as"... exhibiting in public, or causing to be read or showing or delivering it or causing to be shown or delivered with the intent that it may be read by... any other person..."[30]

---

[29] This definition is provided within the context of Defamation

[30] See also Title 18 of the Ghanaian Criminal Code which states that, " a person publishes libel if he causes the print, writing, effigy or other means by which defamatory matter is conveyed, to be dealt either by exhibition, reading, recitation, description, delivery or otherwise as that the defamatory meaning thereof becomes known or is likely to become known to either the person or any other person."

It is submitted that Section 240, by providing for the publication or propagation of news through "any means whatever" refers to print, written, audio, visual, audio-visual, internet and all other means of public communication. It has been observed that "the public_[in the context of spreading false information in Cameroon] is sufficiently wide to cover all the means likely to be employed in order to give news a public character, tracks, printed matter, newspaper, radio, television shows, and all other oral modes of communication *[sic]*."[31]

It should be recalled that the Mass Communication Law of 1990 liberalised the media and encouraged the development of private media. This development as earlier indicated was further improved by the liberalisation of radio and television ownership at the dawn of the new millennium.[32]

Although cases of propagation or publication within the context of Section 240 are scarce, examples abound wherein the publication or broadcasting of news have been taken to mean unfair or unprofessional communication to the public. Perhaps the most celebrated example in Cameroon was that Pius Njawe, the Director of *Le Messager* Newspaper[33]

In that case, Mr Pius Njawe was sentenced to six months imprisonment for publishing an article alleging that the President of the Republic had cardiac problems and that he had collapsed during the Cameroon Cup finals of 1990. Although this case could easily have been brought under S. 240, the prosecutor decided to bring charges for propagation of information "showing contempt for the President of the Republic" under S. 154 of the Penal Code. At Common Law, such an allegation, if untrue, would have resulted in the publisher being punished for the propagation of false information. In *R v. Harvey*[34], for instance, the writer of a newspaper article

---

[31] Njisah, Ngobe Imelda, "The Offence of the Propagation of False Information in Cameroon", *End-of-Course Dissertation* (2004), Department of Law, FSMS, University of Buea, p. 29.

[32] Although many radio and television stations started operating as early as 2001 in Cameroon, licences were issued to " officialise" them only as recent as 2007.

[33] The People v. Celestine Monga and Pius Njawe, 1991, cited in Churchill, E.M., op.cit; also available at www.africa.upenn.edu/newsletter/ (consulted January 15, 2010)

[34] [1823] 2B 464; 3DOW and Ry. KB

was convicted for publishing a false statement that the King was suffering from insanity. It was held that such false allegations undermined the King's sovereignty and capability of ruling the Kingdom.

It would seem that the punishment imposed for the propagation of false information is more often than not, an administrative, rather than a judicial act in Cameroon. The laws on print, audio and visual media give significant powers to the Minister of in charge of territorial administration[35]. In 1997, the Minister in charge of territorial administration suspended the *La Plume du Jour* Newspaper indefinitely for publishing articles with derogatory allegations against the President like, A *Moralizer Without Morals* and *Who Benefits From Prisons?*[36] In the *Njawe* Case, copies of Newspaper Issue No. 209 were confiscated by the MINATD[37].

ii) The information must be false

The basis of the offence of the propagation of false information is that the information disseminated is untrue. The implication of this is that, punishment can only be meted when falsehood is established. This is so because such falsehood would "induce a state of mind [or] ...course of action"[38] that is likely to cause unrest or dissention. False information is often very dangerous as it is bound to be sensational. Most private media organs in the country tend to exaggerate or even fabricate information in order to attract wider readership. It has been observed that "in order to attract sales, most newspaper accounts [about] events in the country tend to be more sensational than professional"[39].

A typical example of how reckless journalism can destroy a country, as earlier indicated can be gleaned from the Rwandan Genocide of 1994 wherein the media, especially the *Radio Television Libre des Milles Collines*,

---

[35] S. 17, Press Law, 1990 which gives MINATD the power to seize or ban its existence of any press organ (see also ss 13, 14 and 15)

[36] Available at www.africa.upenn.edu/newsletter/(consulted on 25 march 2011)

[37] 2000 copies of the *Mamy-Wata* Newspaper were confiscated for cartooning the personal life of the President of he Republic, ibid.

[38] Definition of falsehood by Viscount Dilhourne in Scott v. Commissioner of Police, HC [1974] 3AER, 1032.

[39] Nsanwe, T.N, *Money Laundering and the Law in Cameroon*, Africana Publications, Yaounde 2010, p. 38, see particularly footnote 13.

"fabricated accounts [which] acted as blue prints for Hutu attacks on the Tutsis under the rubric of self-defence...[therefore] the broadcasts caused fear, fear caused panic, panic led to verifiable reaction".[40]

In 2006, the Editor of the *Anecdote* Newspaper published a list of 50 top ranking officials in the country accusing them of practicing homosexuality. Homosexuality is still a crime in Cameroon[41] and as such, the implication of the accusation was that some core members of the government were involved in criminal activities[42]: Although all those listed refuted this allegation, none brought an action under s.240. It is submitted that had the accused brought action under s. 240, they would have succeeded if they could proof that the information was false; this is so because inferences purporting that appointed and elected public servants are involved in practices in contravention of the Cameroon Penal Code would create outrage from the public and consequently unrest[43]. The question is whether under the Cameroonian Penal Code, disturbance of public peace is an ingredient for the offence as was the case under Common Law.

iii) Public Peace need not necessarily be disturbed

At Common Law, one of the most important requirements-a requirement which itself distinguished the offence (dissemination of false information) from criminal defamation-was that; such information was likely to disturb the peace or cause dissention in the society. In Cameroon, the requirement of the disturbance of public peace was expressed in the draft of s.240 (when the code was still in debate). This draft provided that "whoever publishes any news likely to disturb the public peace without being able to proof either its truth or that he had good reason to believe it to be true, shall be punished with imprisonment of from one to five years and with a fine of from twenty-thousand to ten million".[44]

---

[40] Kellow and Steeves, *op. cit*

[41] S. 347, CPC.

[42] Details available at http://allafrica.com/stories/(consulted on August 2, 2011)

[43] At Common Law, the mere inference that those who were in charge of steering the country were involved in criminal activity could lead to prosecution because it was likely to cause unrest and dissention

[44] See introductory pages of the CPC

The implication here is that the offence could not be established if the said information did not disturb the peace or cause dissention. However, the legislator did not include this ingredient in the final provision of that section. In Cameroon today, therefore, public peace need not be disturbed for the offence to be established.

This exclusion, it is submitted was not only unnecessary, but more significantly defeated the purport of including the dissemination of false information as a unique offence under the Penal Code. That this section does not require disturbance of public peace as an ingredient implies that certain offences of the Penal Code like Defamation[45], False Report[46] and Abuse[47] are rendered redundant.

With the elimination of the disturbance of public peace as a determining factor for establishing the crime, the line between the offence of disseminating false information and criminal defamation becomes almost inexistent. Perhaps, it is because of this omission that the offence of the dissemination of false information is hardly employed by legal practitioners in judicial processes. If this observation were to be true, then one would find comfort in the interpretation that the offence is for all intents and purposes, practically abolished in Cameroon.

---

[45] S. 305 on defamation states that "whoever by any means … injures the honour or reputation of another by imputations direct or indirect, of facts which he is unable to prove shall be punished with imprisonment of from six days to six months or with a fine of from five thousand to two million franc, or with both such imprisonment and fine".

[46] S.304 on False Report states that "whoever makes to any person in authority, whether public r private, a false report liable to lead to prosecution or disciplinary measures shall be punished with imprisonment for from six months to five years and with affine of from ten thousand to one million francs".

[47] S. 307 0n Abuse states that "whoever uses without having been provoked against a person in the circumstance of publicity described in section 152 any insulting expression, or contemptuous gesture or words or invective without imputation of fact, shall be punished with imprisonment of from five days to three months r with fine of from five thousand francs to one hundred thousand francs or with both such imprisonment and fine".

Regrettably, the fairly recent law regulating cyber criminality in Cameroon [48] has re-awoken this otherwise dormant provision. Section 78 of that law provides that

> (1) "Whoever uses electronic communications or an information to publish or propagate a piece of information without being able to attest to it veracity or prove that he/she had reasonable cause to believe that the said piece of information was true shall be punished with imprisonment of 6 (six) months to 2 (two) years or a fine of from 5.000.000 to 10.000.000 CFA francs or, both such imprisonment and fine.
>
> (2) The penalties provided… above shall be doubled where the offence is committed with the aim of disturbing peace."

The provisions of this section, which, of course, are almost a facsimile of those of s. 240 with slight alterations on the penalties, are contained in a legislation intended to check cyber criminality in Cameroon. The effect of this provision is that the above-quoted section has extended the prosecution of the dissemination of false information to the digital environment.

Interestingly, sub-section two of the above-cited section mentions disturbance of public peace as an aggravating circumstance. The implication here is that the offence of the dissemination of false information is still very much part and parcel of the Cameroonian law.

iv) Proof of veracity can be a defence

The section implies that any one accused of the offence of the dissemination of false information can employ the tort law defence of justification. This is inferred from the phrase "whoever publishes or propagates … any news without being able to prove its truth..." This means that if the accused can proof that the statement is true, however damaging it is to the public, he will be exonerated. A journalist or reporter can safeguard his free speech rights if he bases his publications on veracity, maturity and professionalism.

---

[48] Law N° 2010/012 of 21 December 2010 relating to Cyber Security and Cyber Criminality in Cameroon.

However, the section does not recognise the defence of fair comment and this may be interpreted as a limit to free speech. The essence of freedom of expression is to give every man a chance to express his mind without fear of reprisals. For, "every man has a right to give [any] public matter a candid, full and free discussion, but although the people have a right to discuss any grievances…they must not do it in a manner to excite tumult...If a party publishes a paper on any such matter, and it contains no more than a calm and quiet discussion allowing something for a little feeling in men's minds, that will be no libel [or false information in our context]" [49]

4. Free Speech, the Media and Public Order: the Way Forward

A free society is one in which certain freedoms are guaranteed and defended without fear or favour. A society cannot be termed democratic if its citizens are not free to express themselves or to give opinions on public and international issues. Freedom of expression is not only a human right but also an individual privilege; it is a right respected in international instruments and guaranteed by national constitutions. It has been observed that "No country can seriously profess to be democratic, or pretend to be making efforts toward this, if its citizens cannot express their opinions."[50]

Since the 1990 Social Communication Law, the Cameroonian society has seen the rapid growth and evolution in the mode through which information is communicated to the public. Print media houses are indiscriminately scattered all over the national territory. News, Radio and Television houses created by the day, while the so-called Internet has enhanced access to information through tools like *Facebook*, *Twitter* and all other traditional electronic interactions services. Most media houses have online services and these organs are free to comment on social, political and economic issues, both national and international. Some are satirical, while others are tabloid. In all, most have one thing in common: they frown at censorship and regulation.

The question therefore is this: should the media be allowed a free hand in commentary on socio-economic and political issues? The obvious answer

---

[49] R v. Collin (1839) 9C & P, P. 456; 3 State Tr. N.S, 1149.

[50] Fombad, C.M. , "Freedom of Expression in the Cameroonian Democratic Transition, Vol. 33, No. 2, *Cambridge University Press*, 1995 p.211

to this question would be in the negative because, apart from having rights to comment and expose public ills; the media has a corresponding duty to prevent social unrest and upheavals. Irresponsible sensationalism can bring down a government and destroy an entire administrative structure. A case in point is the Rwandan Genocide; 1994 where sensationalism led to the destruction of a whole race with debilitating effects that are still felt today: "By interpreting the world for its listeners, the radio station was able to prescribe particular actions that under normal circumstances [without the accompanying lies and fabricated accounts] most people would have found objectionable and immoral."[51]

The need to caution irresponsible journalism is ever more pressing with the advances in technology. The Internet presents "the possibility of instant and inexpensive coverage [which] has forced reporters to respond more quickly and frequently, and as a result, often less accurately"[52]. The state of the media in Cameroon has been summed thus: "Newsgathering is far from complying with professional quality standards. Stories are generally characterized by inadequate treatment, a phenomenon that hurts the reputation of the press in the eyes of public opinion. The presentation of partial facts, inability to travel to cover stories, production time management, insufficient personnel in the newsroom, and the interference of the press owners or advertisers in the choice of news coverage all combine to diminish the quality of news in Cameroon"[53]

The media must not only refrain from disseminating information that is false, but also avoid providing close-up shots of events that can stir public unrest. For instance, the splaying of photographs of students killed during a strike action irresponsibly can provoke a reaction from peers, family members and all other sympathizers. The media must not be allowed to publish pornographic or other horrid information or photographs. Disturbing the peace does not only mean causing civil unrest; it can entail

---

[51] Des Forges, "Leave None to Tell the Story: Genocide in Rwanda", *Human Rights Watch*, New York, 1999

[52]International Council on Human Rights Policy Crime, *Public Order and human Rights*, ICHRP, Versoix, Switzerland, 2003, p. 46

[53] Media Sustainability Index(MSI) Africa 2006-2007, available at www.irex.org/programs/msi_africa consulted on September 8, 2011)

causing social or moral outrage. The incident of the so-called *Top 50* is very illustrative.

In that event, a newspaper in the country, *L'Anecdote*" purportedly published a list of top fifty high-ranking personalities of the country alleging that they were involved in homosexuality. Although the entire media structure in Cameroon had a field day analysing and reanalysing the issue, nothing became of it. But then, it is well known that homosexuality is a crime in Cameroon and such allegations imputed that most of those governing the country were involved in illegal activities. What was particularly devastating was not the illegality, which in other countries would have been enough to crumble a whole government, but the moral outrage; given that most African societies are yet to come to terms with same-sex practices and marriages.

Journalists and reporters must develop the culture of investigating and verifying information before publication. In most western societies, subjects of newspaper accusations and allegations especially government officials are often given the opportunity before press time to comment, confirm or deny the allegations levied at them. This practice must sip into the Cameroonian society. This is the essence of fair comment. The media must able to respect the Latin maxim *udi alterem partem*(to hear the other party side of a debate). Journalists must dig out and publish information that is accurate, publish it as objectively as possible, interpret it as fairly as human shortcomings and unconscious bias permit and give reasonable opportunity for reply to those who are criticised.[54]

This discourse, however, does not in any way condone the maintenance of the offence of the propagation of false information in the C.P.C-far from it. The offence has no place in a society if a society were to be truly democratic. However, a delicate balance must be maintained between public order and free speech; and this can only be possible if an independent body, other than the MINATD and the government-controlled National

[54] Mallete and Dattreyan, *Handbook for African Journalists,* World Press Freedom Committee 2nd Ed, 1996, p. 3.

Communications Council and the Cameroon Media Council[55] is set up to censor the press, while the offence of criminal defamation, is maintained.

CONCLUSION

This paper has traced press freedom laws in Cameroon from the colonial days to the modern era. The study recognizes that though still fraught with some administrative hurdles, the notion of free speech has been adopted in the Cameroonian social communication of law of 1990. the question raised in this article is whether the continuous maintenance of False News under s.240 of the C.P.C implies that the act of disseminating information that is false is still regarded as an offence in Cameroon contrary to the practices in other countries like France, the UK and the US; and the provision of international and national human rights instruments. It has been established that though still an offence in the C.P.C, the fact that the section has taken off the requirement that for any news to be false, the offence must have caused some unrest or disturbed the public peace. Without the disturbance of public peace, the offence becomes similar, if not identical to the offence of criminal defamation; thus rendering it redundant.

The notion of criminalising the dissemination of false information is outmoded and out-dated. It does not meet up with the requirements of international and human rights obligations. Offences like criminal defamation and abuse are adequate enough to cover breaches by the media. However, the defence of fair comment requires that a delicate balance be drawn between free speech and public order. Journalists or reporters must be able to go about their jobs with maturity, veracity and professionalism in lieu of senseless and irresponsible sensationalism.

---

[55] See Cameroon Country Report Index, African Media Development Index available at www.radiopeaceafrica.org/ (consulted on May 5 2010), p. 7

BIBLIOGRAPHY

1. Texts and Articles

- Gardner and Anderson, *Criminal Law Principles and Cases*, 5th Ed., West Publishing Co., NY, 1992;

- Kellow and Steeves, "The Role of the Radio in the Rwandan Genocide", *Journal of Communication* Vol. 48, 1998;

- Gallagher, David, "Public and Private Press in Cameroon: Changing Roles in the New Pluralism", 1995;

- Churchill, E.M., "The Right to Inform and the 1990 Press Law in Cameroon", *Africa Media Review*, Vol.6, 1992;

- Ngoh, V. J. , History of Cameroon Since 1800,Pressbook, Limbe 1996;

- Lewis, Orion, The Media in State-Society Relations: Does Commercialisation in Change Political Control?, *University of Colorado, Boulder*, 2003.

- 2009 Country Reports on Human Rights Practices, Bureau and Democracy, Human Rights and Labour, March 11, 2010.

- *Amnesty International Report, Amnesty International Publications, 2009, Al index: AFR 17/001/2009.*

- Njisah, Ngobe Imelda, "The Offence of the Propagation of False Information in Cameroon", *End-of-Course Dissertation* (2004), Department of Law, FSMS, University of Buea;

- Nsanwe, T.N, *Money Laundering and the Law in Cameroon*, Africana Publications, Yaounde, 2010;

- Fombad, C.M. , "Freedom of Expression in the Cameroonian Democratic Transition, Vol. 33, No. 2, *Cambridge University Press*, 1995;

- Mallete and Dattreyan, *Handbook for African Journalists*, World Press Freedom Committee 2nd Ed, 1996;

- Rogers W.V.H., *Winfield and Jolowicz on Tort*, 12th Ed., Sweet and Maxwell, 1984;

▪ Des Forges, "Leave None to Tell the Story: Genocide in Rwanda", *Human Rights Watch* New York, 1999.

▪ Cameroon Country Report, Africa Media Development Initiative, available at www.radiopeaceafrica.org, 2006;

▪ International Council on Human Rights Policy Crime, *Public Order and human Rights*, ICHRP, Versoix, Switzerland, 2003.

2. Selected Websites

▪ www.state.gov/g/drl/ (consulted on July 3 2011)

▪ www.pewresearch.org/pubs/ (consulted on December 10, 2011)

▪ www.allacademic.com//meta(consulted on August 4, 2012

▪ www.cpj.org. (consulted on Augeust 4, 2012)

▪ www.public.unionky.edu/fulbright (consulted on February 26, 2010 at 16:05)

▪ www.lightningfield.com/cameroon/1995 (consulted on November 6, 2009, 18th march, 2010 and 23 July, 2010

▪ www.africa.upenn.edu/newsletter (consulted on August 17, 2009 and March 25 2011)

▪ http://allafrica.com/stories/consulted on August 2, 2011)

▪ www.irex.org/programs/msi_africa consulted on September 8, 2011)

▪ www.radiopeaceafrica.org/ (consulted on May 5 2010)

LE CONTRÔLE DU JUGE EN MATIÈRE D'ABUS DU DROIT DE SAISIR EN VOIES D'EXÉCUTION OHADA

Pierre DJONGA[1]

INTRODUCTION

1. Le créancier peut-il cumuler plusieurs saisies, selon son bon plaisir ou doit-il justifier de l'utilité des procédures qu'il fait mettre en œuvre ?[2] Autrement dit, le droit peut-il admettre l'exercice d'un droit abusif ? C'est la problématique de l'abus de droit[3] et de celle de l'abus de recouvrer sa créance en particulier[4]. A ce sujet, force est de noter que l'utilité et la proportionnalité exigent que la liberté de saisir doit être relativisée, car la contrainte a ses limites et les intérêts du créancier, si légitimes soient-ils, n'autorisent pas tous les moyens[5]. Les intérêts du débiteur seraient sacrifiés sur l'autel du crédit si l'on accordait une liberté absolue au créancier saisissant. L'objectif étant de placer « *le curseur au centre des intérêts de ce*

---

[1]Assistant à l'Université de Yaoundé II, Faculté des Sciences juridiques et politiques, Département de droit privé fondamental.
L'auteur remercie le Professeur Joseph Fometeu de l'Université de Ngaoundéré et Monsieur Robert Assontsa de l'Université de Dschang pour leurs importantes observations.

[2] Dans le même sens : Gautier (P-Y.), « Contre Bentham : l'inutile et le droit », *RTD civ.* 1995, n° 26, p. 97.

[3] La question a fait l'objet d'importantes réflexions en doctrine ; à titre d'illustration : Josseran (L.), *De l'esprit des lois et leur relativité, théorie dite de l'abus des droits*, 2e éd. 1939 ; Ripert (G.), « La règle morale dans les obligations civiles », n° 89 s ; Capitant (H.), « Sur l'abus des droits », *RTD civ.* 1928.365 ; De La Massue (H.), « Responsabilité contractuelle et responsabilité sous la notion de l'abus du droit », *RTD civ.* 1948, p. 1 et s ; Pirovano (A.), « La fonction sociale des droits : réflexion sur le destin des théories de Josserand », *D.* 1972, chron. 67 ; Lemee (J.), *Essai sur la théorie de l'abus du droit*, thèse ronéot, Paris XII, 1977 ; Rotondi (M.) et *al.*, *L'abus de droit, Inchieste di diritto comparato*, Padoue, 1979 ; « Le rôle de la notion du droit », *RTD civ.*, 1980, p. 66 et s.

[4] Voir Mestre (J.), « Réflexions sur l'abus du droit de recouvrer sa créance », Mél. Pierre Raynaud, *D.* 1985, p. 439 s

[5] Perrot (R.), « Rapport de synthèse de la réforme des procédures civiles d'exécution », *RTD Civ.* 1993, p. 166.

couple infernal que forment le créancier et le débiteur »[6]. Le droit postule en effet que la fin (ici l'exécution) ne justifie pas tous les moyens (notamment les mesures abusives)[7]. La présente réflexion s'inscrit dans cette recherche de proportionnalité dans la mise en œuvre des voies d'exécution régies par le droit OHADA[8]. Il est important de cerner au préalable le sens des voies d'exécution et de l'abus du droit de saisir.

2. Les voies d'exécution sont l'ensemble des moyens de droit permettant aux créanciers non payés amiablement par leurs débiteurs de contraindre ceux-ci à s'exécuter, au besoin en ayant recours à la force publique[9]. Ainsi entendues, elles peuvent désigner les moyens par lesquels

---

[6] Perrot (R.), « La réforme des procédures civiles d'exécution », propos recueillis par Madame Mignon-Gardet, in *Les Petites Affiches,* n° spéc. 6 janvier 1993, p. 8.

[7] Brenner (Cl.), *Voies d'exécution (*sous la direction (A-M.) Frison-Roche), *Cours Dalloz* 1998, n° 1.

[8]Née avec la signature de son Traité le 17 mars 1993 à Port-Louis (Iles-Maurice) par 14 États de la zone franc, l'Organisation pour l'Harmonisation en Afrique du Droit des Affaires (OHADA) est entrée en vigueur le 18 septembre 1995 et compte aujourd'hui 17 membres. L'institution a connu une importante activité législative car, après plus de deux décennies d'existence, elle compte 9 Actes uniformes dans les matières suivantes : droit commercial général (entré en vigueur le 1er janvier 1998, révisé et adopté le 15 décembre 2010); droit des sociétés commerciales et du groupement d'intérêt économique (entré en vigueur le 1er janvier 1998, révisé et adopté le 05 mai 2014), procédures simplifiées de recouvrement et voies d'exécution (entré en vigueur le 1er janvier 1998) ; droit des sûretés (entré en vigueur le 1er janvier 1998, révisé le 15 décembre 2010 et adopté le 16 mai 2011) ; procédures collectives d'apurement du passif (entré en vigueur le 1er janvier 1999) ; droit de l'arbitrage (entré en vigueur le 11 juin 1999) ; organisation et harmonisation de la comptabilité des entreprises (entré en vigueur le 1er janvier 2002) ; contrats de transport de marchandises par route (entré en vigueur le 1er janvier 2004) ; sociétés coopératives (entré en vigueur le 15 décembre 2010). Plusieurs autres Actes uniformes sont en chantier. C'est le cas des Actes uniformes sur le droit du travail, sur le droit de la vente aux consommateurs, sur le droit du contrat ; 6 Règlements ont été pris en application du Traité OHADA. Il s'agit du Règlement de procédure de la CCJA du 18 avril 1996, du règlement d'arbitrage de la CCJA du 11 mars 1999, du Règlement financier des institutions de l'OHADA et des Règlements portant statut des fonctionnaires et le Régime applicable au personnel de l'OHADA du 30 janvier 1998, du Règlement n°01/2014/CM/CCJA modifiant et complétant le Règlement de procédure de la CCJA du 18 avril 1996.

[9] Donnier (M.) et Donnier (J-P.), *Voies d'exécution et procédure de distribution*, 7e éd., Litec, 2003, n° 1.

les créanciers poursuivent la réalisation forcée de leurs droits[10]. Sur le plan pratique, elles se traduisent par les saisies, lesquelles constituent le modèle de l'exécution forcée contemporaine[11]. Mais cette définition classique des voies d'exécution comporte désormais des limites avec l'institution dans l'Acte uniforme portant organisation des voies d'exécution de nouvelles saisies qui visent une finalité autre que le recouvrement des créances[12]. Il s'agit par exemple de la saisie-appréhension ou de la saisie-revendication dont le but poursuivi est la délivrance ou la restitution d'un bien meuble corporel bien déterminé. De la sorte, les voies d'exécution doivent s'entendre comme de véritables procédures par lesquelles un créancier impayé saisit les biens de son débiteur afin de les vendre et se payer sur les prix de vente ou de se faire attribuer lesdits biens[13]. La CCJA abonde dans le même sens lorsqu'elle décide que les voies d'exécution sont des procédures légales permettant à un créancier impayé soit de saisir les biens de son débiteur et, au besoin, les vendre et se faire payer, soit de procéder à une saisie de créance en vue de se la faire payer, soit enfin, de se faire délivrer ou restituer un bien mobilier corporel[14]. Cadrant mieux avec les nouvelles formes de voies d'exécution, cette définition paraît plus complète et plus satisfaisante.

3. L'abus quant à lui est le fait par le titulaire d'un droit de le mettre en œuvre en dehors de sa finalité ou, selon un autre critère, sans intérêt pour soi-même et dans le seul but de nuire à autrui[15]. Le Vocabulaire juridique va dans le même sens lorsqu'il définit la notion comme une faute qui consiste à exercer son droit sans intérêt pour soi-même et dans le seul dessein de nuire à autrui, ou, suivant un autre critère, à exercer en méconnaissance de ses

---

[10] Brenner (Cl.), *Voies d'exécution, op.cit.*

[11] Brenner (CL.), « L'ineffectivité de l'exécution forcée », in *Le droit à l'exécution forcée : entre mythe et réalité*, Coll. Droit et Procédures, éd. Juridiques et techniques, Paris, 2007, n° 62, p. 44.

[12] Assi-Asso (A-M.) et Ndiaw Diouf, *Recouvrement des créances, op.cit.*, p. 31.

[13] Assi-Asso (A-M.) et Ndiaw Diouf, *Recouvrement des créances,* Juriscope, 2002, n° 2.

[14] Cf. Arrêt n°010/2005, 29 juin 2006, Société d'Etudes et de Représentation en Afrique Centrale, dite SERAC c/ Bureau de Recherche d'Etudes et de Contrôle Géotechnique SARL, dite BRECG, *RJCCJA* n° 7, janv.-juin, p. 16.

[15] Mestre (J.), « Réflexions sur l'abus du droit de recouvrer sa créance », *op.cit.*, p. 439 s.

droits sociaux[16]. Usage abusif d'une prérogative juridique, l'abus peut également être considéré comme une action consistant pour le titulaire d'un droit, d'une fonction à saisir, dans l'exercice qu'il en fait, des normes qui en gouvernent l'usage licite[17].

4. En voies d'exécution, l'abus consiste, de la part du créancier, à prendre une mesure qui excède manifestement ce qui est nécessaire pour la satisfaction de ses intérêts, en créant une contrainte hors de proportion avec les exigences de sa sécurité, démesure qui l'expose à une mainlevée de la mesure et à des dommages et intérêts[18]. Les saisies exagérées et injustifiées en constituent les principales illustrations. Dans la première hypothèse, le créancier saisit plusieurs biens dont la valeur dépasse exagérément le montant de la créance. Or la proportionnalité voudrait que la modicité des droits du créancier le dissuade d'entreprendre plusieurs mesures d'exécution alors qu'une seule est suffisante. En d'autres termes, il est inutile de procéder à des saisies multiples alors qu'une des saisies couvre le montant des sommes dont le recouvrement est poursuivi[19].

5. Dans la seconde hypothèse, notamment celle des saisies injustifiées, l'abus s'explique par le fait que le droit à l'exécution du créancier manque de justification. Plus précisément, la saisie est dite injustifiée lorsqu'elle n'a pas ou n'a plus de raison d'être. Plusieurs hypothèses peuvent illustrer la saisie injustifiée : l'absence de titre exécutoire, le titre obtenu par dol[20], le défaut de créance[21], le maintien d'une saisie après le règlement de la facture[22].

---

[16] *Vocabulaire juridique*, Association Henri Capitant (sous la dir. Cornu (G.)), PUF, 2009, p. 6, Voir *Abus*.

[17] *Ibidem*.

[18] *Vocabulaire juridique, op.cit.*, p. 7, voir *Abus de saisie*.

[19] Cf. Arrêts CCJA n° 027/2004 du 15 juillet 2004, *Juris OHADA*, n° 3/2004 p. 30 et 028/2004 du 15 juillet 2004, *Recueil de jurisprudence de la CCJA*, n° 4, juil.-déc. 2004, p. 34.

[20] Kuate Tameghe (S-S.), *La protection du débiteur dans les procédures individuelles d'exécution*, L'Harmattan, 2004, thèse, n° 249, p. 209.

[21] Ainsi en a décidé la Cour de cassation : civ. 2e, 3 févr. 1982, *Gaz. Pal.* 1982, panor. 204.

[22] On peut l'illustrer par cette affaire qui s'est posée en jurisprudence française où un créancier procède à la saisie des biens de son débiteur alors que les sommes réclamées ont déjà été payées. Le juge décide que « *c'est à bon droit que le défendeur estime abusives les procédures dont il a fait l'objet et il y a lieu de le dire bien-fondé dans sa demande de dommages et intérêts* », TGI de Perpignan, jugement du 15 novembre 1989, JCP 1990.II.21444, obs.

S'agissant du défaut de créance, la question se pose de savoir si l'on pourrait toujours avoir la qualité de saisissant alors qu'on a perdu celle de créancier. Avec logique et raison, la Cour de cassation retient qu'il n'est pas possible d'être saisissant alors qu'on n'est plus créancier[23]. La saisie suppose la préexistence de la qualité de créancier ; elle doit exister pendant toute la durée de l'opération d'exécution de sorte que le saisissant doit être créancier du débiteur saisi et la perte de la qualité principale de créancier emporte de plein droit mainlevée de l'exécution engagée[24]. Les saisies injustifiées posent le problème de l'irrespect de loyauté du créancier saisissant dans la mise en œuvre de son droit à l'exécution et dénotent une mauvaise foi de sa part. De ce qui précède, il convient de noter que le créancier doit faire preuve de « *loyauté procédurale* »[25] et de proportionnalité lors de l'exécution.

6. Par ailleurs, il faut préciser que l'exigence de loyauté et de proportionnalité ne signifie nullement la recherche d'une égalité mathématique entre le montant de la créance et la valeur du bien saisi pour deux principales raisons : d'abord, on risque de faire de la loyauté procédurale un bélier destructeur de textes dont on mesure mal les conséquences[26], surtout dans une matière où la conciliation des différents intérêts est très complexe ; ensuite, la recherche d'une égalité absolue risquerait d'entraîner une fragilisation du droit à l'exécution du créancier. Pour éviter de passer d'un extrême à un autre, les juges du fond, grâce à leur pouvoir souverain d'appréciation, doivent analyser l'abus de saisir au cas par cas.

7. Si le créancier saisissant est plus souvent enclin à commettre l'abus, le débiteur n'est pas épargné de tout comportement abusif. Autant le droit

---

Prevault et Villaceque ; dans le même sens : Civ., 21 févr. 1982, *Gaz. Pal.* 1982. II. Pan.204, obs. Veron.

[23]Civ. 1re, 7 juin 2005, pourvoi n° 05-60.044, *Bull. civ.* I; D. 2005.2570, note (M.-E) Boursier et 2006.545, obs. (P.) Julien et (N.) Fricero ; JCP 2005.I, n° 183, n° 12, p. 2056, note (Th.) Clay.

[24] Bourdillat (J-J.), « L'annulation du titre exécutoire sur le fondement duquel a été pratiquée une saisie-attribution emporte de plein droit mainlevée de la saisie », *Rec. D.* 1999, Jur., p. 233 ss.

[25] Perrot (R.), « La loyauté procédurale », *RTD Civ.* 2006, chron. p. 151.

[26]*Ibidem.*

pour le créancier de saisir n'est pas discrétionnaire[27], autant le droit du débiteur de contester ou de se défendre n'est pas sans limites, car certaines exigences légales doivent être respectées. C'est la raison pour laquelle le législateur français prévoit que le créancier peut faire condamner le débiteur à des dommages-intérêts en cas de résistance abusive à l'exécution ou en cas d'inexécution dommageable des mesures d'exécution[28]. Mais il est question ici d'analyser uniquement l'abus causé par le créancier dans la mesure où la propension pour le créancier saisissant à commettre des abus est presque toujours grande[29].

8. Les arguments justificatifs du contrôle de l'abus par le juge sont importants, compte tenu de l'objectif qui lui est assigné. Il s'agit principalement de rétablir une sorte d'équilibre entre les intérêts du débiteur saisi et ceux du créancier poursuivant. En d'autres termes, le contrôle vise à concilier deux intérêts contradictoires, à savoir le droit du créancier de recouvrer sa créance ou, de manière plus large, son droit à l'exécution d'une part, et, d'autre part, le droit de propriété du débiteur.

9. Dans cette réflexion, il convient de s'interroger sur l'efficacité du contrôle de l'abus du droit de saisir en voies d'exécution OHADA. Autrement dit, le cadre juridique est-il favorable à un contrôle juridictionnel efficace ? Il est difficile de donner une réponse claire à cette interrogation pour la simple raison que l'abus du droit de saisir n'est pas suffisamment encadré dans l'AUPSRVE. Contrairement au droit français où le législateur est précis sur la question de l'abus de saisir[30], celui de l'OHADA se

---

[27] Sur le caractère non discrétionnaire des voies d'exécution, voir Delebecque (Ph.), *RTD civ.* contrib. n° spéc. 1993.15, n° 28 ; Vincent (J.) et Prevault (J.), *Voies d'exécution*, 19e éd., *D.*, Paris 1999, n° 17 ; Desdevises (Y.), *J.-Cl. Procédure civile,* fasc. 2160, n° 137, 139 et 140.

[28] C'est la substance de l'article 23 de la loi de 1992 portant réforme des procédures civiles d'exécution.

[29] Mestre (J.), *op.cit.* ; *adde :* Perrot (R.), « Abus du droit de saisir », note sous Cass. 2e, 10 mai 2007, n° 05-13.628, Gbenou (F-D.) c/ Syndicat des Copropriétaires de la Résidence Les Horizons, *Juris-Data* n° 2007-038841, *Procédures* n° 11 novembre, p. 20-21.

[30] Le législateur affirme à cet effet que « *le créancier a le choix des mesures propres à assurer l'exécution ou la conservation de sa créance. L'exécution de ces biens ne peut excéder ce qui se révèle nécessaire pour obtenir le paiement de l'obligation. Le juge de l'exécution a le pouvoir d'ordonner la mainlevée de toute mesure inutile ou abusive et de condamner le créancier à des*

caractérise par son imprécision. Si l'abus de saisir n'est pas clairement envisagé en droit des affaires harmonisé, néanmoins une lecture approfondie de certaines de ses dispositions permet de se rendre compte que le législateur n'est pas totalement resté indifférent face à ce problème. Il s'agit par exemple de la règle du cantonnement automatique de la saisie prévue dans l'AUPSRVE[31]. Cette règle de cantonnement automatique des causes de la saisie vise la protection des intérêts du débiteur saisi. Sous l'empire du Code de procédure civile et commerciale, le créancier avait la possibilité de pratiquer une saisie-arrêt sur l'intégralité du compte de son débiteur. Théoriquement, ce n'est plus le cas aujourd'hui, car le législateur exhorte le créancier à la tempérance en lui faisant obligation de n'appréhender entre les mains du tiers que le montant de la somme qui lui est dû par le débiteur[32].

10. Il s'agit ensuite de l'institution du principe de subsidiarité de la saisie immobilière[33]. Selon ce principe, l'immeuble, compte tenu de son importance sociale, ne peut être saisi que si le prix de vente des biens meubles n'a pas suffi pour désintéresser le créancier saisissant, sauf s'il s'agit d'une créance hypothécaire ou privilégiée. C'est la raison pour laquelle la méconnaissance du principe de subsidiarité en matière de saisie immobilière est assimilée à un abus du droit de saisir[34]. En effet, le législateur a donné

---

dommages et intérêts en cas de saisie abusive ». Cf. art. 22 de la loi de 1991 et art. 51 et 82 décret d'application de 1992.

[31] Le texte communautaire dispose à ce sujet que « *l'acte de saisie emporte, à concurrence des sommes pour lesquelles elle est pratiquée ainsi que tous ses accessoires, mais pour ce montant seulement, attribution immédiate au profit du saisissant de la créance saisie, disponible entre les mains du tiers (...)* ». C'est la substance de l'art.154 de l'AUPSRVE.

[32] Kuate Tameghe (S-S.), *La protection du débiteur dans les procédures individuelles d'exécution*, thèse, *op.cit.*, n° 93, p. 86.

[33] C'est la raison pour laquelle le législateur OHADA précise à l'al. 2 de l'art. 28 de l'AUPSRVE que *« sauf s'il s'agit d'une créance hypothécaire ou privilégiée, l'exécution est poursuivie en premier lieu sur les biens meubles et, en cas d'insuffisance de ceux-ci, sur les immeubles »*.

[34] La jurisprudence s'oriente dans le même sens lorsqu'elle décide que « faute pour le créancier chirographaire de n'avoir pas d'abord procédé à la saisie des biens meubles du débiteur dont l'existence est prouvée par le procès-verbal qui en a fait l'inventaire, la saisie immobilière pratiquée doit être déclarée nulle », voir TPI Moungo, jugement n°15/CIV du 07 décembre 2006, affaire Me Lankeuh Senghor, Madame Lankeuh née Kouagang Marguerite c/ Sieur Ngamou Théophane, *ohadata* J-09-251.

une importance particulière à la saisie immobilière par rapport à celle des meubles, compte tenu de la valeur de l'immeuble et à son rôle d'habitation.

11. Plusieurs méthodes de recherche ont été utilisées dans cette réflexion. Comment saurait-il en être autrement dans la mesure où, comme le notait à juste titre un auteur, « *la diversité des méthodes fait la science du droit* »[35]. Il s'agit d'abord de la méthode exégétique qui a permis de découvrir l'esprit du législateur OHADA quant à la nécessité pour le créancier de respecter la proportionnalité dans la mise en œuvre de son droit à l'exécution. Il s'agit ensuite de la méthode d'investigation juridique qui a été très importante dans la conduite de cette réflexion. Elle a permis de rassembler les sources textuelles et jurisprudentielles relatives aux mesures abusives et par conséquent a contribué de manière considérable à confronter la théorie à la pratique. L'approche comparative n'a pas été négligée ; mais il ne s'agit pas ici d'une étude comparative ; le recours au droit français a permis de ressortir les forces et les faiblesses du droit africain des affaires harmonisé en matière d'abus du droit de saisir.

12. La présente réflexion vise à opposer le contrôle dubitatif au contrôle réalisable de l'abus du droit de saisir en voies d'exécution OHADA. Le doute du contrôle se situe aussi bien dans le domaine de l'abus qui est imprécis dans l'AUPRSVE que sur l'identité du juge compétent pour son contrôle. La réalité est celle des sanctions qui semblent au moins connues au regard de la jurisprudence. Plus précisément le doute (I) côtoie la réalité en matière du contrôle de l'abus du droit de saisir (II).

I- Le doute relatif au contrôle de l'abus du droit de saisir

13. Il n'est pas exagéré d'affirmer qu'il règne un doute sur le contrôle de l'abus du droit de saisir en voies d'exécution OHADA. Les incertitudes s'expliquent par l'existence d'un certain nombre d'obstacles qui empêchent un contrôle efficace de l'abus du droit de saisir. Or, comme l'affirment si bien certains auteurs, « *ce n'est pas en multipliant les obstacles (...) que l'on va*

[35] Geremy (F.), repris par Boudot (M.), *Le dogme de la solution unique. Contribution à la théorie de la doctrine en droit privé*, cité par Ibrahim Ndam, *Le pourvoi devant la Cour commune de justice et d'arbitrage*, thèse Université de Yaoundé II, 10 août 2009 n° 246, p. 149.

régler le problème de fond du nécessaire contrôle de l'exécution »[36]. Les conditions d'un contrôle juridictionnel de l'abus du droit de saisir ne sont pas réunies. Les insuffisances de l'encadrement de l'abus du droit de saisir dans l'AUPSRVE (A) et l'incertitude sur l'identité de la juridiction compétente pour son contrôle (B) constituent les principales raisons de ce contrôle dubitatif.

A- Les insuffisances de l'encadrement de l'abus du droit de saisir

14. Le contrôle de l'abus du droit de saisir est conditionné par un encadrement textuel approprié. Il ressort de la jurisprudence française que l'abus est une réalité ancienne dans la mise en œuvre des voies d'exécution[37]. Avant la réforme des voies d'exécution, le débiteur invoquait uniquement l'article 1382 du Code civil comme fondement à sa demande. Si le droit français l'a clairement consacré dans les textes portant réforme des procédures civiles d'exécution[38], il en va autrement en droit OHADA où il règne encore une incertitude sur son fondement. La principale raison est que l'encadrement de l'abus du droit de saisir par le législateur supranational est mitigé (1). Toute chose qui exige une réforme législative en vue de son encadrement approprié (2).

1- L'encadrement mitigé de l'abus du droit de saisir dans l'AUPSRVE

15. D'entrée de jeu, il convient de relever pour le regretter qu'aucune disposition de l'Acte uniforme portant organisation des voies d'exécution n'aborde expressément la notion de l'abus de saisir. Il faut convoquer l'esprit et la lettre de certaines dispositions de ce texte pour se rendre compte que le législateur supranational n'est pas totalement resté indifférent face à l'abus du droit de saisir. C'est le cas des dispositions relatives au cantonnement

[36] Lauba (R.) et Ruellan (F.), « A propos du décret du 18 décembre 1996 modifiant le décret du 31 juillet 1992 instituant de nouvelles règles relatives aux procédures civiles d'exécution », *Gaz. Pal.* 6 mars 1997.doctr.I, p. 412.

[37] A titre d'illustration, voir Req. 26 déc. 1893, *DP* 1895.1.529.

[38] C'est ce qui ressort des dispositions combinées des articles 22 de la loi de 1991 portant réforme des procédures civiles d'exécution, 51 et 82 de son décret d'application de 1992. Le débiteur peut désormais invoquer ces différentes dispositions pour demander la mainlevée d'une mesure abusive et éventuellement des dommages et intérêts au créancier saisissant.

automatique de l'assiette de la saisie-attribution des créances[39] et de l'institution du principe de subsidiarité de la saisie immobilière[40]. A l'état actuel de la législation communautaire, il est permis de se demander si le débiteur peut invoquer l'abus causé par le créancier saisissant lors de la mise en œuvre des voies d'exécution, en dehors de ces deux voies d'exécution sus évoquées. A la vérité, il est difficile pour le débiteur de soutenir l'abus du droit de saisir du créancier ; la seule possibilité pour lui est d'invoquer la théorie de l'abus de droit fondée sur l'article 1382 du Code civil. Etant donné que « l'idée de proportionnalité gagne du terrain dans toutes les branches du droit privé »[41], le législateur aurait dû prévoir une disposition générale afin d'envisager l'abus du droit de saisir dans toutes les voies d'exécution, comme c'est le cas en droit français.

16. Face aux lacunes textuelles, certains auteurs ont pensé que l'article 32 alinéa 2 de l'AUPSRVE constitue le principal fondement textuel de l'abus du droit de saisir[42]. A titre de rappel, cet article dispose que

---

[39] C'est ce qui ressort des dispositions de l'art. 154 de l'AUPSRVE selon lesquelles « *l'acte de saisie emporte, à concurrence des sommes pour lesquelles elle est pratiquée ainsi que tous ses accessoires, mais pour ce montant seulement, attribution immédiate au profit du saisissant de la créance saisie, disponible entre les mains du tiers (...)* ».

[40] L'al. 2 de l'art. 28 de l'AUPSRVE dispose à cet effet que « *sauf s'il s'agit d'une créance hypothécaire ou privilégiée, l'exécution est poursuivie en premier lieu sur les biens meubles et, en cas d'insuffisance de ceux-ci, sur les immeubles* ». Cette disposition est utilement complétée par les articles 251, 264 et 265 du même texte. Le premier dispose que « *si le débiteur justifie que le revenu net et libre de ses immeubles pendant deux années suffit pour le paiement de la dette en capital, frais et intérêts, et s'il en offre la délégation au créancier, la poursuite peut être suspendue suivant la procédure prévue à l'article précédent (...)* ». Le législateur affirme au deuxième article que « *si le débiteur justifie que le revenu net et libre de ses immeubles pendant deux années suffit pour le paiement de la dette en capital, frais et intérêts, et s'il en offre la délégation au créancier, la poursuite peut être suspendue suivant la procédure prévue à l'article précédent (...)* ». Il ressort du troisième article que « *dans le cas où la valeur des immeubles saisis dépasse notablement le montant de la créance, le débiteur saisi peut obtenir de la juridiction compétente qu'il soit sursis aux poursuites sur un ou plusieurs des immeubles désignés dans le commandement sans que cette demande empêche la publication du commandement* »[40].

[41] Mazeaud (D.), « La cause », in *Le bicentenaire du Code civil*, *D*. 2004, n° 17, p. 460.

[42] Dans ce sens : Djogbenou (J.), « Les procédures d'exécution et le régime des nullités des procédures de droit OHADA », Communication lors d'une formation des magistrats et autres personnels de la justice du Bénin à l'ERSUMA, Porto-Novo, des 24-28 janvier 2011, n° 11, p. 6.

« l'exécution est alors poursuivie aux risques du créancier, à charge pour celui-ci, si le titre est ultérieurement modifié, de réparer intégralement le préjudice causé par cette exécution sans qu'il y ait lieu de relever de faute de sa part ». Ainsi formulé, peut-on dire de manière incontestable que cette disposition est consacrée à l'abus de saisir ? Peut-on assimiler les conséquences réparables consécutives à une modification du titre servant de fondement à une exécution provisoire à un cas d'abus de saisir ? Rien n'est moins sûr, toujours est-il qu'une réponse affirmative serait exagérée pour deux raisons au moins : d'abord, il est difficile de prouver que le créancier bénéficiaire d'une exécution provisoire a commis un abus en cas d'annulation du titre utilisé. En d'autres termes, l'infirmation du titre provisoire ne saurait seulement s'expliquer par un abus causé par le créancier saisissant. Par ricochet, lorsque le juge déclare une saisie abusive, il n'a pas à annuler le titre sur la base duquel cette saisie a été effectuée ; la sanction appropriée consisterait à prononcer principalement la mainlevée et les dommages et intérêts.

17. Ensuite, les fondements de la réparation sont différents dans les deux cas. Si l'on applique une responsabilité sans faute en cas d'une réparation du préjudice subi par le débiteur dans l'hypothèse d'une exécution provisoire fondé sur un titre annulé, il en va autrement en matière de préjudice subi par le débiteur victime d'abus ; dans ce dernier cas, la question n'est pas encore définitivement tranchée. La jurisprudence applique tantôt une responsabilité fondée sur la preuve d'une faute causée par le créancier saisissant, tantôt celle de plein droit. En d'autres termes, elle oscille entre une responsabilité de plein droit et celle fondée sur la faute. Si certains juges se contentent d'apprécier la disproportion entre la valeur du bien vendu et le montant de la créance[43], tandis que d'autres recherchent la faute du saisissant pour caractériser l'abus du droit de saisir[44].

---

[43] Ainsi, dans son arrêt du 14 janvier 2004, la chambre commerciale décide qu'il n'y a pas de responsabilité sans faute et casse pour défaut de base légale un arrêt d'appel qui avait alloué des dommages-intérêts au prétendu débiteur dont une créance de 12 millions de francs avait été rendue indisponible pendant plus d'un an, « sans caractériser l'abus commis par la société X... (le créancier) dans l'exercice de cette saisie ».

[44] Pour la deuxième chambre civile, l'existence d'une faute n'est pas une condition de la réparation, et dans une hypothèse où un créancier avait immobilisé pendant plusieurs mois les comptes-titres de son prétendu débiteur à hauteur de 26 millions de francs, elle n'a pas

18. La doctrine dans sa majorité pense qu'il n'est pas besoin de prouver la faute du créancier pour engager sa responsabilité en cas de saisie abusive. Elle se contente d'une saisie pratiquée de manière vexatoire, malicieuse, malveillante ou celle exercée avec mauvaise foi, légèreté ou imprudence pour caractériser l'abus et engager la responsabilité du créancier saisissant. Ces comportements suffisent à engager la responsabilité[45]. *A priori*, cette position de la doctrine semble être plus conforme à l'esprit du législateur OHADA dans la mesure où ce dernier prône un rééquilibrage de la protection respective des débiteurs et créanciers[46] ; cet équilibre vise à protéger les intérêts du débiteur sans toutefois sacrifier ceux du créancier. Il serait en effet difficile pour le débiteur de démontrer la faute du créancier saisissant et d'établir le lien de causalité entre cette faute et le préjudice. Si le lien de causalité peut paraître facile à établir, il en serait autrement de la faute du créancier dans la mesure où ce dernier a mis en œuvre un droit juridiquement protégé, notamment celui à l'exécution et considéré par la jurisprudence européenne comme un droit fondamental[47]. En un mot, l'article 32 de l'AUPSRVE n'est pas suffisant pour servir de fondement à l'abus de saisir en voies d'exécution OHADA. C'est la raison pour laquelle une réforme textuelle s'avère nécessaire.

---

hésité à approuver le juge d'appel qui avait condamné le créancier apparent à réparer le préjudice subi par son adversaire sans relever l'existence d'une faute à sa charge ; et cela au motif, clairement énoncé dans l'arrêt du 29 janvier 2004, que « l'article L. 73, alinéa 2, n'exige pas pour son application la constatation d'une faute ».

[45] Normand (J.), in *RTD civ.*, chron. 1991, p.160 ; Mestre (J.), « L'abus du droit de recouvrer sa créance », *op.cit.,* n° 49 et 50; Desdevises (Y.), in *J.-Cl. Procédure civile,* fasc. 2160, n° 137, 139 et 140 ; Gautier (P-Y.), « Contre Bentham : l'inutile et le droit », op.cit., *n° 40.*

[46] Dans le même sens en droit français : Donnier (M.) et Donnier (J-B.), *Voies d'exécution et procédures civiles d'exécution*, *op.cit.*, n°32, p. 12.

[47] La haute juridiction européenne conclut à la violation du droit à un tribunal, en se fondant sur le fait que « *l'exécution d'un jugement ou d'un arrêt, de quelque juridiction que ce soit, doit être considérée comme faisant partie intégrante du procès au sens de l'art. 6 [de la CEDH]* », Horsny c/ Grèce, 19 mars 1997, affaire n° 107/1993/701, *JCP* éd. G.1997, 22949, note Dugrip (O.) et Sudre (F.) ; *D.*1998, jurisprudence. p.74, note Fricero (N.) ; *RTD civ.* 1997, p.1009, obs. Marguenaud (J-P.) ; *adde* : affaire Immobiliare Saffi c/ Italie, juillet 1999, *D.* 2000, somm. com. 187, obs. Fricero.

2- L'exigence d'un encadrement approprié de l'abus du droit de saisir

19. La réforme textuelle permettra d'encadrer l'abus de manière précise et de désigner la juridiction compétente pour son contrôle dans l'Acte uniforme portant organisation des voies d'exécution. En effet, le législateur OHADA gagnerait à corriger les lacunes de l'AUPSRVE relatives à l'encadrement de l'abus dans les voies d'exécution, en s'inspirant du droit français. Ainsi pourrait-il préciser que « *le créancier a le choix des mesures propres à assurer l'exécution ou la conservation de sa créance. L'exécution de ces biens ne peut excéder ce qui se révèle nécessaire pour obtenir le paiement de l'obligation. Le juge de l'exécution a le pouvoir d'ordonner la mainlevée de toute mesure inutile ou abusive et de condamner le créancier à des dommages et intérêts en cas de saisie abusive* »[48].

20. Il est aussi important d'instituer le principe de subsidiarité en matière de saisie des meubles. Car le législateur supranational a institué ce principe en matière immobilière[49], mais s'est abstenu de le prévoir en matière de la saisie des meubles. Or, les saisies portant sur les biens meubles varient selon leur complexité et leur importance. C'est la raison pour laquelle le législateur français a institué le principe de subsidiarité de la saisie-vente dans un local servant à l'habitation en ces termes : « *la saisie-vente dans un local servant à l'habitation du débiteur, lorsqu'elle tend au recouvrement d'une créance autre qu'alimentaire ou symbolique, inférieure à 3500 F, ne peut être pratiquée, sauf autorisation du juge, que si ce recouvrement est impossible par voie de saisie d'un compte de dépôt ou des rémunérations du travail* »[50]. Cette disposition pourrait inspirer le législateur OHADA.

21. De ce qui précède, il est important que le législateur supranational encadre l'abus du droit de saisir en instituant clairement le principe de proportionnalité en voies d'exécution. Ce principe mérite d'être institué et encadré en cette matière afin de ne pas devenir une « *machine à hacher le*

---

[48] Cf. art. 22 de la loi de 1991 et art. 51 et 82 décret d'application de 1992, *op.cit.*

[49] C'est ce qui ressort des dispositions des articles 28, 251, 264 et 265 de l'AUPSRVE.

[50] Cf. art. 51 de la loi du 9 juillet 1991 portant réforme des procédures civiles d'exécution.

droit »[51]. En d'autres termes et pour reprendre un auteur, « *pour que l'on ne fasse pas d'application disproportionnée du principe de proportionnalité* »[52]. Mais le législateur OHADA ne peut régir de manière exhaustive les questions relatives à l'exécution et celles qui lui sont connexes ; il est parfois obligé de faire un renvoi aux droits nationaux ou de rester silencieux sur certaines questions. C'est dans ce sens qu'un auteur affirmait que « *les textes de l'OHADA, comme tout texte d'intégration juridique, aussi exhaustif et si précis soit-il, ne peut régler l'intégralité des détails de son application dans l'ensemble des États membres* »[53]. Portalis reconnaissait d'ailleurs que tout prévoir est un but qu'il est impossible d'atteindre et qu'il faut se préserver de la dangereuse ambition de vouloir tout régler et tout prévoir[54].

22. Mais il est important de souligner que le législateur ne doit point perdre de vue que les lois sont faites pour les hommes, et non les hommes pour les lois ; qu'elles doivent être adaptées au caractère, aux habitudes, à la situation du peuple pour lequel elles sont faites[55]. C'est dans ce sens que l'Acte uniforme portant organisation doit être modifié afin d'intégrer l'abus du droit de saisir et le principe de proportionnalité en voies d'exécution. Cette réforme est d'autant plus importante qu'elle permettra de clarifier les incertitudes relatives à la juridiction compétente pour le contrôle de l'abus du droit de saisir.

B- Les incertitudes sur la juridiction compétente en matière du contrôle de l'abus du droit de saisir

23. La désignation précise de la juridiction compétente en matière de l'abus du droit de saisir est un préalable nécessaire de l'efficacité du contrôle de cet abus. Elle précède et conditionne l'efficacité du contrôle de l'abus. Mais ce n'est pas le cas en droit OHADA où il règne une incertitude sur

---

[51]Selon l'expression employée au début du siècle pour l'enrichissement sans cause, voir Bechar-Touchais (M.), Rapport introductif de l'acte du colloque intitulé : « Existe-t-il un principe de proportionnalité en droit privé ? », *op.cit.*, n° 16.

[52] *Ibidem.*

[53] Fometeu (J), « Le juge de l'exécution au pluriel ou la parturition au Cameroun de l'article 49 de l'Acte Uniforme OHADA portant voies d'exécution », *Juridis périodique* n° 70, avril-mai-juin 2007, p. 107.

[54] In *Discours préliminaire du Code Civil, op.cit.*, p. 15.

[55] Portalis (J-E-M.), *idem.*

l'identité de la juridiction compétente pour le contrôle de l'abus du droit de saisir. La principale raison de cette incertitude est le silence de l'AUPSRVE relatif à la question (1) ; cette insuffisance mérite d'être corrigée lors d'une réforme de ce texte communautaire (2).

1- Le silence de l'AUPSRVE relatif à la juridiction compétente en matière du contrôle de l'abus du droit de saisir

24. Il convient de noter qu'il existe des incertitudes relatives à la juridiction compétente constituent un obstacle pour le contrôle de l'abus compte tenu du silence du législateur. Dès lors la question se pose de savoir quelle est la juridiction compétente pour connaître d'une action pour mesure de saisie abusive. Faute de trouver une réponse précise dans l'AUPSRVE, on assiste à des incertitudes jurisprudentielles et à une controverse doctrinale. En principe, la juridiction compétente devrait varier selon que l'abus est causé en matière de saisie des meubles ou en matière de celle immobilière. Plus précisément, le juge de l'exécution est compétent dans la première hypothèse[56], tandis que dans la seconde, la compétence revient au tribunal de grande instance[57].

25. Mais la jurisprudence ne semble pas suivre cette répartition des compétences juridictionnelles. Pour cette dernière, les contentieux relatifs à l'abus de saisir relèvent de la compétence du juge des référés[58]. La cour d'appel du littoral approuve cette position des juges des référés en ces termes : « *considérant qu'en exécution de cette décision, les comptes de la CAR ont été saisis dans sept institutions bancaires différentes, ce qui paralysait le fonctionnement de la Compagnie, d'où l'urgence qui justifiait l'intervention du juge des référés, le montant de la créance pour lequel la saisie-attribution a été pratiquée étant dérisoire par rapport au solde de tous les comptes saisis à la*

[56] Cf. art. 49 de l'AUPSRVE.

[57] Conformément à l'art. 248 de l'AUPSRVE.

[58] C'est du moins ce qui ressort des arrêts CA Littoral n° 104/REF du 20 avril 2009, affaire Moutlen Kaldjob Joseph Bienvenu c/ Happi Monthe Pierre Michel, n° 134/REF du 15 juin 2009, Affaire Société Camerounaise de Recouvrement (SCR) c/ Ndangfeu Demangoula Laurent, obs. ASSONTSA (R.), *Juridis Périodique* n° 84 octobre-novembre-décembre 2010, p. 103 s ; TPI Bafoussam, ord. Référé n° 32 du 23 janv. 2004, affaire Tal Business c/ Mbang Idrissa, *ohadata* J- 05-03.

fois »[59]. Si l'on peut tenter d'expliquer cette position de la jurisprudence par l'application de la compétence traditionnelle du juge des référés en matière d'urgence, elle ne convainc qu'à moitié pour deux principales raisons : d'abord, il est difficile de soutenir que le contentieux relatif à une mesure abusive est une question d'urgence. Ensuite, l'idée de confier ce contentieux au juge des référés rame à contre-courant de l'exigence de célérité qui commande l'institution d'un juge unique en matière d'urgence et en matière des difficultés d'exécution. La centralisation des contentieux de l'exécution entre les mains d'un seul juge ne semble pas être observée. Il conviendrait de confier tous les contentieux relatifs aux mesures abusives au juge de l'exécution prévu à l'article 49 de l'AUPSRVE dans la mesure où il est compétent « *pour statuer sur tout litige ou toute demande relative à une mesure d'exécution forcée ou à une saisie conservatoire* ».

26. La détermination du juge compétent en matière de la responsabilité civile de l'auteur d'une mesure abusive embarrasse la doctrine. D'abord, un auteur exclut la compétence du juge de l'exécution, au motif que la procédure d'exécution étant désormais close, seuls sont compétents les juges du fond, qu'il s'agisse de statuer sur la restitution ou la réparation du préjudice moral[60]. Ensuite, le même auteur finit par reconnaître cette compétence à la juridiction présidentielle. S'interrogeant sur le point de savoir quel juge, mieux que le juge de l'exécution, peut apprécier le dommage engendré par une exécution abusive, il répond en affirmant que, « *compétent en amont pour constater l'inexactitude de déclaration du tiers saisi par exemple, le juge de l'exécution évaluera et réparera facilement en aval le préjudice qui en est résulté* »[61]. Comment pourrait-il en être autrement pour la simple raison que le juge de l'exécution est mieux placé pour connaître des demandes en réparation relative aux mesures d'exécution dommageables pour des raisons de célérité et d'efficacité ? La réforme des voies d'exécution avait entre autres objectifs la centralisation des contentieux relatifs à la matière entre les mains d'un juge unique, notamment le juge de l'exécution.

---

[59] C.A Littoral, ord. n°76/REF du 24 mai 1999, Dame Mantoh Jeanne c/ CAR et Tchofor, *op.cit.*

[60] Assontsa (R.), obs. sous Affaire Société Camerounaise de Recouvrement (SCR) c/ Ndangfeu Demangoula Laurent, *op.cit.*, p. 103 s.

[61] Assontsa (R.), obs., *idem.*

Mais il se dégage de la jurisprudence que le juge de l'exécution se déclare incompétent à connaître les contentieux relatifs aux mesures abusives. Il revient au législateur de désigner expressément ce juge par le biais d'une réforme textuelle.

2- La nécessaire désignation de la juridiction compétente en matière du contrôle de l'abus du droit de saisir

27. L'identification précise de la juridiction compétente pour connaître du contrôle de l'abus passe par une réforme législative. Il convient de noter que l'efficacité du contrôle est à l'image du juge compétent. En droit français cette compétence revient au juge de l'exécution. C'est du moins ce qui ressort de l'article L. 311-12-1 du Code de l'organisation judiciaire qui dispose que « *le juge de l'exécution est compétent, pour statuer sur les demandes en réparation fondées sur l'exécution ou l'inexécution dommageable des mesures d'exécution forcée ou des mesures conservatoires* ». Cette solution pourrait servir de source d'inspiration au législateur OHADA dans la désignation du juge du compétent en matière de saisie abusive.

28. Certes, on pourrait reprocher à la solution d'avoir proposé une disposition supplémentaire alors que l'article 49 de l'AUPSRVE suffirait à déterminer la juridiction compétente en matière de saisie abusive à cause de la généralité de sa formulation. Mais, il faut reconnaître que cet article n'a pas pu dissiper les incertitudes sur la juridiction compétente pour statuer sur les mesures abusives ; on constate à la lecture de la jurisprudence actuelle que le juge de l'exécution se déclare parfois incompétent pour statuer sur cette question. Certes, la loi ne peut tout prévoir, mais il serait important pour le législateur OHADA de désigner la juridiction compétente pour connaître de la réparation du préjudice subi par le débiteur par une mesure d'exécution abusive, comme c'est le cas en droit français.

29. Il n'est nullement question ici d'encourager un mimétisme juridique aveugle, mais de reconnaître l'importance de la comparaison en droit, considérée par un auteur comme « *le plus court chemin pour la compréhension des phénomènes juridiques nationaux* »[62]. D'ailleurs, le législateur supranational s'est beaucoup inspiré de la loi française de 1991 portant

---

[62] Farjat (G.), *Droit économique*, PUF, Thémis, 1982, p. 21.

réforme des procédures civiles d'exécution. Nul n'est besoin d'intenter une action en recherche de paternité entre les droits français et OHADA. Cette réforme permettra de rendre effectif le contrôle de l'abus du droit de saisir.

II- La réalité du contrôle de l'abus du droit de saisir

30. Malgré les insuffisances de l'AUPSRVE, on observe néanmoins qu'il existe un contrôle réel de l'abus du droit de saisir. Le juge occupe une place importante dans le contrôle de l'abus de saisir par son pouvoir de contrôle en matière de l'exécution[63]. Il est appelé à contrôler les procédures civiles d'exécution et à jouer un rôle essentiel dans leur fonctionnement[64]. C'est à ce titre qu'il sanctionne l'abus de saisir lorsque ce dernier est établi[65]. Ce qui pose le problème de l'importance de la sanction dans le contrôle de l'abus du droit de saisir. Considérée comme une « *sorte de fenêtre mystérieuse par où le droit pénètre le réel* »[66], la sanction est le principal moyen utilisé par le juge pour conjurer les mesures abusives et constitue l'issue de son contrôle. D'ailleurs, la régulation sans sanction pose inévitablement le problème de son efficacité[67]. Lorsqu'une saisie abusive est caractérisée, les sanctions à prononcer par le juge sont diverses et variées. Il s'agit principalement de la mainlevée, du cantonnement, des dommages-intérêts, de la publication ; un auteur ajoute que le juge peut même condamner *in solidum* l'huissier qui aurait sciemment participé au bon plaisir dommageable du créancier[68]. Mais il convient d'en retenir deux principales dans la présente réflexion, notamment la mainlevée et les dommages et intérêts. Ainsi, en ordonnant la mainlevée des mesures abusives (A) et en retenant la responsabilité civile du

---

[63] Comme le notait un auteur, « il n'existe peut-être aucun comportement social qui ne puisse donner lieu à l'intervention d'un juge », car « le critère du droit repose sur la possibilité de l'intervention d'un juge », Terre (F.), *Introduction générale au droit*, 6e éd. Précis Dalloz 2003, n° 33, p. 34 et n° 572, p. 531.

[64] Donnier (M.) et Donnier (J-P.), *Voies d'exécution et procédures de distribution*, *op.cit.*, n° 61, p. 31.

[65] Dans le même sens, Damien (R.), « Les droits discrétionnaires : une catégorie juridique en voie de disparition ? », *D.* 1997, p. 92 s.

[66] Jestaz (Ph.), « La sanction ou l'inconnue du droit », *Rec. Dalloz Sirey,* chron. 32, p. 197 ss.

[67] Geogoulos (TH.), « La méthode ouverte de coordination européenne : en attendant GODOT ? », *Revue de la recherche juridique, doit prospectif,* 2006 -2, p. 989.

[68] Gautier (P-Y.), « Contre Bentham : l'inutile et le droit », *op.cit., n° 40.*

créancier saisissant (B), le juge contrôle incontestablement l'abus du droit de saisir.

A- La mainlevée des mesures abusives

31. Acte par lequel un particulier ou un juge arrête les effets d'une hypothèque, d'une saisie, d'une opposition pour violation des conditions de fond ou de forme[69], la mainlevée constitue l'une des principales sanctions à prononcer en matière de saisie abusive. Contrairement au législateur français qui précise expressément que « *le juge de l'exécution a le pouvoir d'ordonner la mainlevée de toute mesure inutile ou abusive* »[70], celui de l'OHADA est resté imprécis sur la mainlevée d'une saisie abusive[71]. Doit-on conclure hâtivement que la mainlevée n'est pas une sanction de l'abus de saisir ? Une réponse affirmative serait prématurée dans la mesure où la mainlevée, qu'elle soit totale (1) ou partielle (2), constitue la principale sanction des mesures abusives.

1- La mainlevée totale

32. La mainlevée totale est la sanction de principe prononcée en matière de mesure abusive. Elle peut être amiable ou judiciaire. C'est ce qui ressort implicitement de l'article 136 de l'Acte uniforme selon lequel : « *la mainlevée de la saisie-vente ne peut résulter que d'une décision de la juridiction compétente ou de l'accord du créancier saisissant et des créanciers opposants* ». Elle résulte généralement d'un certain nombre de facteurs tels que la compensation, la prescription de la créance cause de la saisie ; elle peut aussi être la conséquence d'une garantie ou d'une sûreté réelle ou personnelle accordée au créancier saisissant par le débiteur saisi. La mainlevée permet également à sanctionner une saisie abusive.

33. Mais seule la mainlevée judiciaire intéresse la présente réflexion pour la simple raison qu'elle fait intervenir le juge. Elle résulte d'une décision du

---

[69] Bitsamana (H-A.), *Dictionnaire de droit OHADA, ohadata D-05-33,* voir *Mainlevée.*

[70] C'est du moins ce qui ressort de l'art. 22 de la loi de 1991 et art. 51 et 82 décret d'application de 1992 en ces termes : « *Le juge de l'exécution a le pouvoir d'ordonner la mainlevée de toute mesure inutile ou abusive* ».

[71] Il faut dire que le législateur OHADA ne l'a prévue que pour sanctionner la violation des conditions relatives aux saisies. Il en est ainsi de la violation des articles 54, 55, 58 et 60 de l'AUPSRVE.

juge lorsqu'il constate que le créancier a saisi un ou des biens dont la valeur est largement supérieure au montant de la créance, cause de la saisie. Elle ressemble à la nullité sans toutefois être confondue à elle, même si certains auteurs pensent que « *la mainlevée judiciaire est la nullité de la saisie prononcée par le tribunal suite à une contestation de la saisie faite par le débiteur* »[72]. La nullité sanctionne généralement une procédure engagée pour violation d'une formalité de forme ou de fond alors que la saisie abusive ne peut en principe être sanctionnée que par la mainlevée. En outre, la nullité produit des effets rétroactifs tandis que, théoriquement, la mainlevée judiciaire ne rétroagit pas. Au-delà de cette distinction, il faut dire que la mainlevée peut être la conséquence de la nullité.

34. Ceci étant, la mainlevée totale est généralement prononcée en matière de saisie immobilière lorsque le créancier n'a pas respecté le principe de subsidiarité posé par le législateur[73]. Si un créancier chirographaire ne respecte pas cette hiérarchie, il va voir sa mesure annulée et sanctionnée pour abus ; c'est pourquoi la jurisprudence décide que : « faute pour le créancier chirographaire d'avoir d'abord procédé à la saisie des biens meubles du débiteur dont l'existence est prouvée par le procès-verbal qui en a fait l'inventaire, la saisie immobilière pratiquée doit être déclarée nulle et la mainlevée ordonnée »[74]. La situation est identique en jurisprudence française. C'est du moins ce qui ressort de cette affaire où un créancier pour une créance de 1600 francs fait pratiquer une saisie immobilière alors que le débiteur disposait de plusieurs biens mobiliers dont la valeur était suffisante pour désintéresser le créancier[75]. Dans cette affaire le juge d'appel a prononcé la mainlevée totale compte tenu du principe de l'indivisibilité de l'immeuble. La mainlevée partielle peut également être prononcée en matière de saisie abusive.

---

[72] Assi-Esso (A-M.) Ndiaw Diouf, *Recouvrement des créances, idem.*

[73] A titre de rappel, le législateur affirme que : « *sauf s'il s'agit d'une créance hypothécaire ou privilégiée, l'exécution est poursuivie en premier lieu sur les biens meubles et, en cas d'insuffisance de ceux-ci, sur les immeubles* ». Cf. alinéa 2 de l'article 28 de l'AUPSRVE.

[74] TPI Moungo, jugement n°15/CIV du 07 décembre 2006, affaire Me Lankeuh Senghor, Madame Lankeuh née Kouagang Marguerite c/ Sieur Ngamou Théophane, *ohadata* J-09-251.

[75] C.A d'Orléans 23 nov. 1973, *JCP* 1974.6414.

2- La mainlevée partielle

35. En cas d'abus, le juge peut également prononcer la mainlevée partielle. Entendue comme la soustraction judiciaire de certains biens de l'assiette de la saisie, elle a pour effet de rendre immédiatement disponibles les biens qui ont été soustraits. La mainlevée partielle n'est envisageable que dans l'hypothèse de saisies simultanées ou multiples. Ainsi, pour un montant de créance de 18 978 617 francs un créancier procède à la saisie de sept comptes bancaires appartenant à sa débitrice, en l'occurrence la Compagnie d'Assurance et de Réassurance ; or le solde d'un compte pouvait suffire à désintéresser le créancier saisissant. La cour d'appel du Littoral ordonne la mainlevée des saisies inutile et motive sa décision en ces termes : « *Considérant qu'en exécution de cette décision, les comptes de la CAR ont été saisis dans sept institutions bancaires différentes, ce qui paralysait le fonctionnement de la Compagnie, d'où l'urgence qui justifiait l'intervention du juge des référés, le montant de la créance pour lequel la saisie-attribution a été pratiquée étant dérisoire par rapport au solde de tous les comptes saisis à la fois* »[76]. Une affaire similaire s'est présentée devant la même juridiction où un créancier avait pratiqué plusieurs saisies-ventes et plusieurs saisies conservatoires pour le recouvrement d'une créance dont le montant des premières saisies pouvait l'éteindre. Considérant l'inutilité de certaines saisies, le juge d'appel a ordonné la mainlevée partielle de celles-ci[77].

36. Il convient de préciser que si le juge prononce la mainlevée d'une mesure, cela n'implique pas nécessairement qu'il y ait une faute du créancier et donc que l'on puisse engager la responsabilité de ce dernier. En revanche, le juge peut condamner le créancier à réparer le préjudice causé par la mesure, chaque fois qu'un texte l'aura prévu. En effet, la Cour de Cassation a considéré que l'article 73 de la loi n° 91-650 du 9 juillet 1991 n'exige pas, pour son application, la constatation d'une faute. Par conséquent lorsque la mainlevée a été ordonnée par le juge, le créancier peut être condamné à

---

[76] C.A Littoral, ord. n°76/REF du 24 mai 1999, Dame Mantoh Jeanne c/ CAR et Tchofor, *op.cit.*

[77] C.A Littoral, n°031 du 18 oct. 1991, *Juridis Info* n° 15, juil.-août 1993 ; dans le même sens, C.A 24 mai 1999, cités par Kuate Tameghe (S-S.), *La protection du débiteur dans les procédures individuelles d'exécution*, Bordeaux IV, L'Harmattan, 2004, p. 215.

réparer le préjudice causé par la mesure conservatoire[78]. De ce qui précède, on peut rendre un « *formidable hommage législatif au principe d'utilité* »[79], du fait de l'institution de la mainlevée ; alors qu'on part d'un principe de liberté et de bon vouloir du créancier, son droit d'agir peut être sanctionné, le cas échéant, par la mainlevée considérée par un auteur comme « *la réparation en nature la plus énergique* »[80].

37. Quoi qu'il en soit, le juge dispose de la mainlevée pour sanctionner la mesure abusive pratiquée par le créancier saisissant, afin de rétablir l'équilibre entre les intérêts des deux parties en présence. Le juge peut également condamner le créancier saisissant à réparer le préjudice subi par le débiteur.

B- La responsabilité civile du créancier saisissant

38. En plus de la mainlevée de la mesure abusive, le juge peut retenir la responsabilité civile du créancier saisissant et le condamner ce dernier aux dommages et intérêts. La responsabilité civile s'entend, dans son sens le plus large, comme l'obligation mise à la charge d'une personne, de réparer un dommage subi par une autre. En termes plus techniques, la responsabilité se traduit par une dette de réparation, pesant sur l'auteur au profit de la victime. Cette réparation consiste, le plus souvent, en une allocation de dommages et intérêts, c'est-à-dire d'une somme d'argent équivalente au dommage subi[81]. En effet, l'auteur d'une mesure abusive engage sa responsabilité civile vis-à-vis du débiteur saisi. Si cette responsabilité civile présente des fondements complexes (1), elle connaît une application certaine en jurisprudence (2).

1- Les fondements de la responsabilité civile du créancier saisissant

39. Analyser les fondements de la responsabilité civile du créancier saisissant revient à se demander pourquoi l'auteur d'un dommage est tenu

[78] Cass. 2e civ., 29 janv. 2004, n° 01-17.161.

[79] Gauthier (P-Y.), « Contre Bentham : l'inutile et le droit », *op.cit*

[80] Gauthier (P-Y.), « Contre Bentham : l'inutile et le droit », *idem.*

[81] Flour (J.) et Aubert (J-L.), *Droit civil. Les obligations. Le fondement juridique*, coll. U. *Armand Colin*, 1986, n°566, p.73.

de le réparer[82]. Dans le cas d'espèce, pourquoi le créancier doit réparer le préjudice subi par le débiteur du fait d'une saisie abusive ? Autrement dit, sur quel texte repose la responsabilité civile de l'auteur d'une saisie abusive? En l'absence d'une réponse explicite dans l'Acte uniforme portant organisation des voies d'exécution, il convient de combiner les dispositions du droit commun des obligations et celles du droit spécial de l'exécution.

40. Il faut reconnaître que la théorie de l'abus de droit est encore à la recherche de son fondement juridique. Il y règne une incertitude jurisprudentielle et législative quant à la notion de faute constituant l'abus[83]. En effet, la responsabilité civile du saisissant pour abus dans le recouvrement de sa créance a comme fondement la faute, conformément à l'article 1382 du Code civil selon lequel « *tout fait quelconque de l'homme qui cause à autrui un dommage amène celui par la faute duquel il est arrivé à le réparer* ». Plus précisément, il fait partie intégrante du droit de la responsabilité civile, axée principalement sur la recherche de la faute délictuelle ou quasi-délictuelle[84]. Ainsi, pour invoquer l'abus du droit de saisir le débiteur doit réunir les trois conditions de la responsabilité civile délictuelle, à savoir le fait générateur de responsabilité qui est la saisie abusive, l'existence d'un préjudice et d'un lien de causalité.

41. Compte tenu des difficultés à réunir ces conditions, d'autres auteurs ont affirmé que l'abus de droit trouve son fondement dans la violation des fonctions sociales du droit. En effet, un courant de pensée, de caractère plus socialisant, fait valoir que les droits subjectifs, à supposer qu'on en admette l'existence, ne sont reconnus aux individus que comme des fonctions sociales ou, tout au moins, à certaines fins sociales. Dès lors, si le titulaire du droit le détourne de son but, il commet un abus et ne mérite plus

---

[82] Flour (J.) et Aubert (J-L.), *Droit civil. Les obligations. Le fondement juridique*, *op. cit.*, n° 569, p. 77.

[83] Fabre (CL.), in *Le droit de l'exécution forcée : entre mythe et réalité* ? (Sous la dir. Brenner), *op.cit.*, p. 8, (avant-propos).

[84] Terre (F.), Simmler (Ph.) et Lequette (Y.), *Droit civil. Les obligations, op.cit.*, n° 744, p. 727.

protection[85]. D'où l'apparition de nouveaux fondements de la responsabilité civile à l'exemple de la théorie du risque[86] et de celle de la garantie[87].

42. Le droit de l'exécution s'est inspiré de ces nouvelles tendances pour consacrer un fondement spécifique à la responsabilité civile en voies d'exécution qualifié de « risque-exécution ». Plus précisément la jurisprudence[88] et la doctrine[89] ont inventé ce qu'il convient de qualifier de « risque-exécution », comme fondement de la responsabilité civile de l'auteur d'une mesure abusive. Cette théorie consiste à engager la responsabilité sans faute du gagnant de première instance. C'est justement sur cette base qu'on pourrait retenir la responsabilité du créancier saisissant qui a procédé à une saisie hors de proportion. En décidant de saisir les biens de son débiteur, le créancier a pris un risque-exécution et par conséquent engage sa responsabilité vis-à-vis du débiteur sans rechercher une quelconque faute de sa part. C'est dans cette perspective que le législateur OHADA a posé la règle de la responsabilité sans faute du créancier saisissant en matière d'exécution provisoire à l'article 32 de l'AUPSRVE en termes : « « *l'exécution est alors poursuivie aux risques du créancier, à charge pour celui-ci, si le titre est ultérieurement modifié, de réparer intégralement le préjudice causé par cette exécution sans qu'il y ait lieu de relever de faute de sa part* ». Mais cette disposition ne peut servir de fondement à une responsabilité civile du créancier saisissant pour abus que s'il s'agit d'une exécution provisoire. Cette dernière s'entend comme le droit accordé par la loi ou par le juge à la partie bénéficiaire d'un jugement d'en poursuivre l'exécution, malgré l'effet suspensif du délai des voies de recours ordinaires. Exception à l'effet suspensif de l'appel, elle permet une exécution immédiate

---

85 *Ibidem.*

86 Voir dans ce sens : Saleilles (R.), « Les accidents du travail et la responsabilité civile », 1897 et note D. 1897.1.437 ; v. aussi Josserand (L.), « De la responsabilité du fait des choses inanimées », D. 1897.

87 Starck (B.), *Essai d'une théorie générale de la responsabilité civile considérée en sa double fonction de garantie et peine privée*, thèse, Paris, 1947.

88 C. Cass., Ass. Plén., 24 février 2006, *http:/revue.lect-act.fr*

89 Fricero (N.), « Un nouveau risque réparable : le risque-exécution », note sous C. Cass. Ass. Plén., 24 février 2006, *http:/revue.lect-act.fr.*

d'une décision judiciaire[90]. En dehors de cette hypothèse, il serait difficile de soutenir que cette disposition puisse justifier la condamnation de l'auteur de l'abus de saisir aux dommages et intérêts.

43. Au-delà du problème du fondement textuel de l'abus de saisir, il convient de s'interroger sur la reconnaissance de l'abus de droit en droit et partant celui de saisir. Il est, en droit, certaines questions épineuses qui reviennent en doctrine de manière régulière et qui semblent sujettes à controverse indéfiniment. La détermination du fondement de la responsabilité civile pour abus de droit en est l'une d'entre elles. Un auteur disait à propos que « *de la théorie de l'abus de droit, on le sait, la doctrine est un peu lasse* »[91]. Ce qui témoigne de la difficulté à systématiser la théorie de l'abus de droit. La raison en est que la diversité des applications jurisprudentielles et les multiples ramifications législatives du concept d'abus découragent toute entreprise de systématisation. Il s'ensuit que, finalement, une certaine confusion règne en la matière. Outre l'incertitude bien connue relative aux critères de l'abus, la question se pose de savoir si tous les droits sont actionnables pour abus. Cette interrogation a provoqué une importante controverse doctrinale.

44. Une première thèse classique a manifesté son hostilité à admettre une théorie d'abus de droit. Défendue par Planiol, elle refuse l'idée d'un abus de droit pour la simple raison que « *le droit cesse où l'abus commence, et il ne peut y avoir usage abusif d'un droit quelconque, par la raison irréfutable qu'un seul et même acte ne peut être, tout à la fois, conforme au droit et contraire* »[92]. Selon cette dernière, la loi ne peut défendre ce qu'elle permet. S'inspirant de l'adage selon lequel celui qui use de son droit ne nuit à personne[93], la doctrine classique se défend en disant que tant que l'on reste dans le cadre de son droit, l'on peut nuire à autrui sans se voir reprocher un abus ; et si, au-delà, on peut engager sa responsabilité, c'est que,

---

[90]Moreau (A.), « L'exécution provisoire, un avantage dangereux pour le créancier poursuivant », *Rec. Dalloz* 2006, chron. p. 524.

[91] Damien (R.), « Les droits discrétionnaires : une catégorie juridique en voie de disparition ? », *D.* 1997, p. 92 s.

[92] Planiol, *Traité de droit civil,* t. II, n° 871 ; Terre (F.), Simmler (PH.) et Lequette (Y.), *Droit civil. Les obligations, op.cit.*, n° 740, p. 722.

[93] Exprimé en latin en ces termes : « *neminem laedit qui suo jure utitur* ».

précisément, les limites du droit ont été dépassées[94]. En outre, il a été considéré que certains droits discrétionnaires échappaient à l'emprise de la théorie de l'abus des droits[95]. L'on estimait difficile d'apprécier leur exercice, spécialement en matière familiale. Fort heureusement, cette barrière prétorienne semble aujourd'hui levée et, en tout cas, fortement contestée[96].

45. Les insuffisances de cette thèse négationniste ont amené des auteurs à prendre une position contraire. Pour ces auteurs, lorsque le propriétaire d'un droit l'utilise dans l'intention malicieuse de nuire à autrui ou bien l'exerce avec imprudence ou négligence, sans les précautions nécessaires qu'aurait prises un être raisonnable, ou bien oublie les fonctions sociales dudit droit, il commet un abus de droit. Cette thèse paraît plus convaincante au regard du développement intéressant de la jurisprudence, notamment en droit de propriété. Plus précisément, l'abus de droit existe bel et bien, même s'il est fortement contesté dans certains cas[97]. C'est dire que l'objection n'a pas arrêté la jurisprudence, qui a été sensible non seulement à certains abus particulièrement criants, mais aussi au fait que les droits subjectifs, sécrétés par le groupe social et probablement indispensables à celui-ci, ne peuvent être envisagés isolément[98].

46. Quoi qu'il en soit, on peut dire que le fondement de la responsabilité civile délictuelle du saisissant pour mesure abusive n'est pas précis en droit OHADA. Ce qui laisse un large pouvoir d'appréciation au

---

[94] Terre (F.), Simmler (Ph.) et Lequette (Y.), *op.cit.*

[95] Dans ce sens, Rouast (A.), « Droits discrétionnaires et droits contrôlés », *RTD civ.* 1994, p.1 s.

[96] Terre (F.), Simmler (Ph.) et Lequette (Y.), *Droit civil. Les obligations, op.cit.*, n° 740, p. 723.

[97] Ainsi, certains droits dits discrétionnaires échappent à son emprise, Rouast (A.), « Droits discrétionnaires et droits contrôlés », *op.cit.*, p. 1 s. Aussi, en droit de la famille la théorie de l'abus des droits semble fortement contestée par une certaine jurisprudence. Ainsi, la jurisprudence refuse de condamner pour abus de droit, un mari de confession israélite, de délivrer à sa femme, à la suite d'un divorce, la lettre de répudiation ou « gueth » lui permettant de se remarier religieusement : 5 juin 1985, *JCP* 1985.II.20728, note Agostini (E.) ; *Gaz. Pal.* 1986.1.9, note Chabas (F.) ; 15 juin 1988, *Bull. civ.* II, n° 156, p. 78 ; D. 1988, IR.191 ; *RTD civ.* 1988.770, obs. JOURDAIN (P.) ; 21 nov. 1990, *D.* 1991.435, note Agostini (E.).

[98] Terre (F.), Simmler (Ph.) et Lequette (Y.), *Droit civil. Les obligations op.cit.*, n° 740, p. 722.

juge du contrôle des procédures civiles d'exécution. C'est du moins ce qui ressort de la jurisprudence.

2- La mise en œuvre de la responsabilité civile du créancier saisissant

47. Il est important d'analyser l'application des règles de la responsabilité civile par les juges en matière de mesures abusives. A ce sujet, il convient d'observer que la lecture de la jurisprudence ne laisse pas dessiner les lignes directrices précises : tantôt elle veut réunir les éléments matériel et intentionnel avant de caractériser l'abus de saisir, tantôt elle veut faciliter la réparation du débiteur en assouplissant les critères de la faute commise par le saisissant. En d'autres termes, une lecture minutieuse de la jurisprudence relative à la sanction de l'abus dans les voies d'exécution laisse une hésitation entre l'objectivisme[99] et le subjectivisme[100].

48. Selon la tendance objectiviste, les juges apprécient la proportionnalité entre la valeur du bien saisi et le montant de la créance sans rechercher l'intention du créancier pour condamner le créancier saisissant aux dommages et intérêts. Autrement dit, les juges font grief au créancier d'avoir saisi des biens d'une valeur excessive au regard du montant de sa créance. La saisie n'était certes pas inutile, mais elle a manqué de mesure[101]. Cette solution est acquise depuis longtemps. Ainsi, en jurisprudence française, la Chambre des requêtes admettait l'abus du créancier qui avait saisi-arrêté des sommes (près de six mille francs 6 000 F) très supérieures au montant de sa créance (six cents francs 600 F)[102]. Dans la pratique, cette appréciation ne pose pas un problème particulier. Seulement, les juges ne doivent pas exiger du créancier qu'il saisisse un bien d'une valeur mathématiquement égale à celle de sa créance. Ce qui porterait atteinte au droit à l'exécution du créancier et protégerait plus les intérêts du débiteur.

---

[99] L'objectivisme est une doctrine philosophique selon laquelle il existe une réalité objective, indépendamment du sujet qui la perçoit ou la pense. De manière simple, c'est une attitude consistant à être systématiquement objectif, à éliminer ce qui relève de la subjectivité.

[100] Conception philosophique selon laquelle toute réalité est réductible au sujet, le subjectivisme s'entend ici comme une tendance qui consiste à tout envisager du point de vue subjectif.

[101] Mestre (J.), « Réflexions sur l'abus du droit de recouvrer sa créance », *op.cit.*, p. 456.

[102] 16 juin 1897, *Sir.* 1897.317.

49. Pour la tendance subjectiviste, l'appréciation de la responsabilité civile du créancier saisissant ne dépend pas uniquement de la disproportion entre la valeur des biens et le montant de la créance, mais aussi de l'intention du saisissant. L'abus du droit de saisir n'est pas suffisant pour condamner le créancier saisissant. Dans cette perspective, la question se pose de savoir si ce dernier était de bonne ou de mauvaise foi lors de la saisie. Dans l'hypothèse d'une mauvaise foi, une simple faute légère ou d'imprudence suffit pour justifier la sanction, à condition que le débiteur ait subi un préjudice[103]. Si le créancier est de bonne foi, la responsabilité civile du créancier peut être écartée, même s'il existe une disproportion entre la valeur de biens et le montant de la créance. En un mot, le juge doit rechercher aussi bien l'abus que l'intention du créancier lorsqu'il décide de condamner ce dernier aux dommages et intérêts.

50. Qu'il s'agisse de la première ou de la seconde tendance, l'appréciation de la responsabilité n'est pas détachable de l'idée d'une faute du créancier saisissant. La jurisprudence l'a rappelé dans un arrêt récent que la mise en œuvre d'une mesure d'exécution forcée ne dégénère en abus, sauf disposition particulière, que s'il est prouvé que le créancier a commis une faute[104]. Elle considère que constitue une faute, le fait de pratiquer une saisie immobilière pour un montant grossièrement erroné et maintenu pendant cinq ans en dépit de l'extinction de la créance[105], l'exercice d'une saisie-contrefaçon irrégulière permettant d'avoir connaissance d'informations sur un concurrent[106] ou encore le fait de poursuivre une procédure d'exécution après l'ouverture d'une procédure collective[107]. Il est nécessaire de préciser qu'en matière de saisie immobilière, la Cour de cassation exige une

[103]C'est du moins ce qu'a décidé la jurisprudence française : « si on ne peut aller jusqu'à dire que la Compagnie a agi dans l'intention de nuire, elle a fait preuve d'une imprudence grave et agi avec légèreté ». Cette dernière condition est posée depuis longtemps en jurisprudence française : Cass. req., 17 mars 1873, *S.* 1873, 1, *Jur.* p. 257 ; Cass. civ., 27 nov. 1888, *DP* 1889, 1, *Jur.* p. 406. Voir aussi : Civ. 2e, 2 févr. 1956, *op.cit.* ; Civ. 1re, 11 avr. 1962, *Bull. civ.* I, n° 215 (plusieurs saisies-attribution faites brutalement et sans nécessité, avec légèreté blâmable).

[104] Cass. 2e civ., 17 oct. 2013, n° 12-25.147.

[105] Cass. 2e civ.,5juill. 2001, n° 99-21.044.

[106]Cass. 1re civ., 8 déc. 1998, n° 96-16.508

[107] Cass. com., 28 sept. 2004, n° 02-15.818.

condition supplémentaire. En effet, pour allouer au débiteur des dommages-intérêts en raison de l'abus commis par le créancier dans la poursuite de la procédure de saisie immobilière, il ne faut pas se fonder uniquement sur le caractère injustifié de la mesure. C'est pourquoi elle a considéré que l'exécution immobilière ne peut, hors les cas de fraude, être constitutive d'un abus si son irrégularité ou son inutilité n'ont pas été dénoncées par le débiteur saisi, régulièrement sommé, avant l'adjudication définitive[108].

CONCLUSION

51. Au terme de cette réflexion, il convient de retenir que l'efficacité du contrôle de l'abus est mitigée en voies d'exécution OHADA. La principale raison est l'incertitude législative et jurisprudentielle qui règne sur l'abus du droit de saisir et la juridiction compétente pour en connaître. En effet, le législateur supranational ne consacre aucune disposition expresse à la notion d'abus du droit de saisir dans l'AUPSRVE et à la juridiction compétente pour contrôler les mesures abusives. Pourtant, la question du contrôle juridictionnel de l'abus en voies d'exécution est d'un intérêt juridique important dans la mesure où l'objectif est de concilier le droit à l'exécution du créancier avec les intérêts du débiteur. Si la lettre de l'Acte uniforme portant organisation des voies d'exécution est évasive sur l'abus du droit de saisir, il convient néanmoins de reconnaître que le législateur supranational s'est subrepticement préoccupé de la question. C'est dans cette perspective qu'on peut dire que le cantonnement de l'assiette de la saisie-attribution des créances[109] et l'institution du principe de subsidiarité de la saisie immobilière[110] participent du souci du législateur de combattre l'abus du droit de saisir.

Si la détermination de la juridiction compétente du contrôle de l'abus du droit de saisir suscite une controverse en doctrine et provoque une incertitude en jurisprudence, le juge de l'exécution et « la juridiction ayant

---

[108] Cass. 2e civ., 18 sept. 2003, n° 01-13.902.

[109] Cf. art.154 de l'AUPSRVE.

[110] L'al. 2 de l'art. 28 de l'AUPSRVE dispose à cet effet que : « *sauf s'il s'agit d'une créance hypothécaire ou privilégiée, l'exécution est poursuivie en premier lieu sur les biens meubles et, en cas d'insuffisance de ceux-ci, sur les immeubles* ».

plénitude de juridiction »[111] constituent, de notre point de vue, les deux principales juridictions nationales compétentes en la matière. La compétence du premier s'explique par la centralisation des contentieux relatifs aux saisies mobilières entre les mains du juge de l'exécution[112]. La compétence du second se justifie par l'idée selon laquelle la « juridiction ayant plénitude de compétence » a une compétence exclusive en matière de saisie immobilière[113]. Pour reprendre certains auteurs, la compétence du tribunal de grande instance en matière de la saisie immobilière doit exclure celle de toute autre juridiction pour des raisons d'efficacité du contrôle de ladite saisie[114].

52. Ensuite, il faut reconnaître l'importance de la Cour commune de justice et d'arbitrage dans le contrôle de l'abus de saisir. Grâce à son pouvoir de cassation accompagnée d'évocation, la haute juridiction participe à l'élaboration et à la sanction de l'interprétation et de l'application du droit uniforme dans les Etats parties en se substituant aux juridictions de cassation nationales. De ce fait, la juridiction supranationale assure l'unification de la jurisprudence en matière des voies d'exécution OHADA[115].

53. Malgré les lacunes textuelles, le juge sanctionne l'abus du droit de saisir de deux manières : la première est la mainlevée de la saisie abusive, la seconde est la condamnation du créancier saisissant aux dommages et intérêts. En sanctionnant la saisie abusive et son auteur, le juge participe au contrôle de l'abus en voies d'exécution. Mais il revient au

---

[111] Pour la doctrine, cette juridiction correspond au tribunal de grande instance, voir Assi-Esso (A-M.) et Ndiaw Diouf, *Recouvrement des créances, op.cit.*, p. 230, n° 245 ; Pougoue (P-G.) et Teppi Kolloko (F.), « Saisie immobilière », in Pougoue (P-G.) (sous la dir.), *Encyclopédie du droit OHADA*, éd. LAMY, 2011, p. 122 s.

[112] Conformément à l'art. 49 de l'AUPSRVE selon lequel « *la juridiction compétente pour statuer sur tout litige ou toute demande relative à une mesure d'exécution forcée ou à une saisie conservatoire est le président de la juridiction statuant en matière d'urgence ou le magistrat délégué par lui* ».

[113]L'art. 248 de l'AUPSRVE dispose à ce sujet que « *la juridiction devant laquelle la vente est poursuivie est celle ayant plénitude de juridiction dans le ressort territorial où se trouvent les immeubles* ».

[114] ASSI-ESSO (A-M) et NDIAW DIOUF, *Recouvrement des créances, op cit.*, n° 245, p. 230.

[115] ONANA ETOUNDI (F.), « Grandes tendances jurisprudentielles de la CCJA pat thème abordé », *Revue de droit uniforme africain* n° 3, p. 39 s.

législateur supranational de mettre en place un cadre juridique approprié au contrôle efficace des procédures abusives. Dans cette perspective, il est appelé à corriger les insuffisances de l'AUPSRVE afin de conjurer la controverse doctrinale et l'incertitude jurisprudentielle relative à l'abus du droit de saisir. L'atteinte de l'objectif de sécurité juridique et judiciaire prôné par le Traité OHADA et surtout l'institution effective du principe de proportionnalité en voies d'exécution sont à ce prix.

B

DROIT PUBLIC

RECHERCHES SUR LES CONTRATS PUBLICS D'AFFAIRES AU CAMEROUN

Jacques BIAKAN[1]

Au Cameroun comme dans plusieurs Etats modernes, le monde des affaires est par nature lié à l'Etat, car l'Etat s'est en partie construit sur la maîtrise de l'économie[2]. Ainsi, l'Etat peut intervenir à trois titres sur un marché : en tant que régulateur, en tant qu'offreur de biens et services et en tant que collaborateur avec les entreprises privées ou publiques.

Lorsque l'Etat intervient en tant que régulateur de l'économie, il dispose de prérogatives pour : limiter et encadrer l'accès au marché, définir la structure du marché, et l'administration peut à ce titre instituer un monopole ou des droits exclusifs ; ou contrôler les concentrations d'entreprises ; réglementer le fonctionnement ; préserver son caractère concurrentiel et aider les opérateurs par des aides publiques[3].

L'Etat peut intervenir en devenant lui-même opérateur économique sur le marché, c'est-à-dire, en y offrant des biens et services. L'intervention de l'Etat l'intègre au marché et le soumet à ses règles, notamment, le respect de la concurrence. L'Etat intervient alors au travers de ses entreprises publiques, ce qu'on appelle au Cameroun le secteur public et parapublic[4].

L'Etat peut également intervenir sur le marché pour collaborer avec les opérateurs économiques en vue de satisfaire directement ses besoins ou indirectement l'intérêt général de la population.

---

[1] HDR, Droit Public, Maître de Conférences Université de Yaoundé II (FSJP)

[2]Cf. Devolve P., *Droit public de l'économie*, DALLOZ, 1998. Sur le droit public économique, voir aussi : Colson J.P., *Droit public économique*, LGDJ, 3e éd., 2001 ; Mescheriakoff A. S., *Droit public économique*, PUF, 2e éd., 1996.

[3] Sur le droit de la régulation, Cf. Frison-Roche M. A., *Le droit de la régulation*, D, 2001. Du même auteur. *Définition du droit de la régulation économique*, D. 2004.

[4]Loi n° 99/016/ du 22 décembre 1999 portant statut général des établissements et des entreprises du secteur public et parapublic.

Cette collaboration peut prendre plusieurs formes juridiques, dont les principales sont : le marché public, la délégation de service public, le contrat de partenariat, les conventions d'occupation du domaine ayant pour objet la réalisation d'équipements destinés à être occupés par une personne publique ou destinés à devenir sa propriété, la vente en l'état futur d'achèvement et le crédit-bail. Economiquement, cette collaboration réalise une externalisation, c'est-à-dire, qu'elle consiste à confier à une entité extérieure une tâche, une mission. Les contrats publics[5] sont donc des instruments juridiques par lesquels les personnes publiques confient à des opérateurs économiques des missions dans les domaines des marchés publics[6], des délégations de service[7], des contrats de partenariat ou des conventions d'occupation du domaine.

Il s'agit en fait des modes d'action publique et de production des normes nécessaires à la réalisation des champs d'activité économique[8].

L'appellation « contrats publics d'affaires » est en étroite collaboration avec ce qui est de nos jours convenu d'appeler « droit public des affaires » et qui apparaît comme une discipline juridique de synthèse qui témoigne de tendances contradictoires, c'est-à-dire, une privatisation du droit public d'une part et d'autre part une publicisation du droit privé[9].

Les contrats publics d'affaires couvrent ainsi une diversité de régimes juridiques depuis le droit des aides d'Etat jusqu'aux contentieux publics en passant par le droit des marchés publics et des conventions de délégation de service public, le droit des implantations sur le domaine public, les règles applicables aux opérations de travaux publics, l'analyse de montages contractuels plus ou moins complexes réalisant de nouvelles formes de

[5]Sur les contrats publics, Cf. Richer L., *Droit des contrats administratifs*, LGDJ, 2012. Contrats publics, mélanges en l'honneur du Professeur Michel Guibal, CREAM. Presse de la faculté de droit de Montpellier, coll. Mélanges, 2 vol., 2006.

[6]Biakan J., *Droit des marchés publics au Cameroun. Contribution à l'étude des contrats publics*, Coll., droits africains et malgaches, L'harmattan, 2011.

[7]Biakan J., « La délégation des services publics en droit camerounais », *RASJ*, vol. 7, n° 1, 2010, p. 219 et s.

[8] Conseil d'Etat, le contrat, mode d'action publique et de production des normes, EDCE n° 59, la doc. Française, 2008 ; Lichere F., *Droit des contrats publics*, Dalloz, coll. Mémentos, 2005.

[9] Nicinski S., *Droit public des affaires*, 2e éd., Montchrestien, Paris, 2010.

partenariats public-privé. La spécificité des contrats publics d'affaires réside dans la contrepartie économique constituée par un prix ou un droit d'exploitation.

Dans le cadre d'un droit public des affaires, qui entend répondre aux exigences nouvelles nées d'un contexte marqué au Cameroun par une transformation profonde de l'environnement juridique et institutionnel et tout particulièrement la crise économique et financière, les nouvelles formes de gouvernance de l'économie et des entreprises, la mise en place depuis les années « quatre-vingts » des politiques de libéralisation qui ont conduit à l'ouverture de la concurrence des secteurs protégés et des grands services publics, industriels ou commerciaux, traditionnellement monopolistiques, ouvrant ainsi de nouvelles places de marchés pour les entreprises[10], les recherches sur les contrats publics d'affaires nous ont semblé inévitables.

Les données collectées montrent la diversité des contrats publics d'affaires illustrant de ce fait un champ d'application très étendu des modes d'intervention des pouvoirs publics (I). Dans la mise en œuvre de ces contrats publics d'affaires, les enjeux financiers sont importants et diffèrent d'un contrat à un autre selon le mode d'action retenu. De même, comme dans tout contrat, les contentieux sont inévitables, mais dans ce domaine, des évolutions notables ont été enregistrées à la lumière de la jurisprudence française par rapport au classicisme du contentieux des contrats publics (II).

I – LA DIVERSITÉ DES CONTRATS PUBLICS D'AFFAIRES

La transposition des nouvelles directives européennes au Cameroun permet de figer les contrats publics d'affaires dans une logique dualiste marchés/concessions, en les écartelant entre au moins quatre groupes de contrats nommés : marchés publics, délégation de service public, concession de travaux publics, contrats de partenariat et contrats assimilés. A cela s'ajoute une multitude de contrats innomés, notamment, toutes les formes de contrats globaux à paiement public, fondés sur une autorisation unilatérale ou contractuelle, d'occupation du domaine public constitutive de

[10] Cf. Biakan J., *L'expérience camerounaise de privatisation des entreprises*, Thèse, Droit public, Université de Montpellier I, 1994.

droit réel[11]. Ces différents groupes contractuels peuvent en réalité être rangés en deux types de contrat : les contrats publics d'affaires de droit commun et les contrats publics d'affaires dérogatoires.

A/ LES CONTRATS PUBLICS D'AFFAIRES DE DROIT COMMUN

Les grands contrats publics d'affaires qui caractérisent le droit commun se rattachent à trois hypothèses principales suivant le but que poursuit l'administration en les concluant, la latitude laissée à son cocontractant et la logique interne du contrat.

Ces familles concernent le marché public, la délégation de service public et le contrat d'occupation du domaine public. Ces formes pures peuvent être mêlées dans certains cas avec des montages contractuels complexes que l'on voit fleurir de plus en plus et qui constituent une complexification des techniques contractuelles bien connues ou un assemblage d'actes contractuels imbriqués les uns aux autres poursuivant un objectif commun[12].

1) Le marché public

La définition du marché public est donnée à l'article 5(1).a du Code des marchés publics dans sa rédaction issue du décret n° 2004/275 du 24 septembre 2004, en ces termes : « contrat écrit, passé conformément aux dispositions du présent Code, par lequel un entrepreneur, un fournisseur ou

---

[11] Sur les nouvelles directives européennes concernant les marchés publics et concessions, voir : Braconnier S. « La typologie des contrats publics d'affaires face à l'évolution du champ d'application des nouvelles directives », *AJDA,* 2014, p. 832 ;
Noguellou R., « Les nouvelles directives et l'exécution des contrats », *AJDA,* 2014, p. 853 ; Platon S., « la passation des concessions : de l'eau du service public dans le vin de la concurrence ? », *AJDA,* 2014, p. 841 ; Braconnier S. « regards sur les nouvelles directives marchés publics et concessions, première partie : un cadre général renouvelé », *La Semaine Juridique,* Edition Générale n° 19, 12 mai 2014, doctr. 567 ; du même auteur « Regards sur les nouvelles directives marchés publics et concessions. Deuxième partie : passation et exécution des marchés et concessions », La Semaine Juridique, Edition Générale n° 20, 19 mai 2014, doctr 596.

[12] Voir Peyrical J.M. « Dans le maquis des montages contractuels complexes », MTP 19 janvier 1996, p. 41 et s ; Jestin G., « Le financement des grands équipements collectifs », RF fin. publ. 22/1988, p. 141.

un prestataire de service s'engage envers l'Etat, une collectivité territoriale décentralisée, un établissement public ou une entreprise du secteur public ou parapublic, soit à réaliser des travaux, soit à fournir des biens ou des services moyennant un prix ».

Le marché public peut ainsi être considéré comme le contrat par lequel l'administration se procure des moyens d'accomplir ses missions de service public. En réalité, il s'agit des « contrats conclus pour les besoins de service public dont l'objet est simplement de procurer aux personnes publiques les moyens (dont elles paieront le prix convenu) d'assurer elles-mêmes l'exécution de leurs services publics »[13]. Dans le cas d'un marché public, la personne publique est le client de son cocontractant, elle le paie pour une prestation destinée à satisfaire ses besoins propres[14]. Comme a pu l'écrire Christine Maugüe, « passer un marché ou déléguer une mission de service public : ces deux procédures n'ont ni le même objet ni la même finalité et répondent à un choix politique différent. Dans le premier cas, la collectivité cherche à se procurer elle-même des moyens d'assurer le service en commandant les fournitures, les travaux ou les services qui lui sont nécessaires. Dans le second cas, elle décide de ne plus assurer elle-même une mission de service public et d'en confier l'exécution, sous son contrôle, à un tiers. Assurer le service en régie ou l'externaliser : c'est en ces termes que l'on peut résumer l'alternative entre marché public et délégation de service public »[15].

La caractéristique principale du marché public est donc celle d'une gestion en régie du service, les prestations confiées à des tiers étant essentiellement destinées à permettre le fonctionnement de la régie.

2) Les contrats de délégation de service public

Au terme de l'article 38 de la loi française du 29 janvier 1993 relative à la prévention de la corruption et à la transparence de la vie économique et des procédures publiques : « Une délégation de service public est un contrat par

---

[13] Chapus R., *Droit administratif général*, t. I, 15e éd., Montchrestien, 2001.

[14] Haïm V., « Une délégation de service public est-elle assimilable à un marché public ? » *Petites affiches*, 26 juillet 1995, p. 38.

[15] Maugüe C., « Les collectivités locales face au choix entre marchés publics ou délégations de service public : faire ou faire faire », *Rév. Marchés publics*, 1999, p. 20.

lequel une personne morale de droit public confie la gestion d'un service dont elle a la responsabilité à un délégataire public ou privé dont la rémunération est substantiellement liée aux résultats de l'exploitation du service ».

L'expérience camerounaise des contrats de délégation de service public est riche et diversifiée[16]. Dans le domaine hydraulique, plusieurs contrats ont été signés parmi lesquels :

- le contrat de concession de travaux publics et de gestion du patrimoine de l'hydraulique urbaine et périurbaine au profit de la Camwater ;
- le contrat d'affermage du service public de l'alimentation en eau potable des centres urbains et périurbains du Cameroun ;
- le contrat de performance entre la République du Cameroun, la Cameroon Water Utilities Corporation (Camwater) et la Société Camerounaise des Eaux (CDE).

De même, dans le domaine énergétique, on note l'existence du contrat-cadre de concession et de licence relatif à l'exploitation de plusieurs parties du secteur de l'électricité sur le territoire de la République du Cameroun entre la République du Cameroun et AES-SONEL.

En application de ce contrat, plusieurs autres contrats de concession ont été signés en matière de production, de distribution et de vente de l'électricité de basse tension, de transport et de gestion du réseau de transport d'électricité.

La gestion de l'activité ferroviaire se matérialise également par la convention de concession de l'activité ferroviaire entre la République du Cameroun et la Société Concessionnaire CAMRAIL. La gestion de l'exploitation d'aéroports est faite par le biais d'une convention de cession entre l'Etat du Cameroun et la Société « Aéroports du Cameroun » (ADC).

Il ressort de ces illustrations que le contrat de délégation de service public diffère du contrat de marché public : il ne s'agit plus de solliciter des tiers

---

[16] Biakan J., « La délégation des services publics en droit camerounais » *RASJ*, Vol. 7, n° 1, 2010, p. 219 et s.

des prestations nécessaires à la bonne gestion par la collectivité du service. Il s'agit pour la collectivité « de se retirer ». Laurent Richer souligne à ce propos que « la rationalité de la concession est de conférer le droit de mettre en valeur des biens à la place de la collectivité publique qui accepte de se retirer »[17]. Ainsi, pour qu'il y ait contrat de délégation de service public, il faut qu'il y ait transfert de gestion de service, et ce, dans sa globalité[18].

3) Le contrat relatif à l'occupation du domaine public

Selon l'ordonnance n°74-2 du 6 juillet 1974 fixant le régime domanial en son article 8, « les dépendances du domaine public naturel ou artificiel sont gérées par l'Etat. Toutefois, en raison de leur utilisation, cette gestion peut être assurée sous le contrôle de l'Etat, par d'autres personnes morales de droit public ou par des concessionnaires de service public… »

Par ailleurs, l'article 1er du décret n° 76-166 du 27 avril 1976 fixant les modalités de gestion du domaine national dispose que : « les dépendances non occupées ou non exploitées du domaine national sont attribuées par voie de concession provisoire. Suivant le cas, celle-ci peut être transformée en bail ou concession définitive dans les conditions prévues par le présent décret », et l'article 2 précise que « la concession provisoire est octroyée pour des projets de développement entrant dans le cadre des options économiques, sociales ou culturelles de la nation ».

Sur cette base juridique, il est possible de distinguer deux catégories de conventions d'occupation du domaine public en fonction du but de l'activité de l'occupant[19] :

- L'utilisation du domaine public dans un but d'intérêt privé, généralement économique, qui n'a pas un but d'intérêt général. C'est

---

[17] Richer L., « Délégation de services publics, une notion difficile à cerner », MTP 6 mai 1997.

[18] Delvove P., « Les contradictions de la délégation de service public », *AJDA,* 1996, p. 675. Voir aussi Vila J.B., « Les pouvoirs du juge des référés précontractuels sur la négociation d'une délégation de service public », *AJDA,* 2014, p. 1778 ; Eckert G., « La directive sur l'attribution de contrat de concession ou l'affermissement du droit de la commande publique », *Revue juridique de l'économie publique,* n° 722, août 2014, Étude 6.

[19] Sur cet aspect, voir Richer L., *Droit des contrats administratifs,* LGDJ, EJA, 1995, p. 421 et s.

le cas des concessions conclues en vue de permettre l'installation des restaurants, librairies ou d'autres commerces, ou des concessions d'affichages sur les édifices commerciaux ;

- L'utilisation du domaine public dans un but d'intérêt général.

L'occupant du domaine public est souvent par ailleurs délégataire du service public[20].

B/ LES CONTRATS PUBLICS D'AFFAIRES NOUVELLE GÉNÉRATION : LESCONTRATS DE PARTENARIATS PUBLIC-PRIVE

Quatre (4) textes importants régissent les contrats de partenariats public-privé au Cameroun et en constituent le cadre légal et réglementaire :

- La loi n° 2006/012 du 29 décembre 2006 fixant le régime général des contrats de partenariat ;
- Le décret n° 2008/01115/PM du 24 janvier 2008 portant modalité d'application de la loi n° 2006/012 du 29 décembre 2006 ;
- La loi n° 2008/009 du 16 juillet 2008 fixant le régime fiscal, financier et comptable applicables aux contrats de partenariat ;
- Le décret n°2008/2304/PM du 29 juillet 2008 précisant les modalités d'application du régime fiscal particulier des projets structurants du code général des impôts.

Ces textes permettent de dégager la définition des contrats de partenariat en même temps qu'ils font ressortir les conditions à leurs recours.

1) Définition des contrats de partenariat

Selon l'article 2(1) de la loi n° 2006/012 du 29 décembre 2006 fixant le régime général des contrats de partenariat, « le contrat de partenariat régit, dans le cadre des projets d'une très grande envergure technique et financière, les relations de partenariat entre :

---

[20] L'article 17 de la convention de concession de l'activité ferroviaire au Cameroun signé le 19 janvier 1999 entre la République du Cameroun et la Société Concessionnaire CAMRAIL prévoit les modalités de mise à disposition du domaine ferroviaire au profit du concessionnaire.

- Les personnes publiques et une ou plusieurs autres personnes publiques ;
- Les personnes publiques et une ou plusieurs personnes privées ».

L'alinéa 2 de ce même article dispose que : « le contrat de partenariat est un contrat par lequel l'Etat ou l'un de ses démembrements confie à un tiers, pour une période déterminée, en fonction de la durée d'amortissement des investissements ou des modalités de financement retenues, la responsabilité de tout ou partie des phases suivantes d'un projet d'investissement :

- La conception des ouvrages ou équipements nécessaires au service public ;
- Le financement ;
- La construction ;
- La transformation des ouvrages ou des équipements;
- L'entretien ou la maintenance ;
- L'exploitation ou la gestion ».

En fait, il s'agit, à travers ces contrats désignés comme concrétisant un partenariat public-privé, de sortir des sentiers battus et de promouvoir, en les consacrant d'autres types de relations contractuelles que celles caractérisant le droit commun de la commande publique ou de la domanialité publique. Ces nouvelles formes de contrats, tant en ce qui concerne leur notion que leur régime juridique, ne constituent pas des sous-catégories de contrats existants[21].

L'ambition du législateur camerounais n'a pas été mince. Il s'agit, à côté d'autres formes (anciennes) de contrats qui préexistaient, de faire émerger une nouvelle catégorie juridique dont la notion comme le régime juridique devrait être définie et encadrée.

En définitive, le contrat de partenariat est un contrat administratif global qui autorise une personne publique ou une personne privée chargée d'une

[21]Tarivel B., « La place du contrat de partenariat dans l'ordre des contrats publics », *Mélanges Guibal*, CREAM, Vol. 1, P. 847

mission de service public, à confier à un tiers une mission globale incluant d'une part, le financement d'un ouvrage, sa construction ou sa transformation, d'autre part son entretien, son exploitation, sa maintenance, sa gestion et, le cas échéant d'autres prestations de services concourant à l'exercice par la personne publique, de la mission de service public dont elle est chargée. Il se caractérise ainsi par la conclusion d'un contrat unique qui permet à la personne publique contractante de n'avoir qu'un seul interlocuteur sur l'ensemble de la procédure et porte sur un délai relativement long afin de permettre au prestataire privé d'amortir ses investissements. Le contrat de partenariat déroge du droit commun de la commande publique en ce qu'il concentre entre les mains du partenaire privé la maîtrise d'œuvre et la maîtrise d'ouvrage[22].

2) Les conditions de recours au contrat de partenariat

En application de l'article 6 de la loi du 29 décembre 2006 fixant le régime général des contrats de partenariat, ce dernier « ne peut être conclu que pour la réalisation de projets pour lesquels une évaluation effectuée par la personne publique avant le lancement de la procédure de passation :

- Montre que, compte tenu de la complexité du projet, la personne publique n'est pas en mesure de définir seule et à l'avance des moyens techniques pouvant répondre à ses besoins ou d'établir le montage financier ou juridique du projet ou bien que le projet présente un caractère d'urgence ;

- Expose avec précision les motifs de caractère économique, financier, juridique et administratif qui l'ont conduite, après une analyse comparative, notamment, en termes de coût global, de performance et de partage des risques, de différentes options, à retenir le projet

[22]Rapport d'information du Sénat (Français) n° 733. Session extraordinaire de 2013-2014, p.11, Pentecoste Jérôme et autres « La réforme des partenariats public-privé en France s'inspirera-t-elle de l'expérience britannique ? », *La Semaine Juridique,* Edition Générale n° 39, 22 septembre 2014, 980. Voir aussi note sur les contrats de partenariat, une forme de partenariat public-privé. Sénat. Juillet 2013 ; Fayat M., « Le rôle central du décompte général et définitif dans le règlement des relations contractuelles entre le maître d'ouvrage et le titulaire de marché public de travaux ou maître d'œuvre », *La Semaine Juridique,* n° 38-39, 22 septembre 2014, 2270.

envisagé et à décider de lancer une procédure de passation d'un contrat de partenariat ».

Parmi les critères qu'il est coutume de prendre en compte dans un projet, figurent[23] :

- L'importance des infrastructures ;
- la complexité de la technologie ;
- la facilité de recouvrement des coûts ;
- la taille de la zone de production ou de consommation.

L'article 6 précitée de la loi du 29 décembre 2006 reprend les conditions posées par l'article 2 de l'ordonnance n° 2004 -559 du 17 juin 2004 sur les contrats de partenariat de l'Etat en France. Dans ce cadre, deux conditions sont prioritairement retenues pour recourir au contrat de partenariat : la condition d'urgence et la condition de complexité.

- **La condition d'urgence**. Le motif d'intérêt général peut tenir à l'urgence à rattraper un retard préjudiciable, « en raison de circonstances particulières ou locales ». Il ressort ainsi des décisions du Conseil Constitutionnel rendues en 2002[24], que, « s'agissant d'équipements affectés à la justice, à la police et à la gendarmerie au cours des années à venir, le Conseil n'a guère eu du mal à identifier les impératifs constitutionnels et les objectifs d'intérêt général justifiant l'assouplissement des règles favorisant habituellement le libre accès à la commande publique : le retard accumulé dans la mise en service d'équipements nouveaux est si important que faute d'un plan d'urgence permettant de « brûler les étapes » et de rattraper le temps perdu, se trouveraient gravement compromis l'ordre public, la sécurité des personnes et des biens, l'égalité devant la justice, la nécessité des peines, la santé et la dignité des personnes incarcérées et la continuité de divers services publics. Il n'est donc pas à priori illégitime que le

[23]Mandessi Bell E., *Guide des contrats de partenariat au Cameroun*, OHADA LEGIS. 2008, p. 1.
[24]Cons. Const., 22 août 2002, n° 2002 - 460 DC, rec. Cons. Const. 2002, p. 198 ; et Cons. Const., 29 août 2002, n° 2002-461 DC, rec. Cons. Const. 2002, p. 204.

législateur, opérant la conciliation qui lui revient entre impératifs contradictoires, déroge aux règles existantes en matière de commande publique, même si ces règles tendent à favoriser le respect d'exigences constitutionnelles… » ;

- **La condition de complexité**. La complexité nécessaire pour recourir aux contrats de partenariat n'est pas révélée par la seule importance technique ou financière d'un projet envisagé, ni même par son impact éventuel sur l'urbanisation existante, mais uniquement par des préoccupations d'ordre fonctionnel. La mise en œuvre d'un contrat de partenariat ne semble donc possible que si la personne publique ne dispose pas des compétences techniques ou juridiques nécessaires pour répondre à ses besoins.

Cela suppose donc que les contrats de partenariat ne pourront intervenir que pour des projets encore plus complexes ou à minima aussi complexes si l'on part du principe qu'en évoquant le droit commun de la commande publique, on ne vise que les procédures de droit commun du code des marchés publics, à l'exclusion de certains contrats spécifiques.

En France, la Cour administrative d'appel de Paris vient, par un arrêt en date du 3 avril 2014 d'annuler le jugement n° 1206417/3-7 du 17 mai 2013 du tribunal administratif de Paris aux motifs que le tribunal administratif de Paris avait annulé la délibération d'un Conseil d'Administration et la décision d'un Directeur général de signer le contrat de partenariat ayant pour objet la conception, la construction, le financement, l'entretien et la maintenance du futur Palais de justice de Paris dans la zone d'aménagement concerté de Clichy-Batignolles[25]. Dans son 22econsidérant, la Cour administrative d'appel de Paris rappelle les caractéristiques principales d'un contrat de partenariat : « le contrat de partenariat est un contrat administratif par lequel l'Etat ou un établissement public de l'Etat confie à un tiers, pour une période déterminée en fonction de la durée d'amortissements ou des modalités de financements retenues, une mission globale ayant pour objet la construction ou la transformation, l'entretien, la maintenance, l'exploitation ou la gestion d'ouvrages, d'équipements ou de

[25]Le partenariat public-privé conclu pour la réalisation du futur Palais de justice de Paris est légal, *AJDA*, 2014, p. 1322.

biens immatériels nécessaires au service public, ainsi que tout ou partie de leur financement à l'exception de toute participation au capital. Il peut également avoir pour objet tout ou partie de la conception de ces ouvrages, équipements ou biens immatériels ainsi que des prestations de service concourant à l'exercice par la personne publique, de la mission de service public dont elle est chargée. Les contrats de partenariat ne peuvent être conclus que si, au regard de l'évaluation, il s'avère :

- Que, compte tenu de la complexité du projet, la personne publique n'est pas objectivement en mesure de définir seule et à l'avance les moyens techniques répondant à ses besoins ou d'établir le montage financier ou juridique du projet ;
- Que le projet présente un caractère d'urgence, lorsqu'il s'agit de rattraper un retard préjudiciable à l'intérêt général affectant la réalisation d'équipements collectifs ou l'exercice d'une mission de service public, quelles que soient les causes de retard ou de faire face à une situation imprévisible ;
- Que, compte tenu soit des caractéristiques du projet, soit des exigences du service public dont la personne publique est chargée, soit des insuffisances et difficultés observées dans la réalisation des projets comparables, le recours à un tel contrat présente un bilan entre les avantages et les inconvénients plus favorables que ceux d'autres contrats de la commande publique. Le critère du paiement différé ne saurait à lui seul constituer un avantage ».

A contrario, le Conseil d'Etat vient de censurer pour la première fois le choix du recours à un contrat de partenariat fondé sur la complexité technique du projet. Il juge que la construction de la Cité de l'Océan et l'extension du musée de la mer à Biarritz ne présentent pas, notamment, sur le plan technique et architectural, une complexité suffisante pour justifier le recours à un tel contrat[26].

[26] CE, 30 juillet 2014, n° 3630007, Commune de Biarritz. Jurisdata n° 2014-018663 ; JCPA 2014. Act. 674 ; Cornille M., « Annulation du recours au contrat de partenariat pour le projet « Biarritz-Océan », *La Semaine Juridique* n° 38-39. 22 septembre 2014, 2268.

II- LA NATURE DES ENJEUX FINANCIERS ET L'ETAT DU CONTENTIEUX

Les contrats publics d'affaires concernent l'activité économique des administrations et établissements publics. Ces contrats émergent comme un puissant instrument de modernisation des services publics et de renouvellement des relations entre l'Etat et la Société, contribuant à la stabilité et à la sécurité des normes. Dans ce contexte, les collectivités font de plus en plus appel aux schémas du partenariat public-privé en tant que contrat administratif spécial pour financer leurs projets. Les enjeux financiers sont donc au cœur des contrats publics d'affaires (A).

Par ailleurs, tout contrat fut-il administratif ou public d'affaire étant un accord entre des parties, peut donner lieu à des dysfonctionnements susceptibles de donner lieu à un contentieux (B).

A/ LA NATURE DES ENJEUX FINANCIERS

On peut distinguer les enjeux financiers liés aux contrats publics de droit commun et les enjeux financiers concernant les contrats de partenariat.

1) Les enjeux financiers liés aux contrats publics de droit commun

a)- les marchés publics. En application de l'article 5(1)(a) du décret n° 2004/275 du 24 septembre 2004 portant code des marchés publics, le marché public est un « contrat écrit, passé conformément aux dispositions du présent code par lequel un entrepreneur, un fournisseur ou un prestataire de service s'engage envers l'Etat, une collectivité territoriale décentralisée, un établissement public ou une entreprise du secteur public ou parapublic, soit à réaliser des travaux, soit à fournir des biens ou des services moyennant un prix ».

Le versement d'un prix comme mode de rémunération du cocontractant de l'administration est un élément de définition fondamental de la notion même de « marché », lorsque l'on est en présence d'un contrat comportant exécution au profit d'une personne publique, d'une prestation de travaux, fournitures ou services.

L'article 74(1) du code des marchés publics dispose bien que le prix rémunère le cocontractant de l'administration et l'alinéa 2 précise que « les prestations faisant l'objet du marché sont réglées soit par des prix forfaitaires appliqués à tout ou partie du marché quelles que soient les quantités, soit par des prix unitaires appliqués aux quantités réellement exécutées ».

Ainsi, en matière de marchés publics, il existe deux modalités principales de rémunération : dans le marché à prix unitaires, un bordereau de prix est établi par type de prestations et appliqué aux quantités livrées ou exécutées. Dans le marché à prix forfaitaires, le cocontractant est rémunéré pour un ouvrage ou un ensemble de prestations. Le choix entre ces deux catégories est juridiquement libre. Une offre peut être qualifiée d'anormalement basse, si son prix ne correspond pas à une réalité économique et le pouvoir adjudicateur peut apprécier la dimension économique des offres à partir de plusieurs référentiels[27].

En ce qui concerne la passation du marché, le montant estimé du prix gouverne le déclenchement des procédures de publicité et de mise en concurrence des marchés, et les niveaux relatifs des prix proposés par les soumissionnaires constituent un critère important de choix de l'attributaire, mais désormais plus prioritaire.

C'est le versement d'un prix qui a permis de tracer la frontière entre le marché et la délégation de service public, dont la rémunération est liée au résultat de l'exploitation du service[28].

b)- les contrats de gestion déléguée. Cette expression s'applique aussi bien à la concession et à l'affermage, à la régie intéressée et à la gérance qu'au contrat nommé ou innommé par lequel un entrepreneur est chargé de l'exécution même du service public.

La rémunération doit être entendue de manière large comme recouvrant non seulement les redevances que perçoit le délégataire auprès des usagers, mais également toute forme de recette y compris celles perçues auprès de l'autorité délégante dans le cadre d'une rémunération forfaitaire et globale. En France, le Conseil d'Etat a posé le principe de la « rémunération

[27]Amilhat M., « La rémunération, un critère suffisant pour distinguer les marchés publics et les délégations de service public ? », *La Semaine Juridique* n° 38-39, 22 septembre 2014, 2269. .

[28]L'offre anormalement basse. DAJ. Espace Marchés Publics p. 1, mise à jour le 9 septembre 2014.

substantiellement assurée par l'exploitation »[29]. La doctrine considère que l'adverbe « substantiellement » invite à considérer que la rémunération du délégataire n'est pas exclusivement tirée de l'exploitation, mais qu'elle lui est liée d'une manière significative[30]. Par ailleurs, « les résultats de l'exploitation » renvoient non seulement aux résultats comptables, mais d'une manière générale aux résultats économiques de la gestion du service public[31].

En application de ces principes, le contrat d'affermage du service public de l'alimentation en eau potable des centres urbains et périurbains du Cameroun affirme[32] que, la rémunération du fermier « est destinée à couvrir aussi bien les frais d'exploitation et d'entretien des installations de production, de transport et de distribution d'eau, que les travaux de renouvellement du réseau assuré par le fermier, ses frais généraux et inclut sa marge. La rémunération du fermier comprend également la rémunération des prestations autres que la fourniture d'eau potable tels que les travaux de branchement, les coûts afférents à l'assistance fournie au concessionnaire pour le lancement des appels d'offres et la supervision des travaux de réhabilitation du réseau de distribution comme stipulé dans le contrat d'affermage et le contrat de performance, les frais de suivi des biens de retour du patrimoine du concessionnaire, le coût des capitaux engagés par le fermier, les frais de coupure et de rétablissement du service et autres prestations réalisées conformément au règlement du service affermé lesquelles sont facturées et perçues par le fermier ».

Par ailleurs, le contrat de concession de travaux publics et de gestion du patrimoine de l'hydraulique urbaine et périurbaine au profit de la Camwater[33], prévoit, au titre de la rémunération du concessionnaire que « le concessionnaire percevra pour l'exécution de ses obligations une rémunération prélevée sur les recettes du secteur. Cette rémunération est destinée à couvrir aussi bien les frais de fonctionnement et de contrôle du

---

[29]. CE, 15 avril 1996, n °168325, Préfet des Bouches-du-Rhône, rec. CE 1996, p. 137.

[30]Auby J. B., « Délégation de service public, comment reconnaître ces conventions ? », MTP 8 Nov. 1996, p. 50

[31] Maugüe C. et Terneyre P., in *CJEG*, 1997, p. 135.

[32]Article 74(1).

[33]La Cameroon Water Utilities Corporation, en abrégé « CAMWATER »

fermier, que les travaux de renouvellement de l'infrastructure, les constructions, acquisitions et autres réalisations lui incombant au titre de la présente convention ».

2) Les enjeux financiers concernant les contrats de partenariat

L'article 5 de la loi n° 2006/012 du 29 décembre 2006 fixant le régime général des contrats de partenariat prévoit que le contrat de partenariat comporte nécessairement des clauses relatives « à la rémunération du cocontractant, aux conditions dans lesquelles sont pris en compte et distingués pour son calcul, les coûts d'investissement, de fonctionnement et de financement et, les cas échéant, les recettes que le cocontractant peut être autorisé à se procurer en exploitant les ouvrages ou les équipements pour répondre à d'autres besoins que ceux de la personne publique contractante aux motifs et modalités de ses variations pendant la durée du contrat et aux modalités de paiement, notamment, aux conditions dans lesquelles chaque année, les sommes dues par la personne publique à son cocontractant et celle dont celui-ci est redevable au titre de pénalités ou de sanctions font l'objet d'une compensation ».

De ce point de vue, ce qui singularise le contrat de partenariat, notamment, au regard de la délégation de service public est la notion de partage de risques entre le partenaire public et le partenaire privé. Il s'agit de ne pas cantonner le contrat de partenariat à un simple « accord transactionnel », mais de lui conférer la nature d'un « accord relationnel »[34].

Par ailleurs, outre des délais d'amortissement plus longs, le caractère global et l'existence de critères stricts pour y avoir recours, le contrat de partenariat se distingue des autres formes d'achats publics par des modalités de rémunération de la personne privée largement dérogatoire au droit commun de la commande publique.

D'une part, cette rémunération est échelonnée sur toute la durée de l'exploitation et n'intervient pas, d'un seul bloc, après constat d'un « service fait » ou après « réception des travaux ».

---

[34]Richer L., « La transcription des exigences du partenariat public-privé dans le droit », *La documentation française*, 2002.

D'autre part, elle n'est pas nécessairement forfaitaire et intégralement prédéfinie puisque la méconnaissance de critères de performance peut valoir au cocontractant des pénalités financières déduites de sa rémunération et que les « recettes de valorisation » issues de l'exploitation par le cocontractant du domaine public peuvent se substituer à une partie de la redevance versée par la personne publique.

Quant au financement d'un contrat de partenariat, il prend la forme d'un montage de financement de projet classique avec :

- D'une part, la contractualisation entre la personne publique et le titulaire du contrat de partenariat qui peut être une société dont les actionnaires sont les principales entreprises privées participant au projet ;
- D'autre part, un financement reposant sur les fonds propres de la société de réalisation dédiée au projet, titulaire du contrat de partenariat qui représente environ 10 % du montant total du projet, et sur des financements bancaires dont la nature évolue entre la construction et l'exploitation de l'ouvrage[35].

B/ L'ETAT DU CONTENTIEUX

Le contentieux doit être entendu comme tout ce qui est susceptible d'être mis en discussion devant une juridiction. C'est le litige, le procès ou même la querelle[36].

L'expérience camerounaise du contentieux des contrats publics d'affaires prévoit le règlement non juridictionnel des litiges administratifs et les recours contentieux.

1) Le règlement non juridictionnel des litiges administratifs

L'objectif est d'éviter de saisir le juge, « prévenir le contentieux », « régler autrement les conflits ». On distingue les modes de règlement aux solutions non obligatoires (recours administratifs préalables, la conciliation) et les modes de règlement aux solutions obligatoires (la transaction, l'arbitrage).

---

[35]Rapport d'information du Sénat, *op.cit.*, p. 16.
[36]Aubert S., « La notion de litige distinct dans le contentieux de l'exécution des marchés publics », *AJDA*, 2014, p. 1757.

De ce point de vue, la convention de concession de l'activité ferroviaire au Cameroun prévoit[37] que « l'Etat et le concessionnaire s'efforcent de régler à l'amiable tous différends et litiges relatifs à l'interprétation et à l'application des clauses de la présente convention. Dans le cas où un règlement à l'amiable est impossible, le différend ou litige est réglé conformément à la procédure arbitrale définie ci-après :

Les parties consentent par les présentes à soumettre à la compétence du centre international pour le règlement des différends relatifs aux investissements tout différend auquel le présent accord pourrait donner lieu aux fins de règlement par voie d'arbitrage conformément à la convention pour le règlement des différends relatifs aux investissements entre Etat et ressortissants d'autres Etats.

Les parties peuvent néanmoins se soumettre par accord commun aux règles d'arbitrage de la Chambre de Commerce Internationale de Paris ou de toute autre instance arbitrale ».

Le contrat d'affermage du service public de l'alimentation en eau potable des centres urbains et périurbains du Cameroun stipule[38] que, pour le règlement des différends et des litiges qui pourraient s'élever à l'interprétation où à l'exécution de l'affermage, l'autorité affermant ou le concessionnaire et le fermier devront être soumis à une procédure préalable obligatoire de conciliation amiable assurée par le comité de suivi. A défaut d'accord amiable entre les parties au contrat d'affermage dans les soixante (60) jours à compter de la notification du différend par la partie la plus diligente, la procédure applicable est celle prévue à l'article 116-3 qui prévoit que « tous différends découlant du présent contrat d'affermage seront soumis au centre international pour le règlement des différends relatifs aux investissements ».

Dans les deux cas cités, le droit applicable est le droit camerounais[39].

---

[37]Article 49.

[38] Article 116(1) et s.

[39]Sur l'arbitrage, Cf. Jarosson, « L'arbitrage en droit public », *AJDA*, 1997, p. 16 ; Antoine J., « L'arbitrage en droit administratif », LPA 6 août 2003, p. 4.

2) Les recours contentieux

La loi n° 2006/022 du 29 décembre 2006 fixe l'organisation et le fonctionnement des tribunaux administratifs au Cameroun. Cette loi précise que[40], le contentieux administratif comprend « (...) les litiges concernant les contrats (à l'exception de ceux conclus même implicitement sous l'empire du droit privé), ou les concessions de service public ; (...) ». On note par ailleurs que « les tribunaux administratifs connaissent en premier ressort, du contentieux des élections régionales et municipales et en dernier ressort de l'ensemble des contentieux administratifs concernant l'Etat, les collectivités publiques territoriales décentralisées et les établissements publics administratifs (...) ».

A la lumière de la jurisprudence française, le contentieux des contrats publics d'affaires a connu ces dernières années, une importante mutation à travers plusieurs arrêts qui peuvent éclairer le contexte camerounais.

En effet, dès le début du XXe siècle, le Conseil d'Etat a permis d'une manière libérale à tout tiers intéressé[41], d'obtenir l'annulation pour excès de pouvoir des actes unilatéraux pris pour la passation ou l'exécution d'un contrat administratif dits « acte détachable » avec toutes les conséquences de l'annulation d'un acte détachable sur la validité du contrat[42].

Dans le même temps, le Conseil d'Etat a admis que puisse être contestées devant le juge de l'excès de pouvoir les clauses règlementaires d'un contrat administratif[43].

Les concurrents évincés bénéficiaient d'une place privilégiée. Ils pouvaient contester, avant la signature d'un contrat, l'irrégularité de la procédure de passation en saisissant en urgence le juge de référé précontractuel. Une fois le contrat signé, ils pouvaient encore invoquer devant le juge du référé précontractuel, les irrégularités les plus graves qui ont entachées cette procédure, c'est-à-dire, la méconnaissance des principes de base de la commande publique. En complément, le Conseil d'Etat leur a ouvert en 2007 une voie de droit nouvelle, les autorisant à contester, par

---

[40]Article 2(3).

[41] CE 4 août 1905, Martin, rec. 749, GAJA n° 15.

[42]CE, Sect., 7 octobre 1994, époux Lopez, rec. 430.

[43]CE, Ass., 10 juillet 1996, Cayzeele, n° 138536

tout moyen, la validité du contrat et à demander une réparation de leurs droits lésés[44].

Selon un Conseiller du Conseil d'Etat « les procédures contentieuses se caractérisaient en effet par une longue et une complexité excessive : dans certains cas, trois (3) juges distincts intervenaient parfois à des intervalles de temps éloignés pour que fût apportée une solution définitive à un différend ». Cette « période d'incertitude » retardait l'avancement d'opération de grande ampleur et pourrait conduire, par anticipation du risque contentieux, à un renchérissement du prix des contrats signés par les administrations »[45].

Par ailleurs « les pouvoirs du juge du contrat ne permettaient pas non plus de proportionner la décision rendue à la gravité des vices relevées, en l'absence d'une définition resserrée des irrégularités devant entraîner l'annulation d'un contrat. Les relations contractuelles pouvaient être mises à néant sans nécessité. En outre, un intérêt pour agir trop lâche, combiné à un large éventail de moyens invocables augmentait d'une manière déraisonnable la vulnérabilité des relations contractuelles »[46].

Pour remédier à ces difficultés, les voies de recours ouvertes aux tiers ont été rationalisées et l'office du juge du contrat a été rénové.

Par son arrêt du 4 avril 2014[47], le Conseil d'Etat a en effet jugé que désormais, tout tiers intéressé et plus seulement les concurrents évincés, peut contester directement devant le juge de plein contentieux la validité d'un

---

[44]CE, Ass., 16 juillet 2007, Société Tropic Travaux Signalisation, n° 291545. Voir aussi, Gaudemet M., Dizier A., « A propos du recours des tiers contre le contrat administratif : nouvelle tentative de rationalisation du Conseil d'Etat », Dalloz, 2014, p. 1179.

[45]Sauve J. M., « Les mutations contemporaines du droit de la commande publique », Conférence de Presse. Conseil d'Etat. 3 juin 2014, p. 3. Voir aussi le juge administratif et la commande publique. Dossier thématique. Conseil d'Etat. 3 juin 2014.

[46]Sauve J. M., *op.cit.* p. 3.

[47]CE, Ass., 4 avril 2014, département de Tarn-et-Garonne, n° 358994. Voir aussi Bourdon P., « Les contentieux du contrat administratif après la décision Tarn-et-Garonne », *La Semaine Juridique*, Edition Générale n° 25, 23 juin 2014, doctr. 732 ;
Gwetaz Eveillard. Chr. Droit administratif. La Semaine Juridique Edition Générale n° 6, 1er septembre 2014, doctr. 913 ; Pietri J. P., « Un an de droit du contentieux de la commande publique », *Contrats et marchés publics*, n° 8-9, août 2014, chron 5.

contrat. L'intérêt pour agir des tiers « ordinaires » sera apprécié d'une manière plus stricte selon les termes de l'arrêt : « (...) tout tiers a un contrat administratif susceptible d'être lésé dans ses intérêts de façon suffisamment directe et certaine par sa passation ou ses clauses est recevable à former devant le juge du contrat un recours de pleine juridiction contestant la validité du contrat ou de certaines de ses clauses non règlementaires qui en sont divisibles ». De même, la gamme des moyens invocables, notamment par les concurrents évincés pourra être réduite selon l'arrêt : « les autres tiers ne peuvent invoquer un des vices en rapport direct avec l'intérêt lésé dont ils se prévalent ou ceux d'une gravité telle que le juge devrait les relever d'office ».

La mise en ordre des voies de recours ouvertes aux tiers appelait aussi une rénovation de l'office du contrat dans le sillage de la décision commune de Béziers du 28 décembre 2009[48]. Ainsi, devant le juge du contrat saisi par les parties, seules les irrégularités les plus graves sont depuis cet arrêt susceptibles d'entraîner l'annulation d'un contrat administratif ; il s'agit des vices tenant au caractère illicite du contrat, ceux portant sur les conditions dans lesquelles les parties ont donné leur consentement et enfin, de tout vice d'une « particulière gravité » que le juge doit relever d'office. A cet égard, comme le souligne le conseiller du Conseil d'Etat, « l'exigence de loyauté des relations contractuelles implique une appréciation plus fine des moyens invoqués et en principe, de régler les différends entre parties sur le terrain contractuel. L'objectif poursuivi par le juge est dès lors d'assurer une stabilité renforcée des relations contractuelles dont désormais le cocontractant peut demander la reprise en cas de résiliation »[49]. A chaque irrégularité doit donc correspondre, selon leur gravité, une réponse proportionnée du juge qui peut par exemple ordonner la modification d'une clause du contrat ou le versement d'une indemnité.

En d'autres termes, depuis l'arrêt Département de Tarn-et-Garonne, la restriction des cas d'annulation est désormais prise en compte par le juge lorsqu'il est saisi par un tiers. Les irrégularités vénielles ou régularisables ne doivent pas faire obstacle à la poursuite des relations contractuelles.

---

[48]CE, Ass., 28 décembre 2009, Commune de Béziers, n° 304802, GAJA n° 116, 19e éd., p. 939.

[49]Sauve J. M., *op.cit.*, p. 4.

LE PRINCIPE DE L'UNITE DE TRESORERIE EN DROIT PUBLIC CAMEROUNAIS

Oumarou NJOYA[1]

Le principe de l'unité de trésorerie est l'un des principes des finances publiques. A la différence des principes bien connus du droit budgétaire, il relève du droit de la comptabilité publique[2]. Il régit, plus précisément, la phase comptable de l'exécution des budgets publics, phase qui suit et complète la phase administrative. La distinction des deux phases résulte du principe de la séparation des ordonnateurs et des comptables. Unité de trésorerie et séparation des ordonnateurs et des comptables représentent les deux règles fondamentales de la comptabilité publique. Elles comptent parmi les éléments caractéristiques du système financier public français[3], dont ont hérité le Cameroun et les autres Etats de l'espace francophone africain, lors de leur avènement à l'indépendance[4]. L'existence du principe de l'unité de trésorerie est intrinsèquement liée à celle du Trésor public. Historiquement, son émergence s'est accomplie dans le sillage de la réalisation de l'unité du Trésor.

---

[1]Assistant à la FSJP de L'Université de Yaoundé II.

[2] Mais, pour certains auteurs, le principe de l'unité de trésorerie n'est pas une règle de la comptabilité publique : voir par exemple, M.-D. Violeau, « Les placements des collectivités et établissements publics locaux », *Revue du Trésor*, octobre 1992, p. 649 et A. Daniel, « Les relations de trésorerie entre l'Etat et les collectivités territoriales », étude publiée dans *Les nouvelles relations Etat-collectivités locales*, colloque de Rennes 1990, Documentation Française, 1991, p. 197 (cités par X. Cabannes, *Le principe de l'unité de trésorerie en droit public financier*, Paris, L.G.D.J, coll. Thèses, 2000, p. 34).

[3] L'unité de trésorerie est méconnue dans la plupart des pays du monde (X. Cabannes, *op.cit.*, p. 117 et s.), y compris au sein des pays occidentaux (voir Cour des comptes, *La gestion de la trésorerie et de la dette des collectivités territoriales*, Rapport public particulier, novembre 1991, p. 37 et s.).

[4] L'on peut noter qu'aujourd'hui ces Etats continuent, en général, de s'inspirer de la France, en matière de création ou de réforme juridique ou institutionnelle (voir J. M. Adou, *Modernisation du circuit de la dépense publique en Côte d'Ivoire et efficacité de la dépense*, mémoire de Master en administration publique des fonctionnaires internationaux, ENA, République française, 2004-2005, p. 10).

La création du Trésor remonte à 1806. Le Comte Mollien, ministre du Trésor public[5] de Napoléon Ier, instaure la *Caisse de service*[6] et pose ainsi les bases de l'unification de multiples caisses publiques autonomes, qui existaient jusque-là. Cette unification se consolidera, sous la Restauration, avec la transformation, en 1816, de la Caisse de service en *Direction du mouvement général des fonds*[7] et, sous l'Empire, avec la création, en 1857, d'un compte unique du Trésor à la Banque de France et, en 1865, d'un corps de comptables publics, les trésoriers-payeurs généraux.

Le principe de l'unité de trésorerie est institué en 1811, soit cinq ans après l'unification du Trésor, par l'obligation faite aux communes de déposer leurs fonds libres au Trésor public[8]. Cette obligation sera progressivement étendue à d'autres catégories de personnes publiques[9], y compris les collectivités territoriales d'outre-mer[10].

---

[5] Le ministère du Trésor public fut créé en 1802 auprès du ministère des Finances. Il était responsable du recouvrement des impôts, de la dette publique et du mouvement des fonds, tandis que le ministère des Finances était chargé du budget et de l'assiette de l'impôt.

[6] Voir article 1er du Décret impérial du 16 juillet 1806. La Caisse de service était un mécanisme de compensation entre les départements et les districts qui disposaient des disponibilités excédentaires et ceux qui en avaient besoin pour financer leur déficit.

[7] Cette dénomination demeurera jusqu'en 1940, date à laquelle elle se transformera en Direction du Trésor.

[8] Voir article 4 du Décret impérial du 27 février 1811 : « l'Empereur décide que notre ministre du Trésor fera verser pour le compte de la caisse de service chez les receveurs généraux, les sommes qu'il jugera excéder des besoins du service et les fera rétablir successivement aux époques où les besoins du service l'exigeront. La caisse de service tiendra compte à chaque commune, de l'intérêt des fonds qui lui sont versés, de la même manière qu'elle tient compte aux particuliers ».

[9] Les départements seront spécifiquement visés dans un premier temps : « les fonds libres des départements sont obligatoirement déposés au Trésor » (article 14 du Décret du 12 juillet 1893 portant règlement sur la comptabilité départementale). Ensuite, c'est l'ensemble des personnes publiques qui seront concernées : « sauf dérogation admise par le ministre des Finances, les collectivités territoriales de la République et les établissements publics sont tenus de déposer au Trésor toutes leurs disponibilités » (article 15, alinéa 6 de l'Ordonnance n° 59-2 du 2 janvier 1959 portant loi organique relative aux lois de finances).

[10] Voir F. Bloch-Laine, « Introduction à une étude du Trésor public en France », *Revue économique*, volume 2, n°2, 1951, p. 140. Voir aussi le Décret du 30 décembre 1912 sur le régime financier des territoires d'outre-mer.

Dans les possessions territoriales françaises subsahariennes, le principe était mis en vigueur non seulement au niveau de chaque territoire, mais aussi au niveau régional[11]. Au Cameroun, alors que deux budgets coexistaient – celui des services français présents sur le territoire et celui des services locaux – un seul Trésor, la Trésorerie centrale de Yaoundé, était chargé de la centralisation des opérations financières et comptables des deux budgets[12]. Les liens entre le Trésor public français et les trésors locaux étaient si étroits qu'ils survivront à l'accession des pays concernés à l'indépendance, grâce à des conventions de coopération bilatérales signées entre la Métropole et chacun d'eux[13]. La Convention du 13 novembre 1960 organisant les relations entre le Trésor camerounais et le Trésor français créa la direction du Trésor[14], qui est devenue aujourd'hui, au terme d'une longue évolution marquée par les modifications de ses attributions et de son organisation, la Direction Générale du Trésor, de la Coopération Financière et Monétaire (DGTCFM)[15].

---

[11] Par exemple, au temps de l'Afrique Occidentale Française (AOF), les opérations d'exécution budgétaire du Niger étaient centralisées à la Trésorerie du Dahomey, l'actuel Bénin (voir I. Boubacar Kado, « Comprendre la réforme du Trésor National en tant que Caissier et Banquier de l'Etat », 3 octobre 2012, disponible sur le site internet www.tamtaminfo.com).

[12] Voir Lekene Donfack, *Finances publiques camerounaises*, Paris, Berger-Levrault, coll. Mondes en devenir, 1987, p. 274 et s.

[13] Il en est ainsi de la Convention du 7 octobre 1959 entre la France et le Niger confiant provisoirement la gestion du Trésor de ce dernier au Trésor français. Elle prit fin en 1972, quand la Loi n° 72-08 du 17 février 1972 créa un Trésor national au Niger (vooir I. Boubacar Kado, *op.cit.*). Il y a également la Convention du 31 décembre 1959 entre la France et la Côte d'Ivoire érigeant le Trésor ivoirien en un service rattaché au Trésor français, statut qui durera jusqu'à l'adoption du Décret n°62-457 du 14 décembre 1962 qui octroyait son autonomie au Trésor public ivoirien.

[14] A laquelle sera fusionné l'ensemble des services du Trésor de l'ancien Cameroun occidental anglophone, à l'occasion de l'Unification en 1972.

[15] La DGTCFM a succédé, en 2008, à la Direction Générale du Trésor, qui elle-même avait auparavant remplacé l'ancienne Direction du Trésor ; la Direction Générale du Trésor comprenait la Direction du Trésor et la Direction de la Coopération Financière et Monétaire et des Assurances (voir Décret n°2005/119 du 15 août 2005 portant organisation du ministère de l'Economie et des Finances). La DGTCFM, quant à elle, est composée, au niveau central, de trois directions : la Direction de la Comptabilité Publique, la Direction de la Trésorerie et la Direction de la Coopération Financière et Monétaire. La

Etymologiquement issu du latin *thesaurus*, le terme trésor – la doctrine le reconnaît – n'est pas aisé à définir[16]. Il s'agit d'un service ou d'un ensemble de services de l'Etat, auquel incombe, en général, la mission de payer ses dépenses, d'encaisser ses recettes et de gérer sa trésorerie. Dépourvu de personnalité juridique, il est « constitué par l'ensemble des services financiers de l'Etat, solidairement liés par une unité de trésorerie »[17]. Quant à la notion de trésorerie, qui dérive de trésorier et de trésor, elle recèle plusieurs sens. Dans un premier sens, matériel, elle désigne des fonds disponibles. Dans un deuxième sens, organique, elle signifie un poste comptable[18]. Dans un troisième sens, fonctionnel, il s'agit d'une charge, d'une fonction de trésorier[19].

C'est le premier sens du mot trésorerie qui est retenu dans le cadre de cette étude, à savoir celui de fonds disponibles. Les fonds disponibles ou libres sont des fonds dont on dispose, des fonds qui sont immédiatement mobilisables pour la couverture des dépenses. Ils peuvent se présenter sous forme soit de fonds en caisse soit de dépôts à vue en banque[20]. Dans la même perspective, la notion de trésorerie peut être plus large et dépasser l'idée de fonds pour englober les opérations dont ils sont – ou peuvent faire

---

première est chargée du recouvrement et de la centralisation des recettes publiques, du règlement des dépenses de l'Etat, des collectivités territoriales décentralisées et des établissements publics administratifs ainsi que de la tenue de la comptabilité générale et auxiliaire de l'Etat et des comptabilités particulières des tiers et autres correspondants du Trésor. De par ses attributions, elle est, des directions, celle qui est la plus proche de la direction du Trésor d'origine. La Direction de la Trésorerie a pour mission l'élaboration, la mise en œuvre, le suivi et l'évaluation de la politique de gestion de la trésorerie (voir Décret n°2008/365 du 08 novembre 2008).

[16] Voir F. ECK, « Trésor public (notion de -) » in L. Philip (dir.), *Dictionnaire encyclopédique de finances publiques*, Paris, Economica, 1991, tome 2, p. 1532.

[17] G. Devaux, *La comptabilité publique*, Paris, PUF, tome 1, 1957, p. 146.

[18] Ce sens est lié à l'aspect historique du mot. En effet, apparu au XIIIe siècle, celui-ci a d'abord et longuement désigné le lieu où était conservé et géré le trésor (entendu au sens de fortune – argent ou or –, de bien de valeur) du monarque ou de l'Etat ; ensuite, il s'est appliqué à un ensemble de services administratifs ou ministériels (voir X. Cabannes, *op.cit.*, p. 2).

[19] Voir G. CORNU (dir.), *Vocabulaire Juridique*, Association Henri Capitant, Paris, Quadrige/PUF, 8e éd., 2007, p. 934.

[20] Voir IPSAS 2, « Tableaux des flux de trésorerie », mai 2000, p. 99, disponible sur le site Internet www.ifac.org.

– l'objet. C'est dans ce sens que la Cour des comptes française décrit la trésorerie comme étant « constituée par l'ensemble des mouvements financiers exécutés par les comptables publics »[21]. Il s'agit, d'une part, des opérations de recouvrement ou de paiement accomplies en exécution des recettes et des dépenses autorisées dans le cadre du budget et, d'autre part, des opérations d'emprunt et de règlement de la dette.

Cette conception large est celle de la législation camerounaise. En effet, l'article 68 (alinéa 3) de la Loi n° 2007/006 du 26 décembre 2007 portant régime financier de l'Etat dispose que « le circuit du Trésor Public est déterminé par le principe de l'unité de caisse matérialisé par la centralisation des opérations d'encaissement et de décaissement effectuées par les comptables publics dans un compte unique à la Banque Centrale ». L'on peut observer que, dans ces dispositions, le législateur emploie l'expression de "principe de l'unité de caisse" et non celle de "principe de l'unité de trésorerie". Les deux expressions sont-elles synonymes ? Autrement dit, ont-elles la même signification et sont-elles alors interchangeables ?

La doctrine est assez unanime sur le fait que les deux principes sont distincts. Le droit de la CEMAC[22] est sur une position similaire[23]. Néanmoins, ils sont très proches et se distinguent entre eux, sinon par une nuance, par une différence de degré et non de nature.

Le principe de l'unité de trésorerie impose aux personnes publiques (Etat, collectivités locales décentralisées et établissements publics administratifs) de déposer leurs fonds libres au Trésor public, qui dispose d'un compte unique, ou d'y faire exécuter leurs opérations d'encaissement et de décaissement.

Le principe de l'unité de caisse oblige chaque poste comptable à tenir un seul compte, bancaire ou postal, dans lequel sont déposés les deniers publics qu'il reçoit des différents organismes dont il a la charge comptable et dans lequel sont effectuées les opérations d'encaissement et de décaissement.

---

[21] Voir Cour des comptes, « La gestion de la trésorerie : une fonction vitale pour l'Etat » in *Rapport public annuel*, 2009, p. 56.

[22] Communauté économique et monétaire de l'Afrique centrale.

[23] Voir article 61 de la Directive n°02/11–UEAC–190-CM-22 relative au règlement général de la comptabilité publique.

Dans les deux cas, l'on a affaire à une centralisation des fonds ou des opérations, à la différence qu'elle se réalise, dans un cas, à un niveau national et, dans l'autre, à un niveau local, qui est celui du poste comptable. « Cette règle de l'unité de caisse complète parfaitement, au plan local, le principe de l'unité de trésorerie »[24].

Si l'on admet que le législateur camerounais considère les deux principes comme synonymes, comment les textes dénomment-ils le principe de l'unité de caisse tel qu'il vient d'être défini ? Sur ce point, le nouveau règlement général de la comptabilité publique est loin d'apporter la clarté, lorsque, pour désigner ledit principe, il utilise plutôt l'expression de « principe de l'unité de caisse et de trésorerie ». En effet, aux termes de l'article 90 (alinéa 1er) du Décret n° 2013/16 du 15 mai 2013, « les fonds détenus par les comptables publics sont gérés selon le principe de l'unité de caisse et de trésorerie. Ce principe s'applique à toutes les disponibilités des comptables quelle qu'en soit la nature. Il entraîne l'obligation pour un poste comptable de disposer, sauf dérogation expresse du ministre chargé des Finances, d'une seule caisse, d'un seul compte courant bancaire, le cas échéant ouvert à la BEAC »[25].

[24] X. Cabannes, *op.cit.*, p. 66.

[25] La confusion provient, sur le plan grammatical, de l'emploi du terme *principe* (ainsi que du pronom qui le représente dans la suite des dispositions de l'alinéa) au singulier. L'on peut relever que ces dispositions sont quasiment identiques à celles de l'article 121 du Décret n° 2011-1880 du 24 novembre 2011 portant règlement général de la comptabilité publique sénégalais et que ces dernières sont claires et précises dans la dénomination du principe en question : « Les fonds détenus par les comptables publics sont gérés selon le principe de l'unité de caisse. Ce principe s'applique à toutes les disponibilités des comptables quelle qu'en soit la nature. Il entraîne l'obligation de comptabiliser à un seul compte financier toutes les disponibilités correspondant à sa nature ». L'article 61 de la Directive n°02/11–UEAC–190-CM-22 relative au règlement général de la comptabilité publique est également clair dans la désignation et la description du principe de l'unité de caisse, description qui, à quelques variantes près, est similaire à celle du décret camerounais ; d'après le texte de la CEMAC, en effet, « les fonds détenus par les comptables publics sont gérés selon le principe de l'unité de caisse. Un poste comptable dispose, sauf dérogation expresse du ministre chargé des Finances, d'une seule caisse, d'un seul compte courant bancaire ouvert à la Banque des Etats de l'Afrique Centrale ou BEAC en abrégé ou d'un seul compte courant postal quel que soit le nombre d'organismes publics dont il assure la gestion ».

L'unité, c'est le caractère de ce qui est unique, le contraire de ce qui est double ou multiple. Parler de l'unité de trésorerie, c'est exprimer l'idée d'un tout, d'un ensemble unique que forment – ou que doivent former – les deniers publics, celle de leur rassemblement, de leur centralisation en un point, un lieu unique. Selon le principe de l'unité de trésorerie, les fonds libres de l'Etat et des organismes publics autres que l'Etat, appelés correspondants du Trésor, sont mis en commun et constituent une masse financière indistincte. Ils sont tous destinés, de manière indiscriminée, à la couverture de l'ensemble des dépenses de ces personnes publiques : il n'y a pas d'affectation des fonds.

Ce principe fait penser à ceux de l'unité et de l'universalité budgétaires, qui interdisent l'affectation des recettes à des dépenses. En est-il le pendant ou le prolongement sur le plan comptable ? L'on peut répondre par l'affirmative[26], mais son domaine d'application est plus large. Le principe de l'unité budgétaire exige que toutes les recettes et toutes les dépenses de l'Etat soient présentées dans un document unique et le principe de l'universalité budgétaire qu'elles le soient dans leur intégralité et qu'il n'y ait pas de contraction entre elles. Mais, ces deux principes se limitent aux opérations budgétaires de l'Etat : ils ne concernent pas celles des autres personnes publiques.

Le principe de l'unité de trésorerie comporte un certain nombre d'avantages dont on peut souligner quelques-uns.

---

[26] Telle est aussi la réponse de certains auteurs : voir par exemple, MM. Prada et SONRIER, qui affirment que le corollaire du principe de l'unité de caisse est « la non-affectation des types de rentrées aux sorties, règle symétrique au plan de la trésorerie, du principe budgétaire de la non-affectation des recettes aux dépenses. » (M. Prada et A. Sonrier, *La comptabilité publique*, Paris, Berger-Levrault, Coll. L'Administration nouvelle, 1978 cités par *FONDAFIP* (Association pour la Fondation Internationale de Finances Publiques), « Quel comptable pour les comptes publics au XXIe siècle ? », Paris, juillet 2010, p. 20). Voir aussi L. Chikhaoui, qui écrit que « le principe de l'unité budgétaire découle du principe de l'unité de l'Etat et se prolonge sur le plan comptable par le principe de l'unité de la trésorerie publique ou unité de caisse. » (« Droit-Axe 3 : Finances publiques », Ecole Nationale d'Administration, République tunisienne, septembre 2007, p. 29), affirmation reprise mot pour mot sans que l'auteure soit expressément citée par Seheno Tsiravaka Rakotomanga, *Le principe de l'unité budgétaire*, Mémoire de Maîtrise es-Sciences Economiques, Université d'Antananarivo, Faculté de Droit, d'Economie, de Gestion et de Sociologie, juin 2012, p. 13.

Sur le plan politique, il participe au renforcement du pouvoir central. En France, la centralisation financière a accompagné et soutenu la centralisation politique et administrative[27]. L'Etat, à travers les services du Trésor, exerce un contrôle sur les activités de sa propre administration, de ses démembrements dépourvus de personnalité morale (les budgets annexes par exemple), ou des entités juridiquement autonomes (collectivités locales et établissements publics).

Sur le plan économique et financier, l'on peut rappeler qu'historiquement la prospérité de la Grèce antique était en partie due à la centralisation de la trésorerie[28]. Le principe de l'unité de trésorerie favorise la gestion de la trésorerie ; grâce aux informations dont il dispose, le Trésor s'efforce de rechercher l'équilibre des opérations de paiement et de recouvrement, dans l'espace et dans le temps. Cet aménagement permet de réduire des disponibilités oisives au minimum et de diminuer éventuellement les besoins de financement par l'emprunt de l'Etat.

Au regard de ses avantages, le principe de l'unité de trésorerie sied à la situation du Cameroun. En effet, après avoir transformé l'Etat fédéral en un Etat unitaire en 1972, l'ambition des gouvernants de bâtir une nation sur un territoire caractérisé par une diversité culturelle, ethnique et religieuse remarquable et, à l'inverse de cette volonté politique, les revendications des mouvements sécessionnistes tels que le Southern Cameroons National Council (SCNC) et la Southern Cameroons Peoples' Organisation (SCAPO) ou l'objectif de restauration de l'Etat fédéral figurant dans le programme d'un parti politique comme le Social Democratic Front (SDF) favorisent le renforcement de la posture centralisatrice du gouvernement. Le Cameroun est un pays en voie de développement. L'objectif de développement socioéconomique, dont l'Etat est le principal acteur, nécessite d'importants moyens financiers. Il peut, grâce au principe de l'unité de trésorerie, se procurer une partie de ces moyens de manière gratuite ou à moindre coût. Il peut aussi améliorer la gestion de sa trésorerie et de sa dette.

---

[27] Voir M. Duverger, *Finances publiques*, Paris, PUF, 11e éd., Coll. Thémis, 1988, p. 211.
[28] V. F. BLOCH-LAINE, *op. cit.*, p. 131.

Comment l'Etat camerounais tire-t-il profit de ce principe ? En d'autres termes, comment l'exploite-t-il ? Il s'agit, en quelque sorte, de savoir quel est l'état de ce principe au Cameroun.

Le principe de l'unité de trésorerie se matérialise davantage par le compte unique du Trésor, dont les atouts sont si importants que sa création ou sa consolidation est recommandée par la communauté financière internationale au Cameroun et à de nombreux autres pays, notamment africains, dans le train des mesures qui ont été adoptées dans le cadre du programme de désendettement et d'une bonne gestion de la dette et des finances publiques. Mais, cette initiative internationale peut susciter des interrogations ou des observations.

L'on peut s'étonner de ce que le Cameroun et les autres pays francophones qui ont hérité du principe de l'unité de trésorerie, comme cela a été mentionné plus haut, soient exhortés par des partenaires internationaux à mettre un compte unique du Trésor en place. Cette exhortation peut signifier que ce principe était certes reconnu, mais qu'il était mis en œuvre de manière peu satisfaisante. L'intervention de la communauté internationale a permis de le revitaliser (I).

Par ailleurs, prôner le principe de l'unité de trésorerie ou le compte unique du Trésor, c'est, au vu du lien qui unit la centralisation financière et la centralisation politique ou administrative, naviguer à contrecourant du mouvement de décentralisation territoriale[29], qu'encourage la communauté internationale dans les pays en voie de développement bénéficiaires de l'aide publique au développement. C'est être en accord avec le gouvernement qui s'est plutôt montré réticent à se départir d'une partie de ses compétences au profit des collectivités territoriales décentralisées[30]. Le transfert des compétences, nécessairement suivi de celui des ressources, a pris du temps et il n'est pas près d'être achevé. C'est sans résistance aucune de la part du gouvernement que le principe de l'unité de trésorerie a été réhabilité sur le plan interne (II).

---

[29] Voir World Bank, *Cameroon : The Path to Fiscal Decentralization - Opportunities and Challenges*, Report No. 63369-CM, September, 2012, p. 49.

[30] Il est apparu que les ministères sectoriels considèrent la décentralisation comme une menace à leur influence et à leur pouvoir financier (voir World Bank, *op.cit.*, p. 4)

I- Un principe revitalisé par la communauté internationale

La revitalisation du principe de l'unité de trésorerie, œuvre de certaines organisations internationales (A), a eu lieu grâce au compte unique du Trésor (B).

A) Une œuvre des organisations internationales

La revitalisation du principe de l'unité de trésorerie a été impulsée par le Fonds monétaire international, à l'échelle planétaire (1), et, au niveau régional, la Communauté économique et monétaire de l'Afrique Centrale s'est attachée à le réglementer (2).

1- L'impulsion du Fonds monétaire international (FMI)

Sur le plan international, en fait, l'accent est davantage mis sur le compte unique du Trésor (CUT) que sur le principe de l'unité de trésorerie. Le FMI est à l'avant-garde de la promotion dudit compte. Il considère sa mise en place comme « une priorité dans toute réforme de la gestion des finances publiques »[31] ou « une pratique optimale »[32] sur le plan de la transparence financière, laquelle exige que les états bancaires soient fréquemment comparés aux données comptables des administrations publiques.

Le FMI intervient, dans ce domaine, par le biais de son Département des finances publiques, qui offre une assistance technique en matière d'organisation des opérations financières et bancaires à ses Etats membres. Il recommande le CUT à l'occasion de son assistance technique ou financière. Ses recommandations sont consignées dans différents rapports, tels que le rapport sur les consultations bilatérales au titre de l'article IV des Statuts du FMI[33] ou le rapport sur le renforcement de la gestion publique. Ainsi, dans l'un de ces rapports, les services du FMI ont-ils rappelé les autorités

---

[31] S. Pattanayak et I. Fainboim, *Le compte unique du Trésor : concept, structure et mise en œuvre*, IMF WorkingPaper, Mai 2010, p. 4.

[32] Fonds monétaire international, *Manuel sur la transparence des finances publiques*, Département des finances publiques, Washington, D.C., 2008, p. 62.

[33] Cet article prévoit le contrôle par le FMI du système monétaire international afin d'en assurer le fonctionnement effectif. A cet effet, le Fonds exerce une « ferme surveillance » sur les politiques de change de ses pays membres et tient des consultations bilatérales régulières avec chacun d'eux, grâce à des visites, annuelles en général, que ses économistes y effectuent.

camerounaises au respect du CUT, « notamment en éliminant le recours à la SNH (Société nationale des hydrocarbures) comme guichet de paiement pour les opérations de l'État »[34]. De même, ont-ils souligné que le CUT sénégalais serait mis en place au début de 2013 et pris note de ce que les autorités sénégalaises s'engageaient, dans le « Mémorandum sur les politiques économiques et financières » (MPEF), à poursuivre cette mise en place, en dépit des difficultés rencontrées[35]. Le Département des finances publiques peut intervenir seul ou en collaboration avec des organes ou des partenaires techniques et financiers. Une collaboration technique avec AFRITAC Ouest[36] a eu lieu, par exemple, au Mali, dans le cadre d'un accord entre le gouvernement malien et le FMI, accord soutenu par la Facilité élargie de crédit[37]. Une collaboration financière, en plus d'un partenariat technique avec AFRITAC Ouest, s'est établie au Togo dans le cadre d'un projet conjoint de renforcement de la gestion des finances publiques de ce pays, projet financé par la Délégation de l'Union européenne[38]. Des actions pédagogiques ou de vulgarisation ont été entreprises. Ainsi, d'une part, les agents du FMI ont publié une étude d'une cinquantaine de pages, décrivant le CUT, faisant la synthèse de leur expérience dans sa mise en place dans plusieurs pays et exposant les leçons

---

[34] Fonds monétaire international, *Cameroun : Consultations de 2012 au titre de l'article IV*, Rapport du FMI n° 12/237, août 2012, p.21.

[35] Voir Fonds monétaire international, *Sénégal : Rapport des services du FMI sur les consultations de 2012 au titre de l'article IV, Quatrième revue de l'instrument de soutien à la politique économique et Demande de modification d'un critère d'évaluation*, Rapport du FMI n° 12/337, novembre 2012, p. 8 et §25 du MPEF.

[36] AFRITAC Ouest est le centre régional d'assistance technique pour l'Afrique de l'Ouest. Quatre centres analogues, tels que AFRITAC Centre, existent en Afrique. Ils ont été créés par le FMI dans le cadre de l'initiative pour le renforcement des capacités en Afrique, qu'il a mise en place en mai 2002.

[37] Voir Mémorandum de politiques économiques et financières joint à la Lettre d'intention du gouvernement malien au FMI du 26 mai 2011, §25.

[38] Voir M. Queyranne et *al.*, *République togolaise : lancement du projet de renforcement de la gestion des finances publiques*, FMI, Département des finances publiques, Rapport du FMI n°13/98, avril 2013, p. 7.

qu'ils en ont tirées[39] ; d'autre part, des colloques internationaux ont été organisés sur le thème du CUT[40].

De nombreux pays se sont engagés à créer un CUT ou à le rétablir ; certains sont dans une phase de création et d'autres l'ont achevée. Le système du CUT est très répandu dans le monde. Les modèles sont divers et spécifiques à des contextes nationaux. Des pays africains non francophones n'ayant pas adopté le système budgétaire et comptable français ont mis en place un CUT[41].

Le préalable à l'établissement d'un CUT est évidemment l'existence d'un Trésor public, qui, de son côté, n'implique pas celle d'un CUT. La plupart des Etats de l'OCDE[42] sont dotés d'un Trésor public. Certains pays qui méconnaissaient ce système ont décidé, avec l'aide des partenaires étrangers, notamment du FMI, d'en créer un et d'instaurer un CUT. Par exemple, il était inexistant dans l'ex-URSS (Union des Républiques Socialistes Soviétiques). L'ensemble des quinze pays de l'ancienne grande Puissance en ont bâti un avec l'aide technique du FMI[43] ; et la mise en place d'un Trésor public, comme le soulignaient les fonctionnaires du Fonds, comporte quatre

---

[39] Voir S. Pattanayak et I. Fainboim, *op.cit.*

[40] Voir par exemple, le XIIIe colloque international des services du Trésor tenu à Douala, au Cameroun, du 9 au 12 mars 2010, au cours duquel, par exemple, un exposé a été présenté par Dominique Dallo sur le « CUT en France », un autre par Mohammed Lemine Ould Dheby sur « Le compte unique est la clé de voûte de la gestion de la trésorerie de l'Etat : mise en place d'un système de CUT en Mauritanie ». L'AIST (Association Internationale des Services du Trésor) a organisé un séminaire thématique sur « La gestion de trésorerie publique et le CUT», à Paris, du 2 au 3 juillet 2014.

[41] Voir par exemple, le Mozambique, qui a institué un CUT (voir « Note de bonne pratique : Utilisation des systèmes budgétaires nationaux », juin 2008, p. 27, document disponible sur le site internet www.cabri-sbo.org.).

[42] Organisation de coopération et de développement économiques.

[43] Seul l'Ouzbékistan, parmi les quinze pays, n'avait pas entrepris cette réforme ; il s'y est engagé plus tard avec l'aide du FMI et de la Banque mondiale, en instituant un Trésor public en 2002 et en créant un CUT en 2007 (voir P. Mordacq, « L'introduction de l'audit interne dans le Trésor d'Ouzbékistan ou la réforme dans la réforme », *Gestion et Finances publiques*, n° 10, octobre 2009, p. 746).

volets principaux, dont la création d'une direction du Trésor au sein du ministère des Finances et l'ouverture d'un CUT à la Banque centrale[44].

La création et le fonctionnement d'un CUT ne sont pas nécessairement conditionnés à l'existence d'un Trésor public centralisé. Le Trésor public peut, comme en France, être une structure centralisée, c'est-à-dire chargée de l'exécution et de la comptabilisation des opérations financières des administrations qui relèvent de son domaine de compétence. Il peut, comme aux Etats-Unis d'Amérique, être décentralisé : les paiements sont effectués directement par les services administratifs, qui tiennent leur propre comptabilité générale. Il peut enfin être mixte, c'est-à-dire réunir des éléments de centralisation et de décentralisation.

Par ailleurs, la participation des banques commerciales au fonctionnement du système (exécution des paiements, voire encaissement des impôts, etc.) peut être totalement absente, comme en France, ou plus ou moins significative, comme dans la majorité des pays.

Le périmètre du CUT est variable, mais, dans la plupart des cas, il se limite à l'administration centrale. Il peut s'étendre au-delà et intégrer les collectivités locales ou certains établissements publics[45].

2- La réglementation de la Communauté économique et monétaire de l'Afrique centrale (CEMAC)

Si l'action du FMI, en matière financière, revêt un caractère technique, pratique, celle des organisations régionales, que sont la CEMAC et l'UEMOA[46], est de nature juridique ; elle relève de la production des règles,

---

[44] Voir B. H. Potter et J. Diamond, « Trésors publics en chantier », *Finances & Développement*, septembre 2000, p. 36 et s. Par ailleurs, la Hongrie et la Slovaquie ont voulu, au lendemain des bouleversements politiques qui ont ébranlé l'ancien Bloc de l'Est en 1989, construire un Trésor public. Ils ont, à l'occasion, bénéficié de l'appui technique de la coopération française (voir J.-L. Pain, « Une profonde évolution méthodologique dans la coopération : l'exemple de l'assistance à la mise en place de Trésors Publics en Hongrie et en Slovaquie », *Politiques et management public*, vol. 14, n° 1, 1996, Numéro spécial : "La mutation des administrations publiques de l'Europe centrale et orientale", p. 155-166).

[45] Voir S Pattanayak et I. Fainboim, *op.cit.*, p. 35 et s.

[46] Union Economique et Monétaire Ouest-Africaine.

des normes juridiques[47]. Le FMI recherche et propose des méthodes, des moyens ou des normes techniques d'une bonne gouvernance, d'une gestion efficace des finances publiques. Il est significatif, à cet égard, qu'il s'intéresse uniquement au CUT, qui est un outil d'application, et non au principe lui-même qui le fonde. La CEMAC énonce et consacre le principe de l'unité de trésorerie dans deux directives. Celles-ci font partie des six directives qui ont été adoptées, en matière financière, le 19 décembre 2011[48], en vue d'harmoniser les politiques et législations nationales des Etats membres et de participer ainsi au renforcement du processus d'intégration communautaire[49].

La première des deux directives susmentionnées est celle qui est relative aux lois de finances ; c'est la Directive n° 01/11–UEAC–190–CM–22. En premier lieu, elle oblige les personnes publiques autres que l'Etat à confier la totalité de leurs fonds disponibles à ce dernier. Elle dispose, aux termes de l'article 39 (alinéa 3), que « sauf disposition expresse d'une loi de finances, les établissements publics de l'Etat, les collectivités territoriales et leurs établissements publics sont tenus de déposer toutes leurs disponibilités auprès de l'Etat ». En deuxième lieu, elle consacre l'existence d'un CUT ouvert à la BEAC[50] et dans lequel sont déposées et conservées toutes les ressources publiques (comprenant les disponibilités susvisées et les ressources de l'Etat). La tenue de ce compte à la BEAC exclut qu'une administration publique puisse ouvrir un compte auprès d'une banque commerciale, sauf dans les conditions et les cas déterminés par décret pris sur rapport du

[47] L'aspect technique n'est pas absent des préoccupations des organisations communautaires. Au contraire, l'objectif recherché d'une bonne gestion des finances publiques, définie selon les normes, les standards universels, est partagé par elles ; elles adoptent les normes techniques internationales, auxquelles elles donnent une force juridique (voir par exemple, Directive n° 06/11–UEAC–190–CM–22 relative au Code de transparence et de bonne gouvernance dans la gestion des finances publiques du 19 décembre 2011).

[48] Auparavant, en 2009, l'UEMOA avait également adopté six directives portant sur les mêmes objets que ceux de la CEMAC.

[49] L'article 54 de la Convention régissant l'Union économique de l'Afrique centrale (UEAC) prévoit l'harmonisation des législations budgétaires, des comptabilités nationales et données macroéconomiques des Etats membres.

[50] Banque des Etats de l'Afrique Centrale.

ministre chargé des Finances[51]. En troisième lieu, la Directive énonce que les fonds octroyés par les bailleurs de fonds internationaux à n'importe laquelle des personnes publiques sont des fonds publics. Ils obéissent, à ce titre, aux règles édictées par elle[52], y compris, par conséquent, au principe de l'unité de trésorerie. Lorsque, de manière exceptionnelle et transitoire, ils font l'objet d'un compte d'affectation spéciale ou d'un fonds de concours, ils peuvent être déposés et gérés dans un sous-compte du CUT[53].

La seconde directive porte sur le règlement général de la comptabilité publique. De nature réglementaire, la Directive n° 02/11–UEAC–190–CM–22 est un texte d'application de la Directive relative aux lois de finances, qui a une valeur législative[54] et qui édicte, entre autres, les principes relatifs à la comptabilité publique[55].

Elle définit, d'abord, le principe de l'unité de caisse, évoqué de manière concise dans la Directive relative aux lois de finances[56], puis le principe de l'unité de trésorerie[57], que cette dernière ne nomme expressément dans aucune de ses dispositions mais qu'elle décrit en énonçant l'obligation de dépôt des fonds des organismes publics au Trésor, qui est l'élément constitutif fondamental du principe de l'unité de trésorerie. Elle rappelle la règle relative au CUT[58].

Les deux directives, ainsi que les quatre autres[59], sont entrées en vigueur, à la date de leur signature, le 19 décembre 2011. A l'instar de l'ensemble des

---

[51] Voir article 67 de la Directive relative aux lois de finances. L'on peut ajouter que cet article prévoit que les comptables publics gèrent les fonds qu'ils détiennent selon le principe de l'unité de caisse.

[52] V. article 2.

[53] Voir article 80.

[54] Voir Guide didactique de la Directive n°02/11–UEAC–190-CM-22 relative au règlement général de la comptabilité publique, p. 7.

[55] Voir article 1er.

[56] Voir article 67.

[57] Voir article 61.

[58] Voir article 64.

[59] Il s'agit de la Directive n° 03/11–UEAC–195–CM–22 relative au Plan comptable de l'Etat, de la Directive n° 04/11–UEAC–190–CM–22 relative à la Nomenclature budgétaire de l'Etat, de la Directive n° 05/11–UEAC–190–CM–22 relative au Tableau des opérations

dispositions desdites directives, les dispositions portant sur le principe de l'unité de trésorerie, le principe de l'unité de caisse et le CUT doivent avoir été transposées dans les droits internes des Etats membres, dans les vingt-quatre mois suivant leur date d'entrée en vigueur, c'est-à-dire au plus tard le 31 décembre 2013[60].

B) **Une revitalisation du principe de l'unité de trésorerie grâce au compte unique du Trésor (CUT)**

L'on peut appréhender le rôle ou l'impact du CUT à travers sa présentation (1). Sa mise en œuvre, au niveau national, résulte d'un processus communautaire (2).

1- La présentation du CUT

L'attrait exercé par le CUT se justifie par ses avantages, que l'on pourra examiner après l'exposé de sa notion.

a) La notion de CUT

Le CUT incarne le principe de l'unité de trésorerie. De nature contractuelle, un compte, en matière financière et commerciale, est l'état, exprimé en chiffres, des opérations de crédit et de débit (de créance et de dette) entre deux personnes, dont la contraction ou la balance génère un solde. Il fait généralement l'objet d'un contrat entre un établissement de crédit, notamment une banque, et une personne physique ou morale, appelée client. Il existe plusieurs types de comptes (courant, de dépôts...). Un client peut se faire ouvrir un ou plus d'un compte auprès d'un seul ou de plusieurs établissements. Le CUT implique que l'Etat est titulaire d'un

---

financières de l'Etat et de la Directive n° 06/11–UEAC–190–CM–22 relative au Code de transparence et de bonne gouvernance dans la gestion des finances publiques.

[60] Toutefois, le délai de transposition a été reculé pour certaines dispositions de ces directives, dispositions dont le caractère innovant et complexe justifie cette exception. Le délai supplémentaire est porté à huit, voire dix années maximum, à l'issue du délai de principe de deux ans de mise en conformité du droit national avec les dispositions communautaires. Les principes de l'unité de trésorerie et de l'unité de caisse et le CUT ne sont pas concernés par le rallongement de délai (voir article 82 de la Directive relative aux lois de finances et l'article 111 de la Directive relative au règlement général de la comptabilité publique).

seul compte ouvert auprès d'une seule institution, en l'occurrence la Banque centrale[61].

Tous les fonds appartenant à l'Etat sont déposés sur ce compte, ainsi que les fonds des tiers qu'il détient et gère. Contrairement à des particuliers ou à des organismes privés, dont des raisons, des motivations diverses et variées peuvent justifier l'ouverture de deux ou de plusieurs comptes, aucun motif, en principe, ne peut amener l'Etat à posséder plus d'un compte, car il est tenu au respect du principe de la non-affectation des recettes aux dépenses (principes budgétaires de l'unité et de l'universalité) et des fonds (principes de l'unité de caisse et de l'unité de trésorerie).

Toutefois, certaines opérations, qu'elles concernent l'Etat ou ses correspondants, sont si spécifiques qu'elles doivent être gérées et suivies dans des comptes particuliers. Concilier la nécessité du CUT et l'existence de ces comptes a consisté à leur reconnaître une autonomie au sein du CUT et à en faire des sous-comptes[62]. Cet aspect complexe et inclusif du CUT ressort de la définition qu'en donnent certains auteurs : « Le CUT est une structure unifiée des comptes bancaires de l'État qui donne une vue d'ensemble de ses liquidités. Fondé sur le principe de l'unité de la trésorerie, il se compose d'un compte bancaire ou d'une série de comptes liés à partir desquels l'État effectue la totalité de ses encaissements et de ses décaissements »[63]. Cette définition révèle l'un des avantages du CUT.

b) Les avantages du CUT

Ils sont nombreux[64]. Le premier, que comporte la définition précédente, est celui de l'information sur l'état global des liquidités financières de l'Etat. L'information complète et en temps utile est un élément fondamental du CUT. Elle est aisément accessible dans les pays qui sont dotés des systèmes évolués de paiement et de règlement et d'un système intégré de gestion financière. Le CUT peut être assimilé à un tableau de bord ; il présente un

---

[61] Il peut être ouvert auprès d'une banque commerciale, à condition que le secteur de banques commerciales soit bien développé (voir S. Pattanayak et I. Fainboim, *op.cit.*, p. 8).

[62] Ainsi, un sous-compte peut être attribué aux collectivités locales (voir World Bank, *op.cit.*, p. 7) ou aux bailleurs de fonds internationaux (*id.*, p. 49).

[63] S. Pattanayak et I. Fainboim, *op.cit.*, p. 5.

[64] *Ibid.*, p. 6 et s.

certain nombre d'indicateurs, qui renseignent sur la trésorerie de l'Etat et permettent de mener des actions opportunes. Ainsi, le niveau de liquidités, qui peut être positif ou négatif, est-il connu, en temps réel, avec quelque certitude. Il est variable dans le temps et dans l'espace. En effet, il évolue en fonction du rythme des encaissements et des décaissements des fonds. Les paiements des dépenses salariales à la fin de chaque mois réduisent le volume des disponibilités ou aggravent les besoins de financement du Trésor. Il y a également des périodes de l'année où les recettes perçues sont les plus importantes. De même, des disparités plus ou moins grandes caractérisent la répartition des liquidités sur le territoire national. A une période ou à une autre, certains postes comptables en sont moins dotés que d'autres, tandis que d'autres encore en sont dépourvus. Le CUT offre la possibilité d'accéder à une connaissance aussi exacte que possible de l'état des liquidités ainsi que de leur évolution et de procéder, par la suite, à des aménagements, à des ajustements nécessaires entre des postes comptables, entre des périodes hautes et des périodes basses. Plus précisément, les fonds disponibles sont transférés, par des jeux des écritures[65], des postes qui sont excédentaires à ceux qui éprouvent un besoin de financement. Cette compensation spatiale résout simultanément les problèmes de trésorerie qui se posent dans le temps, au niveau local des postes comptables. L'aspect temporel intervient au niveau central. Lorsqu'à un moment donné, il est constaté un déficit de trésorerie, il est fait appel à l'emprunt, dans l'espoir que la trésorerie soit ultérieurement excédentaire pour effectuer le remboursement dudit emprunt. Cette démarche empêche la constitution des liquidités oisives, au niveau des postes comptables[66].

Les dépôts des correspondants du Trésor représentent l'une des solutions au problème de trésorerie[67]. Ils constituent un financement bénéfique,

---

[65] Autrefois fréquents, les transports matériels des fonds entre les postes ont rarement lieu aujourd'hui, les risques de vol et de perte étant importants. Un grand pas a été franchi en 1919 avec la création du service des chèques postaux (voir M. Duverger, *op.cit.*, p. 212 et X. Cabannes, *op.cit.*, p. 159).

[66] Les postes comptables qui disposent des liquidités surabondantes peuvent avoir intérêt à les conserver pour eux-mêmes, mais ils doivent participer à la solidarité du réseau comptable.

[67] Voir P.-M. Gaudemet et J. Molinier, *Finances publiques*, Montchrestien, tome 1, 6e éd., 1992, p. 451.

souhaitable et facile pour l'Etat. Ils sont soit gratuits soit peu coûteux : quand ils sont rémunérés, ils le sont à un taux d'intérêt modique. De même, ils sont sécurisants ; les comptes des correspondants ne doivent jamais être débiteurs. Le Trésor ne peut donc leur accorder de découvert[68]. Il est seulement tenu à l'obligation de leur garantir la liquidité et l'accessibilité permanentes de leurs dépôts[69].

L'élimination des liquidités oisives et l'apport des correspondants ont pour effet de réduire les besoins d'emprunt de l'Etat. Quand celui-ci emprunte moins, le service de la dette s'allège et grève moins son budget. En outre, les excédents de trésorerie peuvent être placés sur les marchés financiers et rapporter des recettes budgétaires supplémentaires, grâce aux intérêts perçus. Ces différents éléments positifs indiquent à quel point le CUT est primordial dans une gestion de trésorerie qui se veut efficace. Il introduit ou améliore la cohérence, l'harmonisation, la gestion rationnelle, efficiente du Trésor, dans la conservation et le mouvement des deniers publics.

Le service bancaire et comptable offert par l'Etat permet à ce dernier d'exercer un contrôle sur les finances et la trésorerie des organismes publics tenus au dépôt obligatoire de leurs fonds libres au Trésor[70]. Le CUT facilite le contrôle de l'exécution des opérations budgétaires. Ainsi, le ministre des Finances dispose-t-il d'un suivi effectif sur l'exécution des crédits alloués à différents services ou organismes publics ; ce que permet difficilement un système qui comporte des comptes bancaires séparés tenus par des services qui peuvent bénéficier des financements extrabudgétaires, à l'insu du ministre des Finances. De même, le Trésor, quand il connaît le montant de

[68] Néanmoins, les avances accordées par le Trésor aux collectivités locales décentralisées sur le montant des impositions locales à recouvrer, objet d'un compte spécial du Trésor, peuvent être considérées comme une compensation à l'interdiction faite au Trésor d'accorder des découverts à ses correspondants, aussi bien en France (voir X. Cabannes, *op.cit.*, p. 313 et s.) qu'au Cameroun.

[69] Cette garantie constitue un avantage qu'offre le système du CUT aux correspondants du Trésor, notamment aux collectivités locales, en comparaison d'un système bancaire, qui peut parfois présenter des risques d'illiquidité ou d'insolvabilité. Un autre avantage pour ces correspondants réside dans la gratuité du service bancaire et comptable qu'assure le Trésor en leur faveur.

[70] Voir X. Cabannes, *op.cit.*, p. 145.

ses disponibilités, peut programmer et réaliser, de manière transparente et efficace, l'exécution des opérations budgétaires, d'autant qu'au Cameroun, la communication trimestrielle des quotas d'engagement aux différentes administrations est liée à la situation de trésorerie de l'Etat[71].

Le CUT facilite le rapprochement des données bancaires et comptables.

D'autres avantages existent encore. Le CUT peut considérablement simplifier les procédures et processus existants, rendre la vie plus facile aux contribuables et procurer davantage de certitude aux collectivités locales, quant aux montants de leurs fonds[72].

2- La mise en place du CUT, résultat d'un processus communautaire

L'émergence du CUT est consécutive à la réforme des systèmes de paiement et de règlement dans la zone CEMAC, réforme qui est intervenue au début des années 2000. Le projet de réforme est lancé en 1999 par la BEAC, qui est habilitée, par ses Statuts, à mettre en place des systèmes de paiement et de règlement nécessaires au bon fonctionnement de l'économie[73]. Il fait partie du programme de redressement économique et financier de la CEMAC et bénéficie, à ce titre, du concours de la Banque mondiale et du FMI. Visant à remédier aux lacunes dont souffrent les systèmes de paiement, dans les Etats membres de la sous-région[74], les

[71] Voir R. Evina Obam, *L'intégration du pilotage des performances en finances publiques camerounaises*, mémoire de Master en Administration publique, ENA, République française, octobre 2005, p. 27.

[72] Voir World Bank, *op.cit.*, p. 66.

[73] Voir article 9 des Statuts de la Banque des Etats de l'Afrique Centrale du 2 octobre 2010.

[74] Ces lacunes sont :
« - le faible taux de bancarisation des populations ;
- la prédominance de la monnaie fiduciaire ;
- l'inadaptation de l'environnement juridique ;
- le traitement manuel et coûteux de la compensation ;
- les délais de recouvrement trop longs ;
- une gestion de trésorerie décentralisée et non optimale ;
- des volumes de compensation très faibles ;
- un marché monétaire limité ;
- l'importance du secteur informel qui a une influence non négligeable sur l'efficacité de l'économie et un impact direct sur la politique monétaire et financière ». (« La réforme des systèmes de paiement et de règlement en zone CEMAC » disponible sur www.dgtcfm.cm).

autorités monétaires poursuivent, à travers la réforme, les objectifs nécessaires à la modernisation de ces systèmes, au bon fonctionnement de l'économie, à leur adaptation aux contraintes des économies modernes, aux normes et standards internationaux et au développement des marchés financiers.

La réforme s'est matérialisée sous la forme d'un règlement communautaire, le règlement « relatif aux systèmes, moyens et incidents de paiement »[75]. Il définit, en son article 253, un système de paiement interbancaire comme « une procédure nationale ou internationale organisant les relations entre deux participants au moins, permettant l'exécution à titre habituel, par compensation ou non, d'ordres de transfert ». Les participants peuvent être des établissements de crédit, des chambres de compensation, des contreparties centrales, ainsi que toute personne morale habilitée à cet effet par la Banque des Etats de l'Afrique Centrale[76]. Chaque participant doit ouvrir, auprès de la BEAC ou d'un intermédiaire agréé, un seul compte courant, appelé « compte de règlement », exclusivement réservé au règlement de ses opérations dans le cadre du système de paiement[77].

Le 2 novembre 2007, la BEAC a créé le Système de Gros Montants Automatisé (SYGMA) et le Système de Télécompensation en Afrique Centrale (SYSTAC)[78]. Les deux systèmes offrent trois niveaux de participation : la participation directe, la participation indirecte et la sous-participation[79].

---

[75] Le Règlement n° 02/03/CEMAC/UMAC/CM relatif aux systèmes, moyens et incidents de paiement a été adopté le 4 avril 2003 par le Comité ministériel, sur avis conforme du Conseil d'administration de la BEAC donné le 20 novembre 2002. A la différence des directives, qui lient les Etats membres quant au résultat à atteindre, tout en laissant aux instances nationales la compétence quant à la forme et aux moyens, les règlements sont obligatoires dans tous leurs éléments et directement applicables dans les Etats membres.

[76] Voir article 254 du Règlement du 4 avril 2003.

[77] Voir article 264 du Règlement du 4 avril 2003.

[78] Un troisième système a également été mis en place, le Système de Monétique en Afrique Centrale (SMAC), qui permet l'utilisation des cartes bancaires dans chaque Etat membre et dans la sous-région.

[79] Le participant direct possède un compte de règlement et une plateforme technique, installée à son siège. Le participant indirect a un compte de règlement et non une plateforme technique ; il utilise celle d'un participant direct. Le sous-participant n'a ni

Le SYGMA est un système de règlement brut en temps réel fonctionnant au niveau régional. Il est destiné au traitement :

- des opérations de politiques monétaires, interbancaires et de la clientèle dont le montant unitaire est supérieur ou égal à 100 millions de francs CFA, sinon des opérations urgentes quel qu'en soit le montant ;

- des opérations fiduciaires (de dépôt ou de retrait en espèces) ;

- des opérations de bourse, des transferts hors CEMAC ou

- des opérations de règlement des soldes multilatéraux des systèmes de paiement de masse.

Les participants au SYGMA sont la BEAC, les trésors publics nationaux, qui sont des participants directs, les établissements de crédit agréés (à l'exemple du Crédit Foncier du Cameroun), les institutions financières de développement, les services financiers de la Poste (comme la CAMPOST). La plateforme SYGMA est composée d'un poste contrôleur et d'un ou de plusieurs postes opérateurs. Au Cameroun, l'Agence comptable centrale du Trésor abrite les deux types de postes, alors que la Paierie générale du Trésor et les Trésoreries générales de Yaoundé et de Douala sont dotées, chacune, d'un poste opérateur.

Le SYSTAC est un système net de paiement en masse qui fonctionne au niveau de chaque pays, qui dispose d'un Centre national de compensation, installé à la Direction nationale de la BEAC. Il traite les opérations dont le montant unitaire est inférieur à 100 millions de francs CFA ou qui ne présentent pas un caractère urgent. Il constitue un système dématérialisé dont les opérations portent sur les moyens de paiement[80]. A la fin de chaque

---

compte ni plateforme technique ; il effectue ses opérations par le biais d'un participant direct.

[80] « Sont considérés comme des moyens de paiement tous les instruments qui permettent à toute personne de transférer des fonds, quel que soit le support ou le procédé technique utilisé.

Les moyens de paiement comprennent, notamment, le chèque, la lettre de change, le billet à ordre, le virement, le prélèvement, la carte de paiement, la monnaie électronique ». (Article 12 du Règlement relatif aux systèmes, moyens et incidents de paiement). La réglementation communautaire oblige à l'utilisation des moyens de paiement, au détriment de la monnaie fiduciaire (billets de banque ou monnaie métallique). L'article 3 du texte

cycle de compensation, qui est quotidien[81], les soldes multilatéraux du participant, qui peuvent être créditeurs ou débiteurs, sont automatiquement transférés pour règlement dans SYGMA.

II- Un principe réhabilité sur le plan interne

La réhabilitation présuppose la dégradation, la perte de valeur de l'objet de la réhabilitation. L'unité de trésorerie initiale avait en effet éclaté (A). Elle a été ensuite restaurée (B). Mais, s'il est entier vis-à-vis des administrations de l'Etat, le principe restauré n'est pas absolu ; il a été relativisé à l'égard des correspondants du Trésor, des communes en particulier (C).

A) De l'unité à l'éclatement

1- L'unité initiale de trésorerie

La première « constitution » financière camerounaise, l'Ordonnance n° 62/0F/4 du 7 février 1962 "réglant le mode de présentation, les conditions d'exécution du budget de la République Fédérale du Cameroun, de ses recettes, de ses dépenses et de toutes les opérations s'y rattachant" modifiée par la loi n° 2002/001 du 19 avril 2002, d'une longévité notable[82], avait consacré le principe de l'unité de trésorerie. Elle l'avait fait, non pas d'une manière directe en obligeant les organismes publics à déposer leurs fonds

---

susmentionné dispose que « dans les localités dotées d'au moins un établissement de crédit, ou d'un service de chèques postaux ou d'un établissement agréé qui émet des moyens de paiement, (...) tout paiement qui excède la somme de 500 000 F CFA ou qui a pour objet le paiement par fraction d'une dette supérieure à ce montant doit être effectué par chèque, par virement interbancaire ou postal, par carte de paiement ou par tout autre moyen de paiement inscrivant le montant réglé au débit d'un compte tenu au nom du payeur chez un établissement assujetti.

Le paiement des traitements et salaires est soumis aux mêmes conditions au-delà d'un montant fixé par l'Autorité Monétaire ». Ce montant s'élève à 100 000 FCFA au Cameroun (voir par exemple, Circulaire n° 13/001/C/MINFI du 08 janvier 2013 portant instructions relatives à l'exécution, au suivi et au contrôle de l'exécution du Budget de l'Etat, des Etablissements Publics Administratifs, des Collectivités Territoriales Décentralisées et des autres organismes subventionnés, pour l'Exercice 2013, §284). Ces dispositions constituent un appui au fonctionnement du SYSTAC.

[81] Une journée SYSTAC est à cheval sur deux jours successifs : elle débute à 14h le 1er jour et s'achève le second jour à 10h.

[82] Elle a été entièrement abrogée le 1er janvier 2013, avec l'entrée en vigueur des dernières dispositions de la loi du 26 décembre 2007 portant régime financier de l'Etat.

libres au Trésor, mais à travers l'énonciation du rôle, des attributions des comptables du Trésor. En effet, ceux-ci étaient chargés, d'une part, de percevoir les recettes et de payer les dépenses des diverses catégories de personnes publiques (Etat fédéral, Etats fédérés, collectivités territoriales décentralisées, établissements publics) et, d'autre part, de garder et de gérer leurs fonds et valeurs[83]. Les dispositions de l'Ordonnance relatives à ce principe étaient strictes. Elles n'avaient pas prévu d'exception à l'exécution exclusive, par le comptable du Trésor, des opérations budgétaires et financières des personnes publiques concernées[84]. Elles avaient, néanmoins, admis la possibilité que les recettes soient perçues par les comptables autres que ceux du Trésor ; et même dans cette hypothèse, afin de sauvegarder la portée du principe et de souligner l'importance du rôle du comptable du Trésor chargé de l'appliquer, ces recettes devaient être centralisées par celui-ci.

L'Ordonnance de 1962 reconnaissait également le principe de l'unité de caisse. Elle disposait, en son article 79, que « tout comptable du Trésor n'a qu'une caisse ». Dans l'emploi des fonds recouvrés au profit des différentes personnes publiques, par le comptable du Trésor, ce dernier est soumis à l'obligation de ne pas faire de différence entre les fonds selon les déposants.

Le principe de l'unité de trésorerie était d'autant respecté qu'une partie substantielle des fonds des collectivités locales et des établissements publics (aussi bien à caractère administratif qu'industriel et commercial) provenait d'importantes subventions qui leur étaient versées par l'Etat. Il ne faut pas perdre de vue que la volonté forte du gouvernement central de contrôler les différentes entités juridiquement autonomes, dans les premières années de l'indépendance, devait constituer un facteur décisif pour l'affirmation du principe et sa mise en œuvre.

---

[83] Voir article 66 de l'Ordonnance du 7 février 1962.

[84] Néanmoins, l'Ordonnance étant de valeur législative, un autre texte, de même valeur juridique, pouvait introduire une exception à ce principe. C'est ce qu'avait fait la Loi n° 90-062 du 19 décembre 1990 accordant une dérogation spéciale en matière financière aux formations sanitaires pour la vente des médicaments essentiels et l'utilisation des fonds générés pour leur réapprovisionnement (voir Cosmas Cheka, « Le financement de la santé au niveau communal au Cameroun : principe d'unicité de caisse et décentralisation », *Traverses* n° 20, mai 2006, p. 8).

2- L'éclatement de la trésorerie

Cet éclatement a eu des causes essentiellement économiques et s'est traduit par la multiplication des comptes bancaires.

a) Les causes économiques de l'éclatement

D'une manière générale, le système a correctement fonctionné, dans les pays francophones d'Afrique subsaharienne, jusqu'à la survenue de la crise pétrolière en 1975[85], désastreuse pour les pays non producteurs de l'or noir. Bien qu'il n'ait commencé à exploiter et commercialiser son pétrole qu'à la fin des années 1970, le Cameroun ne fut atteint par la crise économique qu'au milieu des années 1980. Elle y sévit durant une vingtaine d'années[86]. Elle fut rude et néfaste pour les finances publiques. En gros, l'effondrement des recettes d'exportation[87] entraîna le tarissement des ressources du Trésor. Il était devenu problématique pour l'Etat d'honorer ses engagements financiers, de financer ses dépenses, en croissance annuelle exponentielle, y compris les dépenses qu'il pouvait considérer comme prioritaires (car politiquement sensibles), telles que le service de la dette publique extérieure ou les salaires des agents civils et militaires de l'Etat. Les dépôts des correspondants du Trésor leur étaient devenus pratiquement inaccessibles, en partie mobilisés par l'Etat pour résoudre ses besoins de financement structurels et non plus seulement ceux de financement à court terme. Cette indisponibilité fut l'une des causes des difficultés financières – voire de la faillite – de nombreux établissements publics industriels et commerciaux,

---

[85] Voir D. Bouley, J. Fournel et L. Leruth, « Comment fonctionnent les systèmes du Trésor dans les pays francophones de l'Afrique subsaharienne », *Revue de l'OCDE sur la gestion budgétaire*, Vol. 2, n° 4, p. 79.

[86] L'on peut fixer son terme à l'atteinte, par le Cameroun, du point d'achèvement de l'Initiative PPTE (Pays pauvres très endettés) en 2006. Toutefois, il paraît difficile de soutenir que le pays soit totalement sorti de la crise ; ses effets continuent à se faire ressentir : le niveau bas actuel des salaires de la Fonction publique, sévèrement réduits par des coupes drastiques réalisées en vue du rétablissement de l'équilibre des finances publiques le montre et il a un lien évident avec la corruption endémique dont souffre le Cameroun.

[87] Générées par la vente des produits agricoles et du pétrole brut, source considérable des revenus et propriété exclusive de l'Etat.

notamment des établissements à caractère financier tels que les banques postales et les caisses nationales d'épargne[88].

Les mesures d'assainissement et de réforme du secteur industriel et commercial de l'Etat, prévues dans le cadre des programmes d'ajustement structurel (PAS) successifs, aboutirent à la disparition de certaines composantes de son patrimoine, soit par suppression pure et simple soit par privatisation. Ainsi, l'ONCPB[89] fut-il liquidé en juin 1991. Entité emblématique et stratégique du projet de développement économique et social conçu par l'Etat[90], il était chargé de la vente des produits agricoles sur le marché international et de la péréquation, c'est-à-dire de la régulation et de la stabilisation, des prix d'achat aux producteurs. Disposant d'importantes ressources financières, il représentait « une excellente "*pompe à phynances*" pour la trésorerie de 1'Etat »[91]. Il déposait une partie de ses réserves financières au Trésor et consacrait une autre partie au financement des sociétés publiques. « Comment 1'Etat aurait-il pu laisser "en jachère" de pareilles sommes, des centaines de milliards, alors qu'il est toujours à court de liquidités pour des raisons structurelles ? Impensable dans l'Etat camerounais tel qu'il fonctionne au quotidien »[92].

b) La multiplication des comptes bancaires

Confronté à des problèmes de liquidité, voire d'insolvabilité, l'Etat, comme dans toute l'Afrique francophone subsaharienne, créa des fonds et des comptes spéciaux du Trésor, instrument d'affectation des recettes à des dépenses, en vue de garantir le financement de certaines actions, activités ou de certains projets et de donner ainsi confiance aux bénéficiaires des

---

[88] Voir par exemple, dans les pays francophones en général, D. Bouley, J. Fournel et L. Leruth, *op.cit.*, p. 79.

[89] Office national de commercialisation des produits de base.

[90] L'agriculture d'exportation constituait la première source de revenus et de devises du pays.

[91] G. Courade, I. Grangeret et P. Janin, « La liquidation des joyaux du prince : les enjeux de la libéralisation des filières café-cacao au Cameroun », *Politique africaine*, n°44, décembre 1991, p. 123. Le terme *phynances* est une déformation orthographique de finances inventée par le poète Alfred Jarry (voir A. Carey Taylor, « Le vocabulaire d'Alfred Jarry », *Cahiers de l'Association internationale des études françaises*, 1959, vol. 11, n° 11, p. 307-322).

[92] G. Courade, I. Grangeret et P. JANIN, *op.cit.*, p. 125.

financements concernés ou à leurs auteurs[93]. En outre, il autorisa, pour les mêmes raisons, certains correspondants du Trésor à ouvrir des comptes bancaires, tout en conservant leur compte auprès du Trésor[94]. Voire, des administrations de l'Etat avaient ouvert des comptes auprès des établissements bancaires, d'une manière irrégulière, c'est-à-dire sans l'autorisation du ministre des Finances, autorisation qui ne devait être accordée que par convention et pour des opérations effectuées avec des bailleurs de fonds ; l'on avait ainsi recensé plus de deux mille de ces comptes, représentant 5 % du budget de l'Etat, au milieu des années 2000[95]. Plus de huit cents comptes des ministères et des divers programmes étaient répertoriés dans les banques commerciales, à la fin de 2005. Auprès de la BEAC, les comptables publics tenaient plusieurs comptes (soixante-dix au moins), déconnectés les uns des autres et fonctionnant chacun de manière autonome[96].

L'ouverture régulière ou non des comptes en dehors du Trésor provoqua des fuites de liquidités dans le circuit du Trésor, au profit des comptes bancaires. La multiplication des comptes hors Trésor fut telle que le directeur du Trésor, décrivant la trésorerie publique de cette période parlera de « trésorerie émiettée »[97]. Couplée à la disparition de certains correspondants du circuit du Trésor, elle accentua la crise de trésorerie et diminua les disponibilités et la capacité de financement du Trésor.

L'émiettement de la trésorerie, caractérisé par l'existence d'une multitude de comptes aussi bien dans les banques commerciales qu'à la Banque centrale, eut d'autres effets négatifs (qui sont des reflets inverses des avantages du CUT), tels que l'ignorance par l'Etat du montant précis et exact de ses avoirs liquides, le coût élevé de la tenue des différents comptes bancaires, la coexistence des postes comptables ou des circonscriptions

---

[93] Voir D. Bouley, J. Fournel et L. Leruth, *op.cit.*, p. 81.

[94] *Ibid.*

[95] Voir M. Bouvier (dir.), *La gestion de la dépense publique dans les pays de l'Afrique francophone subsaharienne*, Direction Générale de la Coopération Internationale et du Développement, ministère des Affaires Etrangères et ministère de l'Economie, des Finances et de l'Industrie, avril 2004, p. 190.

[96] Voir S. Moh, « Le compte unique du Trésor : enjeux et perspectives », *Conférence annuelle du ministère des Finances*, 2012 ; disponible sur le site Internet www.dgtcfm.cm.

[97] *Ibid.*

financières disposant des liquidités surabondantes, oisives, circonscriptions baptisées "triangle d'or" (Douala, Buea et Nkongsamba) et des circonscriptions « arides », nécessiteuses, accusant des délais de paiement importants et accumulant des restes à payer pluriannuels, l'existence des disponibilités oisives dans de nombreux comptes bancaires, l'exécution médiocre du budget avec des défaillances dans le respect de ses nombreux engagements (service de la dette, paiement des subventions, irrégularité dans la réalisation des programmes, etc.). L'on peut enfin ajouter qu'au niveau régional, les dépôts effectués par l'Etat camerounais dans les banques commerciales, ainsi que par d'autres Etats membres de la BEAC, avaient pour effet de compliquer la gestion de la trésorerie de la Banque centrale[98].

B) La restauration de l'unité de trésorerie

Elle s'est réalisée avec la mise en place, le 21 septembre 2007, d'un CUT, qui a eu pour effet d'entraîner la fermeture de tous les comptes détenus par les administrations ou les comptables dans les banques commerciales[99] ou à la BEAC. Cette création est consécutive à la mise en œuvre de la réforme du système des paiements et des règlements dans la zone CEMAC[100], qui s'est traduite par la fermeture de tous les comptes des comptables du Trésor à la Banque centrale, à l'exception de celui de l'Agent comptable central du Trésor (ACCT), qui est ainsi devenu le CUT. Elle peut s'interpréter comme un rappel à l'ordre, une mesure visant à faire respecter la loi, en l'occurrence le principe de l'unité de trésorerie. Chronologiquement, elle ne résulte pas de la réforme du régime financier public, matérialisée, d'une part, par la Loi du 26 décembre 2007 portant régime financier de l'Etat et par l'inédite Loi du 10 juillet 2009 portant régime financier des collectivités territoriales décentralisées et, d'autre part, par le Décret du 15 mai 2013 portant règlement général de la comptabilité publique. La première loi et le décret

[98] Voir Fonds monétaire international, *Communauté économique et monétaire de l'Afrique centrale — Évaluation de la stabilité du système financier et rapports d'observation des normes et codes du secteur financier (transparence des politiques monétaires et financières — supervision bancaire)*, Rapport n° 06/321, Août 2006, p. 11.
[99] Voir par exemple, la Décision n°05-232/MINEFI/CAB du 16 mai 2005 qui impose aux communes de fermer tous leurs comptes domiciliés dans les banques commerciales et de déposer les fonds retirés au Trésor public (voir Cosmas Cheka, *op.cit.*, p. 10).
[100] Voir *supra*, p. 17.

ont eu pour effet de rénover et d'enrichir le cadre juridique du principe de l'unité de trésorerie (1), qui est également celui du CUT, qui recèle un dispositif complexe centralisateur (2).

1- Un cadre juridique rénové et enrichi

Les nouveaux textes sont plus clairs, plus précis que l'ancien dispositif, en l'occurrence l'Ordonnance du 7 février 1962, dans l'énonciation du principe de l'unité de trésorerie.

Dans un premier temps, tout en déterminant leur nature juridique en les qualifiant de deniers publics, l'article 67 (3) de la loi du 26 décembre 2007 énumère les fonds qui doivent être déposés au Trésor public : ce sont les fonds qui sont détenus par les collectivités territoriales décentralisées (CTD), les établissements publics administratifs (EPA) et ceux qui sont destinés au financement des projets nationaux. L'article susmentionné fonde juridiquement le principe de l'unité de trésorerie à l'égard des personnes publiques autres que l'Etat. Il est renforcé par l'article suivant, l'article 68 (1), qui est également fondamental pour ce principe et qui inclut l'Etat parmi les entités auxquelles s'appliquent ses dispositions : « le Trésor Public exerce le monopole sur :

1°) - le recouvrement de toutes les recettes, le paiement de toutes les dépenses et la totalité de la trésorerie de l'Etat, des Collectivités Territoriales Décentralisées et des autres personnes morales de droit public ;

2°) - le circuit des caisses publiques ;

3°) - les relations avec le système bancaire régional et international ». L'alinéa 2 de l'article 68 met l'accent sur l'exclusivité de l'exécution par le Trésor des opérations de caisse de l'Etat : « le Trésor public est le guichet unique des opérations d'encaissement et de décaissement de l'Etat ». Ces dispositions qui citent explicitement l'Etat rappellent une évidence, celle du dépôt de ses fonds au Trésor et de l'accomplissement de ses opérations de trésorerie par ce dernier. Ce rappel n'est pas fortuit, ni inutile, lorsque l'on sait que des ministères ou des programmes nationaux étaient titulaires des comptes bancaires, hors du circuit du Trésor. En omettant de citer les fonds détenus par l'Etat parmi ceux qui sont déposés au Trésor public[101],

[101] L'approche consistant à ignorer l'Etat dans l'énumération des entités publiques qui sont tenues au dépôt de leurs fonds au Trésor est aussi celle des législations française (voir

l'article 67 (alinéa 3) aurait pu laisser supposer que l'Etat peut déposer ses disponibilités ailleurs qu'au Trésor. A l'instar de l'Ordonnance de 1962, la loi du 26 décembre 2007 ne prévoit pas d'exception à l'obligation de dépôt prévue à l'article 67 (3). Il est vrai que la manière dont celle-ci est formulée est moins catégorique[102] et qu'une autre loi, telle qu'une loi de finances (comme le prévoit la Directive communautaire[103]) peut y apporter une dérogation.

Dans un second temps, la loi portant régime financier de l'Etat évoque expressément le principe de l'unité de caisse qu'il décrit en rapport avec les notions de circuit de Trésor public et de CUT. L'on peut observer que le principe de l'unité de trésorerie n'implique pas uniquement un simple dépôt des fonds, comme il est prescrit à l'alinéa 3 de l'article 67 précité, mais comporte aussi bien des opérations d'encaissement et de décaissement.

Récente, la publication du décret portant règlement général de la comptabilité publique de 2013 a mis du temps après celle de la loi du 26 décembre 2007, au point qu'elle a fait l'objet d'une recommandation de la Chambre des comptes en 2011[104]. Elle est judicieuse pour le principe de l'unité de trésorerie, dans la mesure où ce décret regorge des dispositions qui lui sont dédiées.

Le décret du 15 mai 2013 reproduit – avec quelques variantes – les dispositions de la loi du 26 décembre 2007 qui sont relatives au principe de l'unité de trésorerie et y apporte plus de développement et de précision[105]. Il

---

article 26 (3) de la Loi organique n° 2001-692 du 1er août 2001 relative aux lois de finances qui dispose que « sauf disposition expresse d'une loi de finances, les collectivités territoriales et leurs établissements publics sont tenus de déposer toutes leurs disponibilités auprès de l'Etat ») et communautaire (voir article 39 (3) de la Directive relative aux lois de finances).

[102] « Ces fonds sont déposés auprès du Trésor Public » (article 67, alinéa 3).

[103] Voir article 39 (alinéa 3) de la Directive relative aux Lois de Finances, cité *supra*, p. 11.

[104] La Chambre des Comptes notait alors que « l'absence d'un décret portant règlement de la comptabilité publique conforme aux normes du nouveau régime financier peut être préjudiciable à l'harmonisation du cadre d'élaboration et de présentation des comptes publics ». (Chambre des Comptes de la Cour Suprême, *Rapport Annuel 2011*, p. 149). L'on peut émettre l'hypothèse que l'auteur du décret, le Président de la République, attendait que l'intégralité des dispositions de la loi portant régime financier de l'Etat entre en vigueur (ce qui a eu lieu le 1er janvier 2013) avant qu'il n'édicte ce décret).

[105] Voir articles 4, 90, 96 du décret du 15 mai 2013.

énonce, par exemple, dans son alinéa 4 (1), que les fonds qui appartiennent ou qui sont confiés à l'Etat – ainsi qu'à d'autres organismes publics – sont des deniers publics, alors que cette loi, comme on l'a vu plus haut, omet de citer les fonds détenus par l'Etat parmi les deniers publics.

L'on peut s'interroger, relativement au principe de l'unité de trésorerie, sur la conformité des textes nationaux par rapport aux directives communautaires, c'est-à-dire sur leur transposition en droit interne. La loi portant régime financier du 26 décembre 2007 est antérieure à la Directive relative aux lois de finances du 19 décembre 2011 et même à celle de 2008 à laquelle cette dernière se substitue. Le décret du 15 mai 2013 portant règlement général de la comptabilité publique, postérieur à la Directive relative au règlement général de la comptabilité publique du 19 décembre 2011, en est-il une transposition ? Les règles de procédure et de forme de la transposition sont prévues par les différentes directives : le projet de texte national doit être transmis à la Commission de la CEMAC pour avis, de même que le texte définitivement adopté ; quant à la forme, la référence de la directive doit figurer dans le visa du texte adopté. Or le décret du 15 mai 2013 ne comporte pas de visa[106] et nous ignorons si la procédure a été respectée. Néanmoins, ses dispositions, en ce qui concerne le principe de l'unité de trésorerie, ne contredisent pas celles de la Directive correspondante ; au contraire, certaines dispositions constituent un décalque de celles de la directive.

2- Le dispositif centralisateur du CUT

L'Etat, représenté par le Trésor public, ne possède qu'un seul compte, ouvert auprès de la Banque centrale[107]. Il y dépose tous les fonds qu'il détient : les siens propres et ceux de ses correspondants : les CTD, les EPA et les bailleurs des fonds destinés au financement des projets sur le territoire national. Le CUT représente le point de centralisation des opérations d'encaissement et de décaissement de l'Etat et des correspondants du Trésor. Aux termes de l'article 96 (1) du Décret du 15 mai 2013 portant règlement

[106] Voir *Cameroon Tribune* du 17 mai 2013, p. 9 et s.

[107] Comme cela est de tradition. L'Etat peut très bien ouvrir un compte unique auprès d'une banque commerciale. Mais, la Banque centrale offre des garanties de sécurité plus importantes que les banques commerciales.

général de la comptabilité publique, « tous les fonds, y compris les ressources extérieures mobilisées au titre des projets, sont déposés dans un compte unique du trésor ouvert dans les livres de la Banque des Etats de l'Afrique Centrale ». Les opérations de dépôt, d'encaissement ou de décaissement s'effectuent à l'Agence nationale de la BEAC à Yaoundé, ainsi que dans les agences régionales. Or, il s'avère que la Banque ne dispose pas d'agence dans certaines régions[108] ni auprès des missions diplomatiques du Cameroun à l'étranger. Par dérogation à la règle du CUT, le ministre en charge des Finances peut, aux termes de l'article 96 (1) précité, « autoriser l'ouverture des comptes :

- Sur le territoire national, dans les banques commerciales situées dans les localités non desservies par des agences de la Banque des Etats de l'Afrique Centrale ;
- A l'étranger, dans les institutions financières agréées ».

La notion de centralisation est cruciale dans la définition et la mise en œuvre du principe de l'unité de trésorerie et du CUT. C'est, d'après Le Petit Larousse, l'action ou le fait de centraliser, c'est-à-dire de rassembler en un point, un centre unique ou de faire dépendre un ensemble de services d'un organisme ou d'un pouvoir unique. C'est l'action ou le fait de faire converger les éléments de la périphérie, des postes comptables de base ou centralisateurs, vers le centre qu'est l'ACCT. L'on peut distinguer une double centralisation : une centralisation comptable et une centralisation des opérations d'encaissement et de décaissement.

a) La centralisation comptable

Le CUT est tenu et géré par l'Agence centrale comptable du Trésor, ainsi que les comptes des centres des chèques postaux (CCP) et les comptes spéciaux du Trésor ouverts à la BEAC[109]. Elle était chargée, lorsqu'elle fut instaurée en 2003, « de la gestion et du suivi *des comptes courants bancaires* et

---

[108] Il existe seulement cinq agences de la BEAC au Cameroun : Yaoundé qui possède en même temps le statut de Direction nationale, Douala, Bafoussam, Limbé et Garoua ; la Banque est représentée à Nkongsamba par un bureau. Elle n'a pas d'agence dans cinq régions.

[109] Voir article 212 du Décret n° 2008/365 du 08 novembre 2008 portant organisation du ministère des Finances.

des comptes des centres des chèques postaux de la direction du trésor »[110]. Elle est installée à Yaoundé, sous l'autorité d'un Agent comptable central du Trésor (ACCT) ; elle est un service de l'Administration centrale[111] et le seul poste comptable à posséder ce statut.

L'ACCT est l'un des comptables publics centralisateurs. Les autres sont le payeur général du Trésor (PGT) et les trésoriers-payeurs généraux (TPG)[112]. Un comptable centralisateur est un comptable qui centralise les opérations exécutées par d'autres comptables, les comptables de base[113], qui « sont des comptables secondaires rattachés à un comptable principal »[114]. Les comptables secondaires sont ceux qui rendent leurs comptes aux comptables principaux et les comptables principaux ceux qui rendent les leurs directement au juge des comptes[115]. Les comptables centralisateurs

---

[110] Article 71 (1) du Décret n° 2003/165 du 30 juin 2003 portant organisation du ministère des Finances et du Budget. C'est nous qui soulignons.

[111] Elle compose, avec la Cellule Informatique, la Sous-direction du Règlement du Budget de l'Etat et des Comptes, la Direction de la comptabilité publique (voir article 206 du 8 novembre 2008).

[112] Le PGT et les TPG, ainsi que les comptables publics qui leur sont rattachés, c'est-à-dire ceux qui exercent leurs activités dans leurs circonscriptions financières respectives, sont des comptables de l'administration déconcentrée de la Direction Générale du Trésor, de la Coopération Financière et Monétaire (voir article 363 du Décret n° 2008/365 du 08 novembre 2008).

[113] Ou encore, d'après l'article 17 de la Directive relative au règlement général de la comptabilité publique, « les comptables inférieurs non centralisateurs ». Les comptables de base sont les percepteurs, les receveurs des Impôts, les receveurs des Douanes, les receveurs des Domaines et les receveurs des Finances (voir Circulaire du ministre des Finances portant instructions relatives à l'exécution des lois de finances, au suivi et au contrôle de l'exécution du budget de l'Etat, des établissements publics administratifs, des collectivités territoriales décentralisées et des autres organismes subventionnés, pour l'exercice 2014, §691).

[114] *Instruction générale sur la comptabilité de l'Etat,* 2009, p. 6.

[115] Voir article 20 (alinéas 2 et 3) du Décret du 15 mai 2013 portant règlement général de la comptabilité publique. L'on peut noter que, pour ce texte, dans la définition du comptable secondaire, reddition des comptes et centralisation des opérations par le comptable qui reçoit les comptes sont nécessairement liées, puisqu'il dispose que « les comptables secondaires sont ceux dont les opérations sont centralisées par un autre comptable auquel ils rendent compte ». (Article 20 (3)). Les comptables principaux et les comptables secondaires sont les deux types de comptables en deniers et valeurs, qui constituent l'une des deux catégories des comptables publics, l'autre étant formée par les

sont des comptables principaux[116]. Toutefois, les comptables principaux ne sont pas nécessairement des comptables centralisateurs[117].

La centralisation est d'une nécessité évidente dans le contexte d'un réseau comptable qui assure le maillage du territoire national au moyen de plus de cinq cents postes comptables, y compris les postes installés auprès des missions diplomatiques et consulaires à l'étranger.

Sur le plan pratique, la centralisation se décompose en un certain nombre d'étapes. D'abord au niveau de chaque poste comptable de base[118], les opérations budgétaires et non budgétaires sont saisies retracées annexe par annexe[119]. Ensuite, au niveau de chaque circonscription financière, les opérations de tous les postes comptables rattachés sont additionnées compte du Trésor par compte du Trésor. Puis, elles sont transmises à la trésorerie générale, qui est un poste comptable centralisateur placé sous l'autorité d'un TPG[120]. Chacune des dix régions du Cameroun compte une trésorerie générale, sauf le Littoral, qui en abrite deux, dont l'une se trouve à Douala et l'autre à Nkongsamba. Le TPG exerce un contrôle de forme et de fond

---

comptables d'ordre (voir article 15 du décret précité). D'après cet article, « les comptables en deniers et valeurs sont des personnes habilitées à procéder au maniement et à la conservation des fonds publics, des valeurs qui sont des valeurs en portefeuille, des bons, traites, obligations, rentes et actions de société.

- Les comptables d'ordre sont ceux qui centralisent et présentent dans leurs écritures et leurs comptes, les opérations financières exécutées par d'autres comptables.

Toutefois, la fonction de comptable d'ordre n'est pas incompatible avec celle de comptable en deniers et valeurs ». L'on peut conclure que les comptables centralisateurs sont des comptables d'ordre.

[116] Voir *Instruction générale sur la comptabilité de l'Etat 2009*, p. 7.

[117] Ainsi, les payeurs auprès des départements ministériels, les agents comptables des EPA, les comptables des CTD, de même que tous les comptables désignés comme tels par un texte sont des comptables principaux (voir article 21 (2) du Décret du 15 mai 2013).

[118] Perception, recette des finances, recette des impôts, recette des douanes, recette des domaines.

[119] Une annexe est un support comptable, comme le sont par exemple les journaux de premières écritures ou le journal centralisateur (voir *Instruction générale sur la comptabilité de l'Etat 2009*, p. 16).

[120] Les comptabilités des postes comptables sont arrêtées et envoyées au comptable centralisateur chaque jour pour ceux qui sont situés à Yaoundé et à Douala et tous les dix jours pour ceux qui sont localisés ailleurs sur le territoire national et à l'étranger (voir *Instruction générale sur la comptabilité de l'Etat 2009*, p. 7).

sur sa propre comptabilité et sur celle des comptables publics qui lui sont rattachés, dans sa circonscription financière. Le PGT assure le suivi et la centralisation des comptabilités des paieries des missions diplomatiques et de la recette des impôts de la Division des Grandes entreprises.

Les comptabilités considérées comme valides sont enregistrées sur support informatique et transmises à l'ACCT pour consolidation. Celui-ci produit mensuellement, au cours de l'exercice budgétaire, une balance consolidée des comptes du Trésor, qui est un instrument primordial de pilotage et de gestion des finances publiques et, en fin d'exercice, met en état d'examen par la Chambre des comptes de la Cour suprême le compte de gestion national.

S'agissant particulièrement des opérations de recettes et de dépenses des correspondants du Trésor (CTD et EPA), elles sont retracées en détail dans une comptabilité auxiliaire tenue par le Service des Collectivités Locales et des Établissements Publics ou par le Service des Dépôts et Consignations (qui est l'un des services de la Trésorerie générale[121]) puis enregistrées globalement dans une seule rubrique au niveau de la comptabilité générale[122].

b) La centralisation financière

Elle se réalise grâce au SYGMA et au SYSTAC. La mise en œuvre de la réforme des systèmes de paiement et de règlement a eu pour conséquence la fermeture, le 21 septembre 2007, de tous les comptes des comptables publics à la BEAC, sauf celui de l'ACCT. L'unification des comptes s'est produite avant que le SYGMA et le SYSTAC ne commencent à être opérationnels respectivement à partir du 19 novembre 2007 et du 26 novembre 2007[123].

---

[121] Voir article 379 du Décret du 08 novembre 2008 portant organisation du ministère des Finances.

[122] Voir *Instruction générale sur la comptabilité de l'Etat 2009*, p. 13.

[123] L'on peut noter, à ce propos, qu'une phase-pilote de fonctionnement du SYGMA a été organisée depuis septembre 2006 (voir François Mboke, « Enjeux de la modernisation des systèmes de paiement et de règlement en zone CEMAC », *journaldiapason.com*, 18 décembre 2007).

La plateforme SYSTAC est composée d'un siège et des agences. Le siège est représenté par l'Agence comptable centrale du Trésor et les agences par la Paierie générale du Trésor, les Trésoreries générales et certains postes comptables spécialisés (recettes des impôts et des douanes).

Chacune des agences est titulaire d'un sous-compte du CUT géré par l'ACCT à la BEAC. Le SYGMA et surtout le SYSTAC (en ce sens qu'il concerne toutes les Trésoreries générales, et certains postes spécialisés[124]) permettent de relier, au moyen d'une interconnexion électronique, l'Agence comptable centrale du Trésor et les autres postes centralisateurs, qui sont tous pourvus au moins d'une plateforme technique ou poste de capture SYSTAC, et d'effectuer des échanges d'opérations sur recettes ou sur dépenses, ainsi que des mouvements de fonds, de manière instantanée, sécurisée et peu onéreuse[125].

i) L'encaissement des recettes

Il peut se faire principalement selon deux modes de paiement : en espèces et en moyens de paiement (chèque, virement, etc.). Le traitement de ces modes dans le réseau comptable diffère.

- L'encaissement des espèces :

Les espèces sont reçues au guichet de n'importe quel poste comptable, puis déposées dans sa caisse. Toutefois, il est en principe limité dans son montant. En effet, aucun paiement en espèces – qu'il soit exécuté en une ou plusieurs échéances – ne doit excéder la somme de 500 000 francs CFA dans une localité où se trouve au moins un établissement de crédit, un service postal ou un établissement agréé qui émet des moyens de paiement ; il doit, au-delà du seuil indiqué, se régler par chèque, virement interbancaire, carte de paiement ou par tout autre moyen de paiement[126].

---

[124] La plupart des postes spécialisés (recettes des impôts, recettes des douanes, recettes des domaines) ne sont pas dotés d'une plateforme technique (voir *Instruction générale sur la comptabilité de l'Etat 2009*, p. 34).

[125] Car les opérations s'exécutent grâce au transfert électronique des fichiers.

[126] Voir article 3 du Règlement relatif aux systèmes, moyens et incidents de paiement. Entre les particuliers non commerçants, le seuil fixé est doublé (1 000 000 FCFA) (voir article du Règlement susvisé).

- L'encaissement par des moyens de paiement :

L'encaissement par chèque bancaire ou postal : le chèque peut être également reçu au guichet de n'importe quel poste comptable. Seulement, depuis l'avènement du SYSTAC, les chèques, pour les participants au système, ne sont plus matériellement portés auprès des établissements bancaires sur lesquels ils sont tirés ; ils font l'objet d'un traitement informatique. Ils sont scannés dans les postes comptables dotés d'un poste de capture SYSTAC et appelés Agences, puis les fichiers électroniques générés sont transférés au Siège qu'est l'Agence comptable centrale du Trésor qui, après contrôle, les transmet, à son tour, au Centre national de compensation pour compensation, avec les chèques qu'il reçoit en propre en tant que comptable.

Quant aux comptables de base qui sont dépourvus de plateforme technique, ils transmettent les chèques qu'ils reçoivent à leur Trésorerie générale de rattachement, qui se charge de leur appliquer la procédure ci-dessus décrite.

Informé de l'acceptation et de l'encaissement du chèque par un message du retour de compensation du Centre national de compensation, l'ACCT informe les agences concernées à travers le système. Celles-ci, à leur tour, informent les comptables assignataires des chèques. L'on peut observer que c'est l'ACCT qui passe l'écriture comptable retraçant l'encaissement du chèque dans son "quittancier" banque, c'est-à-dire le livre-journal des recettes ; il est le seul titulaire des "quittanciers" banque et CCP, à l'exclusion des autres comptables du réseau qui ne détiennent que le "quittancier" caisse[127]. Cela montre l'exclusivité des relations qu'entretient l'ACCT avec le système bancaire.

L'encaissement par virement bancaire ou postal : le redevable donne l'ordre à sa banque de virer, au moyen du relevé d'identité bancaire (RIB) du bénéficiaire, une somme d'argent au profit du comptable, quel qu'il soit, titulaire ou non d'une plateforme SYSTAC. Le fichier du virement parcourt un trajet inverse à celui que suit un fichier de chèque. Il est transmis par le Centre national de compensation à l'ACCT (qui passe l'écriture comptable). Celui-ci peut le garder si le virement lui est assigné ; sinon, il le transfère à

[127] Voir *Instruction générale sur la comptabilité de l'Etat 2009*, p. 16.

l'Agence, qui le conserve si elle en est assignataire ou qui informe le comptable de base assignataire du virement.

ii) Le règlement des dépenses

Il faut distinguer selon que les dépenses sont payées au niveau central ou qu'elles le sont au niveau local.

Au niveau central, elles sont soumises à la procédure du bon d'engagement et sont assignées à l'ACCT ou à la Paierie générale. Pour les dépenses de matériel, le paiement se fait par virement ou en numéraire, voire par compensation. Quant aux dépenses de personnel, elles sont engagées au niveau central au moyen de l'application informatique ANTILOPE. Le PGT en est le comptable assignataire. Elles sont payées par caisse ou par virement. Il envoie des titres de dépenses aux TPG respectifs qui, après vérification des titres, les distribuent aux comptables assignataires de leur circonscription financière.

Tous les salaires et pensions mensuels supérieurs ou égaux à 100 000 francs CFA sont obligatoirement payés par virement. Le payeur général du Trésor envoie les fichiers des dossiers de paiement des soldes par SYGMA à l'ACCT, qui procède au virement des soldes et des pensions dans les comptes bancaires des agents bénéficiaires.

Au niveau local, les dépenses obéissent à la procédure du bon de commande : elles sont exécutées par les services déconcentrés de l'Etat et les missions diplomatiques et consulaires. Les dépenses en numéraire sont payées par les comptables de la circonscription financière. S'agissant des dépenses par virement, les fichiers sont transférés par les Agences au Siège, qui procède aux virements dans les comptes bancaires des bénéficiaires.

iii) Les mouvements des fonds[128] :

Ce sont des opérations comptables non budgétaires, c'est-à-dire des opérations de trésorerie qui ne sont pas directement liées à l'exécution d'une dépense ou d'une recette. Ils sont constitués des mises à disposition des fonds et de leur versement, autrement dit des opérations des comptes banque, CCP ou caisse et de celles de leur dégagement. Ils s'effectuent

---

[128] Voir *Instruction générale sur la comptabilité de l'Etat 2009*, p. 131 et s.

uniquement en numéraire et, par conséquent, à l'aide de l'application SYGMA, car les comptables du réseau ne sont titulaires que du compte caisse. Ils se déroulent soit à l'intérieur d'une circonscription financière soit à l'extérieur entre cette dernière et l'ACCT.

A l'intérieur d'une circonscription financière, les mouvements de fonds ont lieu entre le comptable centralisateur et les comptables de base rattachés, y compris les comptables spécialisés (impôts, douanes, domaines).

A l'extérieur de la circonscription financière entre cette dernière et l'ACCT :

- La mise à disposition des fonds par l'ACCT aux circonscriptions financières est réalisée grâce au SYGMA. A l'Agence comptable centrale du Trésor, le message d'ordre, saisi par l'opérateur et contrôlé puis envoyé par le contrôleur à la BEAC, génère automatiquement un code d'identification. Le comptable centralisateur destinataire (PGT ou TPG) utilisera ce code au moment du retrait des fonds à l'agence de la BEAC.

- L'opération de versement des fonds par le PGT et les TPG à la BEAC est dite de nivellement de caisse. Lors du dépôt des espèces (à l'agence de la Banque centrale), le comptable centralisateur remplit le bordereau de versement qui est signé par lui-même et le caissier de la Banque. Celle-ci envoie un message de dépôt au poste contrôleur à l'Agence comptable centrale.

C) La relativisation du principe de l'unité de trésorerie à l'égard des correspondants du Trésor : l'exemple des communes

Les correspondants du Trésor sont tous ceux (organismes ou particuliers) qui, obligatoirement ou volontairement, déposent leurs fonds au Trésor ou dont les opérations de recettes ou de dépenses sont exécutées par ses comptables. Aux termes de l'article 98 (1) du Décret du 15 mai 2013 portant règlement général de la comptabilité publique, ce « sont les organismes et les particuliers qui en application des lois et règlements ou en vertu des conventions particulières, déposent à titre obligatoire ou facultatif des fonds au trésor, ou sont autorisés à procéder à des opérations de recettes et de dépenses par l'intermédiaire de *leurs* comptables »[129]. Le principe de

---

[129] C'est nous qui soulignons : l'emploi de l'adjectif possessif à la troisième personne du pluriel (*leurs*) et non à la troisième personne du singulier (*ses*) signifie que les comptables

l'unité de trésorerie n'a pleinement de sens, par rapport aux correspondants du Trésor, que s'ils sont soumis à l'obligation de dépôt de leurs fonds disponibles au Trésor. Les correspondants volontaires, quant à eux, sont libres de déposer les leurs, en partie ou en totalité, au Trésor ou de ne pas les déposer du tout. Les correspondants obligés sont constitués des CTD et des EPA[130], dont le Trésor public, comme le rappelle fréquemment le ministre des Finances[131], assure le service financier comme le ferait une banque commerciale.

Depuis 1996, le Cameroun compte deux types de CTD : les communes et les régions[132]. Il existe plus de 350 communes[133]. Comment le principe de l'unité de trésorerie s'applique-t-il aux communes ? Autrement dit,

---

sont ceux des organismes et des particuliers et non ceux du Trésor et, dans cette hypothèse, l'on ne voit pas le lien qui unirait ces organismes et particuliers au Trésor et en ferait des correspondants. En toute vraisemblance, il s'agit d'une erreur qui n'a pas été commise dans l'article 67 de la Directive relative au règlement général de la comptabilité publique dont les dispositions sont rédigées en des termes pratiquement analogues à celles de l'article 98 (1) du Décret précité : « Les correspondants du Trésor sont les organismes et particuliers qui, soit en application des lois et règlements, soit en vertu de conventions, déposent à titre obligatoire ou facultatif, des fonds au Trésor public ou sont autorisés à procéder à des opérations de recettes et de dépenses par l'intermédiaire de *ses* comptables ».

[130] L'on se fonde sur l'article 67 (3) de la loi portant régime financier de l'Etat du 26 décembre 2007 pour qualifier les deux catégories de correspondants d'obligés. Sur cette base, l'on peut également considérer les pourvoyeurs des prêts et dons destinés au financement des projets nationaux comme des correspondants obligés ; la loi est innovante en ce point.

[131] Voir les circulaires successives du ministre des Finances portant instructions relatives à l'exécution des lois de finances, au suivi et au contrôle de l'exécution du budget de l'Etat, des établissements publics administratifs, des collectivités territoriales décentralisées et des autres organismes subventionnés (voir pour l'exercice 2014 par exemple, §94).

[132] Voir article 55 de la Constitution du 02 juin 1972 révisée le 18 janvier 1996. Cependant, les régions ne jouissent pas encore d'une existence effective. L'appellation actuelle de *régions* ne doit pas prêter à confusion ; elle s'est substituée à celle de *provinces*. Elle désigne les circonscriptions administratives déconcentrées de l'Etat, circonscriptions dont les contours géographiques dessinent le (servent de) cadre territorial de nouvelles collectivités territoriales décentralisées. Ces circonscriptions sont au nombre de dix.

[133] Les communes des agglomérations urbaines qui sont érigées en communautés urbaines portent le nom de communes d'arrondissement (voir article 109 de la Loi n° 2004/018 du 22 juillet 2004 fixant les règles applicables aux communes).

comment l'obligation de dépôt est-elle respectée et les opérations de paiement et d'encaissement effectuées ?

Manifestement, le principe de l'unité de trésorerie, dans le cadre de son application aux CTD, en général, et aux communes, en particulier, se heurte à un autre principe, celui de l'autonomie de leur trésorerie, qui résulte de celui de leur libre administration, puis de la libre gestion de leurs opérations budgétaires. La question qui se pose est celle de savoir comment cette opposition est résolue, comment les deux principes se concilient. Le principe de l'autonomie de trésorerie l'emporte sur le principe de l'unité de trésorerie, sur le plan des textes (1), mais le rapport s'inverse sur le plan pratique (2).

1- La prééminence du principe de l'autonomie de trésorerie locale sur le principe de l'unité de trésorerie sur le plan des textes

Cette prééminence découle, d'une part, des dérogations ou exceptions prévues par les textes ou impliquées par le rapport d'antériorité existant entre eux et, d'autre part, de l'autonomie des receveurs municipaux. L'on peut souligner que ces dérogations et autonomie ne sont pas récentes.

a) Les dérogations prévues par les textes ou impliquées par le rapport d'antériorité

Le Trésor Public, comme il a été écrit plus haut[134], jouit d'un monopole sur les opérations de trésorerie des CTD et des autres personnes publiques. Selon l'article 68 (1) de la loi portant régime financier de 2007, en effet, il « exerce le monopole sur :

1°) - le recouvrement de toutes les recettes, le paiement de toutes les dépenses et la totalité de la trésorerie de l'Etat, des Collectivités Territoriales Décentralisées et des autres personnes morales de droit public ;

2°) - le circuit des caisses publiques ; (…) ».

Ce monopole est un monopole de droit, qui est un « privilège d'exploitation exclusive concédée à une entreprise publique ou privée par une loi formelle »[135]. D'application fréquente dans le secteur économique, il

[134] Voir *supra*, p. 24.

[135] S. Guinchard et T. Debard, *Lexique des termes juridiques*, Paris, Dalloz, 20e éd., 2013.

est aussi utilisé dans le domaine administratif. Le monopole du Trésor public est reconnu de manière stricte, n'admettant aucune exception. D'après l'article 68 (4) de la loi de 2007 susmentionnée, en effet, « aucune dérogation aux dispositions de l'alinéa 1er ci-dessus n'est admise, sous peine de nullité ». Mais, le caractère absolu ainsi affirmé de ce monopole est assoupli par le même législateur, lorsqu'il délimite le champ d'application du texte ; il dispose, en effet, en son article 75, que « la présente loi s'applique aux personnes morales de droit public : Etat, Etablissements Publics et Collectivités Territoriales Décentralisées, *sous réserve de leurs spécificités* »[136]. Celles-ci pourraient justifier une exception, une dérogation à l'article 68 (4) précité.

En outre, en vertu du principe du parallélisme des formes, une loi ultérieure, postérieure pourrait abroger la loi actuelle ou y déroger. Les textes respectifs fondant les deux principes ont une même valeur juridique, législative. A ce titre, la loi la plus récente, la Loi n° 2009/011 du 10 juillet 2009 portant régime financier des collectivités territoriales décentralisées en l'occurrence, déroge aux dispositions de la loi antérieure, notamment la Loi n° 2007/006 du 26 décembre 2007 portant régime financier de l'Etat, qui lui sont contraires. D'ailleurs, ces dérogations sont expressément prévues par les deux textes[137].

b) L'autonomie des receveurs municipaux

Chaque commune, en tant que CTD, jouit de la liberté de gestion de ses recettes et de ses dépenses dans le cadre du budget voté par le conseil municipal[138] et dispose d'un poste comptable autonome[139], la recette municipale. Celle-ci est placée sous l'autorité d'un receveur municipal, chargé du recouvrement des recettes et du paiement des dépenses de la

---

[136] C'est nous qui soulignons.

[137] Voir article 75 précité de la Loi du 26 décembre 2007 et l'article 6 de la Loi du 10 juillet 2009 qui énonce que « le régime financier de l'Etat s'applique aux collectivités territoriales, sous réserve des dérogations ou spécificités prévues par la présente loi ».

[138] Voir article 2 de la Loi n° 2009/011 du 10 juillet 2009 portant régime financier des collectivités territoriales décentralisées.

[139] Voir article 56 (1) de la Loi portant régime financier des collectivités territoriales décentralisées.

commune[140], ainsi que de la garde et de la gestion de ses fonds et valeurs[141]. Il est un comptable public principal[142], en tant qu'il soumet directement les comptes de sa gestion au juge des comptes. Par conséquent, il se situe hors du mécanisme de centralisation de la comptabilité qui a cours au sein du réseau comptable du Trésor. Si la commune ne possède pas de receveur municipal, les fonctions de ce dernier « sont de droit exercées par le comptable du Trésor le plus proche du siège de la collectivité territoriale »[143]. Le dépôt des fonds de la commune s'effectue à la recette municipale ou à la Caisse des Dépôts et Consignations[144]. Les fonctions du receveur municipal portent atteinte au monopole du Trésor public sur ces opérations.

Un autre élément constitutif de l'autonomie du receveur municipal est qu'il n'est pas nommé par le ministre chargé des Finances seul, mais de manière conjointe par ce dernier et le ministre chargé de l'Administration territoriale et de la décentralisation[145], qui rappellent, dans une instruction conjointe, que « la gestion financière et comptable de la Collectivité Territoriale Décentralisée est assurée par le Receveur (municipal ou régional) »[146] ; en outre, il effectue les opérations de trésorerie de la commune sous l'autorité de l'ordonnateur de celle-ci, le maire[147], et non sous celle du ministre des Finances.

---

[140] Voir article 57 (1) de la Loi portant régime financier des collectivités territoriales décentralisées.

[141] Voir article 77 (1) de la Loi portant régime financier des collectivités territoriales décentralisées.

[142] Voir l'article 21 (2) du Décret portant règlement général de la comptabilité publique de 2013 et l'article 98 (1) de la Loi n° 2009/011 du 10 juillet 2009 portant régime financier des collectivités territoriales décentralisées.

[143] Article 57 (2) de la Loi portant régime financier des collectivités territoriales décentralisées.

[144] Article 76 (1) de la Loi portant régime financier des collectivités territoriales décentralisées.

[145] Voir article 14 (2) du Décret portant règlement général de la comptabilité publique de 2013.

[146] Instruction conjointe n° 0000079/IC/MINATD/MINFI du 10 janvier 2012 relative à la tenue de la comptabilité des collectivités territoriales décentralisées, p. 14.

[147] Voir Article 74(2) de la Loi portant régime financier des collectivités territoriales décentralisées.

c) Une dérogation et une autonomie anciennes

La dérogation au monopole du Trésor n'est pas nouvelle ; en effet, l'exécution comptable des opérations budgétaires (le recouvrement des recettes et le paiement des dépenses) par le receveur municipal a été reconnue dès 1974[148], par exception au principe de l'unité de trésorerie posé par l'Ordonnance du 7 février 1962. Vingt ans plus tard, un décret présidentiel, pris en application des dispositions pertinentes de la loi de 1974 (plus exactement celles des articles 147 et 148), est venu donner plus de consistance, de précision à la dérogation posée par la loi de 1974. L'impact du Décret n° 94/232 du 05 décembre 1994 précisant le statut et les attributions des receveurs municipaux fut si fondamental que M. Jean Tobie Hond[149] considère que ce texte a mis fin au principe de l'unité de trésorerie et qu'il représente, selon M. Jean-Pierre Kuate, « la rupture du "dogme" de l'unicité de caisse »[150].

Le Décret du 05 décembre 1994 représente une réponse favorable à une décennie de revendications des magistrats municipaux qui souhaitaient que la trésorerie communale soit séparée de celle de l'Etat[151]. La crise des

---

[148] En effet, aux termes de l'article 147 de la Loi n°74-23 du 5 décembre 1974 portant organisation communale, « les recettes et les dépenses communales sont effectuées par les receveurs municipaux. » et d'après l'article 148 de la même loi, « le receveur municipal est responsable du recouvrement des recettes et du règlement des dépenses de la commune ; il poursuit les rentrées des revenus et des sommes dues à la commune ; il assure l'acquittement des dépenses ordonnancées par le maire dans les limites des disponibilités financières de la commune ».

[149] Voir J. Tobie Hond, « Décentralisation et renforcement des capacités de gouvernance locale : Une politique et une stratégie de développement national. L'expérience du Cameroun », contribution au *Séminaire sur la décentralisation, la gouvernance locale, le développement communautaire et la lutte contre la pauvreté*, 26-28 septembre 2011, Tanger (Maroc), Centre Africain de Formation et de Recherche Administratives pour le Développement (CAFRAD) et Fondation Hanns Seidel, p. 13 ; disponible sur www.cafrad.org/Workshops/Tanger26.

[150] J.-P. Kuate, *Contribution au renforcement des ressources financières des communes camerounaises*, mémoire de DESS en Gestion Financière Municipale, Partenariat pour le Développement Municipal (PDM), Bénin, et Centre d'Etudes Supérieures en Gestion de Dakar(CESAG), Dakar, juin 2004, p. 58.

[151] Il n'est pas anodin que le texte réglementaire qui fonde l'exception au principe de l'unité de trésorerie soit celui qui est relatif au statut et aux attributions des receveurs municipaux, montrant ainsi le lien qui unit ce principe et les agents comptables.

finances publiques qui survint à partir des années 1980[152] avait considérablement aggravé les difficultés d'accès des communes à leurs fonds disponibles gardés par le Trésor public[153]. En vertu de ce décret, les attributions des receveurs municipaux furent étendues à la garde et à la gestion des fonds et valeurs des communes[154]. Ils furent autorisés, au nom de leur commune, à ouvrir des comptes, hors du Trésor, auprès soit de la BEAC, soit des centres de chèques postaux, soit éventuellement des banques commerciales sous certaines conditions fixées par la loi[155]. Un receveur municipal est tenu d'affecter les recettes de sa commune au règlement des dépenses de cette dernière[156]. De même, le comptable du Trésor qui assume de droit les fonctions de receveur municipal doit utiliser prioritairement les liquidités de la commune dans laquelle il exerce à la couverture de ses dépenses[157].

Les comptables du Trésor étaient présents dans la plupart des communes, dans la mesure où la nomination des receveurs municipaux n'était guère généralisée, mais limitée à certaines d'entre elles justifiant d'une importance administrative ou financière particulière[158]. Ni le régime financier des collectivités territoriales décentralisées ni aucune autre législation ni réglementation n'a jusqu'ici maintenu cette limitation. La nomination récente des receveurs municipaux et autres responsables des recettes

---

[152] Voir *supra*, p. 21.

[153] Voir J.-P. Kuate, *op.cit.*, p. 59.

[154] Voir article 10 (2) du Décret n° 94/232 du 05 décembre 1994.

[155] Voir article 11 (1) du Décret n° 94/232 du 05 décembre 1994. Cependant, M. J.-P. Kuate affirme que le législateur avait donné la possibilité aux communes, depuis 1990, d'ouvrir des comptes bancaires et beaucoup ne s'en privèrent pas (v. J.-P. Kuate, *op. cit.*, p. 80).

[156] Voir article 11 (2) du Décret n° 94/232 du 05 décembre 1994.

[157] Voir article 14 (1) du Décret n° 94/232 du 05 décembre 1994.

[158] A savoir, « les communes des chefs-lieux de province ; (...) les communes dont le dernier compte administratif accuse des recouvrements de recettes d'un montant au moins égal à 250.000.000 (deux cent cinquante millions) de francs et éventuellement (...) les communes disposant de capacités financières nécessaires pour assurer le fonctionnement des services d'appui. La liste de ces communes est fixée chaque année par arrêté du ministre chargé de la tutelle sur les collectivités locales ». (article 5 du Décret n° 94/232 du 05 décembre 1994).

municipales[159] confirme cette affirmation ; elle a concerné 303 postes comptables.

Toutefois, l'origine ou la nature des recettes communales influe sur le respect du principe de l'autonomie de trésorerie des collectivités locales, ou à l'inverse et de manière proportionnelle, sur celui de l'unité de trésorerie.

2- La prééminence du principe de l'unité de trésorerie sur le principe de l'autonomie de la trésorerie locale sur le plan pratique

L'autonomie pleine et entière de la trésorerie locale pourrait se concevoir si toutes les ressources de la commune lui étaient propres, en ce sens qu'elles seraient toutes produites en son sein, qu'elles y auraient toutes leur source. L'autonomie complète de trésorerie suppose donc l'autonomie financière complète de la collectivité locale. La provenance, locale ou nationale, des recettes fait présumer la qualité des comptables publics chargés du recouvrement et, partant, la nature du service dépositaire des fonds. Les recettes d'origine nationale sont recouvrées par les services financiers de l'Etat et soumises au principe de l'unité de trésorerie, tandis que les recettes d'origine locale sont recouvrées par les services communaux (recettes municipales) et régies par le principe de l'autonomie de trésorerie.

Il s'avère, en fait, qu'une majorité écrasante des recettes communales est perçue par l'Etat. Les recettes recouvrées par les communes ont un caractère subsidiaire. En matière fiscale, seules les taxes communales[160] relèvent de la compétence des communes. Leur liquidation et leur émission sont réalisées par le service d'assiette de la commune[161]. Leur paiement par le redevable s'effectue à la caisse du receveur municipal sur ordre de recette de l'ordonnateur, contre délivrance par le receveur d'une quittance de paiement au redevable. Toutefois, certaines taxes, du fait de leur nature ou de celle des activités qu'elles frappent, font l'objet des modalités particulières de perception, à l'exemple des taxes perçues contre délivrance d'un reçu tiré

[159] Voir *Cameroon Tribune* du 30 décembre 2013.

[160] Les taxes communales sont une vingtaine et comprennent, par exemple, la taxe d'abattage du bétail, la taxe sur les armes à feu, la taxe d'hygiène et de salubrité, les droits de fourrière, les droits de place sur les marchés, les droits sur les permis de bâtir (voir article C62 du CGI).

[161] Voir article C126 du Code général des impôts (CGI).

d'un carnet à souches (droits de place sur les marchés, droits d'occupation des parcs de stationnement)[162]. Liquidé et émis par les services des impôts, l'impôt libératoire – qui est un impôt et non une taxe communale – est, par exception, déterminé, dans ses tarifs, par les collectivités locales bénéficiaires[163] et payé à la caisse du receveur municipal[164]. Les recettes non fiscales sont constituées des produits des domaines et des services.

Les communes, qui ne brillent pas par leur dynamisme dans le recouvrement de leurs recettes propres, ont donc tendance à s'appuyer sur l'Etat pour qu'il leur fournisse les ressources nécessaires à la couverture de leurs dépenses. La transition de ces ressources par un organisme de centralisation et de redistribution qu'est le Fonds Spécial d'Equipement et d'Intervention Intercommunale ne doit pas tromper sur leur origine véritable.

a) La « production » par l'Etat de la quasi-totalité des recettes communales

Les recettes recouvrées par les services financiers de l'Etat proviennent de la fiscalité locale, des dotations et subventions, des avances et des emprunts.

i) Les recettes fiscales

La fiscalité locale, ou « impôts locaux »[165], est composée des impôts communaux, des centimes additionnels communaux (CAC) sur les impôts et taxes de l'Etat, des taxes communales, des impôts et taxes des régions et de tout autre type de prélèvement prévu par la loi[166].

---

[162] Voir Circulaire conjointe n° 0002335/MINATD/MINFI du 20 octobre 2010, *op.cit.*, p. 38.

[163] Voir article C46 du CGI.

[164] Voir article C47 (3) du CGI.

[165] Voir article C1 (2) du CGI.

[166] Voir article C2 du CGI. Le législateur (voir Loi n° 2009/019 du 15 décembre 2009 portant fiscalité locale) a transféré certains impôts et taxes aux CTD : la taxe sur les propriétés immobilières, les droits de mutation d'immeuble, la vignette automobile et enfin la taxe sur les jeux de hasard et de divertissement (voir I.R. Ngolle V, « Mécanismes de mobilisation des ressources financières destinées aux CTD », *Colloque sur le financement de la décentralisation*, novembre 2011, p. 5 ; disponible sur www.cdr-cvuc.cm/index.php/fr/document/doc).

S'agissant particulièrement de la fiscalité communale, les services fiscaux de l'Etat gèrent, c'est-à-dire assurent la liquidation, l'émission et le recouvrement des impôts communaux (excepté l'impôt libératoire), des CAC et de la taxe sur le développement local[167]. Elle représente l'essentiel, sinon la quasi-totalité, des recettes communales.

Les impôts communaux sont composés de la contribution des patentes, de la contribution des licences, de la taxe foncière sur les propriétés immobilières, de la taxe sur les jeux de hasard et de divertissement, des droits de mutation d'immeubles, du droit de timbre automobile, de la redevance forestière[168]. Ils sont spontanément payés par les contribuables à la caisse du receveur des impôts compétent[169]. Ils sont répartis et reversés aux différentes communes par les services compétents du Trésor public[170]. Avant la réforme opérée par la loi de finances pour l'exercice 2011, obligation était faite au receveur des impôts de rétrocéder le produit des impôts recouvrés aux différents bénéficiaires dans les soixante-douze (72) heures suivant le recouvrement[171]. Cette disposition pouvait avoir pour effet de faciliter et d'accélérer l'accès des communes à leurs disponibilités détenues au Trésor, de contraindre les services fiscaux de l'Etat à mettre rapidement le produit des impôts locaux à la disposition des communes.

Les CAC sont les recettes les plus importantes et les plus stables des communes[172]. Un centime additionnel est un impôt supplémentaire, proportionnel qui est assis sur un impôt de l'Etat, tel que la taxe sur la valeur ajoutée (TVA), l'impôt sur les sociétés, l'impôt sur les revenus des personnes physiques[173], au profit des organismes publics autres que l'Etat. Il est qualifié de communal lorsqu'il est perçu au profit des communes et de consulaire lorsqu'il l'est au profit des chambres consulaires (de commerce, d'agriculture, etc.). Les CAC sont prélevés au taux de 10 % sur le principal

---

[167] Voir articles C125, C127 (1) du CGI. L'Etat retient, au titre des frais d'assiette et de recouvrement, 10 % des impôts et taxes qu'il recouvre au profit des collectivités locales (voir article C4 du CGI).

[168] Voir article C7 du CGI.

[169] Voir article C127 (1) du CGI.

[170] Voir article C127 (3) du CGI.

[171] Voir l'alinéa 2 de l'article 127 de la loi du 15 décembre 2009 portant fiscalité locale.

[172] World Bank, *op.cit.*, p. 41.

[173] Voir article C53 du CGI.

de l'impôt concerné[174]. Ils sont soumis à la procédure du principal de l'impôt sur lequel ils sont adossés, procédure dont la source juridique est le Code général des impôts ou le Code des douanes[175]. Ils sont émis et recouvrés par les comptables des administrations financières (impôts et douanes), qui les transfèrent au comptable direct du Trésor de leur circonscription financière de rattachement. Ils sont retracés, en écritures, dans les comptes du Trésor[176].

Considérée comme une taxe communale, la taxe de développement local est traitée à part, relativement à l'ensemble des taxes communales[177]. Elle est, en réalité, un impôt qui n'est pas local ; elle est assise sur les revenus de l'ensemble des salariés des secteurs public et privé, sur l'impôt libératoire et sur la contribution des patentes. Elle est applicable de plein droit : sa mise en œuvre n'est pas soumise à la délibération ni au vote du conseil municipal, qui peut néanmoins délibérer sur les taux applicables sur le territoire de la commune[178]. Son régime juridique (assiette, émission, recouvrement, délais, sanctions, poursuites et contentieux) se conforme à celui des impôts sur lesquels elle est assise[179].

Pour assurer le suivi de leurs recettes fiscales, dans les centres des impôts et dans la structure chargée des grandes entreprises notamment, les collectivités locales tiennent une comptabilité analytique desdites recettes.

ii) Les recettes non fiscales

Les ressources non fiscales proviennent essentiellement (pour ne pas dire entièrement) de l'Etat. Ce sont notamment les dotations et les subventions[180], ainsi que les avances et les emprunts. L'on peut signaler,

---

[174] Voir article C54 (1) du CGI.

[175] Voir article C54 (3) du CGI.

[176] Voir « Nomenclature budgétaire et comptable harmonisée – Exercice 2014 » : les *Centimes additionnels communaux à répartir (impôts)* sont enregistrés dans le compte 480017TTT, les *Centimes additionnels communaux à répartir (TVA douanes)* dans le compte 480020TTT et la *taxe de développement local* dans le compte 480023NN.

[177] Voir articles C57-C60 du CGI.

[178] Voir Circulaire conjointe n° 0002335/MINATD/MINFI du 20 octobre 2010, *op.cit.*, p. 11 et s.

[179] Voir article C60 du CGI.

[180] Les CTD peuvent recevoir des subventions octroyées par d'autres organismes publics.

parmi les dotations, la dotation générale de la décentralisation (DGD). Elle a été instaurée en 2004[181] par la loi portant orientation de la décentralisation, en vue d'aider au transfert des compétences de l'Etat aux communes. Aux termes de l'article 7 de ladite loi, « tout transfert de compétence à une collectivité territoriale s'accompagne du transfert, par l'Etat à celle-ci, des ressources et moyens nécessaires à l'exercice normal de la compétence transférée ». Un transfert de compétences donné peut être soutenu par une dotation, une fiscalité transférée ou par les deux moyens à la fois[182]. La DGD possède deux composantes : la dotation générale de fonctionnement et la dotation générale d'investissement. La DGF (DGD) est destinée en priorité à financer certaines dépenses obligatoires telles que les traitements des personnels et des élus municipaux, le financement partiel des dépenses de fonctionnement ou d'investissement découlant du transfert des compétences, de même que les dépenses de fonctionnement spéciales de certaines communes en difficulté. La DGF n'est pas entièrement réservée au financement direct des CTD (régions, communes, syndicats de communes et communautés urbaines). Elle finance aussi des organes nationaux ou des services de l'Etat ayant un lien avec la décentralisation. Ainsi est-elle affectée aux services déconcentrés de l'Etat qui aident les CTD à accomplir leurs missions[183]. En outre, elle finance, d'une part, le fonctionnement du Comité interministériel des services locaux, qui évalue, chaque année, les charges financières de fonctionnement et d'investissement issues des transferts des compétences aux CTD et, d'autre part, celui du Conseil national de la décentralisation, auquel le Comité précité soumet les propositions de financement desdites charges par la DGD, en vue de l'inscription, par le gouvernement, de leur montant dans le projet de loi de finances[184]. La répartition entre les différentes dépenses fait l'objet, en début d'exercice budgétaire, d'un décret du Premier ministre.

---

[181] Voir article 23 de la Loi n° 2004/017 du 22 juillet 2004 portant orientation de la décentralisation.

[182] Voir article 22 de la Loi du 22 juillet 2004 portant orientation de la décentralisation.

[183] Voir article 5 du Décret n° 2009/248 du 05 août 2009 fixant les modalités d'évaluation et de répartition de la Dotation Générale de Décentralisation.

[184] Voir article 6 du Décret du 05 août 2009 fixant les modalités d'évaluation et de répartition de la Dotation Générale de Décentralisation.

Chaque trimestre, les fonds de la DGD sont mis à la disposition des différentes CTD, à travers le FEICOM. Ils sont débloqués par un arrêté conjoint des ministres chargés des Finances, des Investissements et des CTD, arrêté qui fixe le montant de la dotation qui revient à chaque collectivité et détermine les emplois auxquels ils sont affectés[185]. « Les versements sont effectués sur les comptes bancaires des collectivités décentralisées bénéficiaires, ouverts auprès des établissements bancaires agréés »[186].

Les dépenses relatives aux compétences transférées obéissent à une procédure précise :

« - inscription dans les budgets des ministères[187] ;

- information des maires bénéficiaires desdits crédits par le ministère transférant ;

- délégations automatiques des crédits aux exécutifs municipaux ;

- assignation des dépenses transférées aux recettes municipales correspondantes ;

- respect de la nomenclature budgétaire en vigueur »[188].

L'ordonnateur de ces dépenses est le chef de l'exécutif municipal (maire ou délégué du gouvernement). Les ressources de la DGD sont inscrites dans les budgets des CTD, en recettes de fonctionnement et d'investissement[189]. Le chef de l'exécutif local mandate les dépenses simultanément sur bon de commande et par mandat communal[190].

---

[185] Voir article 16 du Décret du 05 août 2009.

[186] Article 15 (3) du Décret du 05 août 2009.

[187] Les comptes de dépôt des administrations au Trésor sont crédités, en vue d'un décaissement progressif en fonction des besoins de liquidité.

[188] Circulaire du ministre des Finances (...) pour l'exercice 2014, *op.cit.*, §587.

[189] Voir article 17 (1) du Décret du 05 août 2009.

[190] Circulaire du ministre des Finances (...) pour l'exercice 2014, *op.cit.*, §592. Les dépenses mandatées sur bon de commande sont retracées dans les comptes du Trésor de la « Nomenclature budgétaire et comptable harmonisée – Exercice 2014 » suivants : compte n° 40000930NNXXX pour les "Bons de commande spécial dépenses transférées aux CTD-Fonctionnements" et compte n° 40000931NNXXX pour les "Bons de commande spécial dépenses transférées aux CTD-Investissements".

Le receveur municipal paie la dépense à travers le TPG (de sa circonscription financière), qui « n'est que le guichet de règlement des dépenses transférées aux CTD »[191], sur le CUT. A cet effet, il transmet un certain nombre de pièces sur bordereau au TPG. Mais, le règlement de certains types de dépenses échappe à la compétence du receveur municipal. En effet, les dépenses de personnel, ainsi que les dépenses payables en liquide sont payées par le percepteur du Trésor ou le receveur des finances territorialement compétent[192].

Sur le plan de la comptabilité, le receveur municipal, qui est tenu de tenir une fiche de suivi des dépenses budgétaires, passe les écritures des dépenses, après avoir passé celles de la constatation des crédits qui s'effectue après la réception de l'avis de crédit du TPG et le retrait du carton chez le contrôleur régional ou départemental des finances[193].

b) L'intermédiation du Fonds Spécial d'Equipement et d'Intervention Intercommunale (FEICOM)

Tous les impôts locaux ne sont pas directement reversés aux communes, en particulier celles du lieu de leur émission et de leur recouvrement. Le produit de certains d'entre eux est, en partie ou en totalité, centralisé par le FEICOM et redistribué à l'ensemble des communes et des communautés urbaines : 70 % des CAC, 50 % de la quote-part de la redevance forestière annuelle (RFA) affectée aux communes (soit 20 % de la RFA totale[194]), 100 % des droits de timbre automobile, 100 % de la taxe de développement local « payée par les salariés du secteur public et des entreprises relevant de la structure chargée de la gestion des "grandes entreprises" »[195].

---

[191] Instruction n° 00061/MINFI/SG/DGTCFM/LT/DER du 08 avril 2010 portant comptabilisation des dépenses transférées aux CTD.

[192] Voir Circulaire du ministre des Finances (…) pour l'exercice 2014, *op.cit.*, §594 et s.

[193] Voir Instruction n° 00061/MINFI/SG/DGTCFM/LT/DER du 08 avril 2010, *op.cit.*

[194] La quote-part affectée aux communes représente 40 % de la RFA totale. La seconde moitié de cette quote-part (soit 20 % de la RFA totale est attribuée à la commune de localisation de la superficie forestière (voir article C52 du CGI et Circulaire conjointe n° 0002335/MINATD/MINFI du 20 octobre 2010, *op.cit.*, p. 34). La moitié de la RFA totale est affectée à l'Etat et 10 % aux communautés villageoises (voir Circulaire conjointe n° 0002335/MINATD/MINFI du 20 octobre 2010, *op.cit.*, p. 34).

[195] Article C116 (2) du CGI. L'on peut (il est à) noter qu'il s'agit seulement d'une partie des recettes (produits) issues de la taxe de développement local, les prélèvements sur les

Le système de centralisation et de redistribution destiné à la péréquation des recettes fiscales est un système complexe. Il est difficile aux communes de savoir, après le recouvrement et avant la décision du ministre chargé des CTD relative à la répartition desdites recettes, le montant qui leur revient exactement[196].

Dans la mise en œuvre du principe de solidarité entre les CTD, en vue de leur développement harmonieux, deux mécanismes ont été institués : la péréquation et l'intercommunalité.

La péréquation, action de répartir les charges ou les revenus tendant à l'égalité entre les destinataires (bénéficiaires ou contribuables), consiste à mettre à contribution les communes les plus riches en termes de recettes fiscales, en vue de l'assistance financière aux communes pauvres. Les règles, les modalités de répartition et de reversement des recettes fiscales de péréquation sont fixées par le Décret n° 2011/1731/PM du 18 juillet 2011 fixant les modalités de centralisation, de répartition et de reversement du produit des impôts communaux soumis à péréquation. Chaque trimestre, ces recettes sont réparties (sur la base d'un critère démographique) et reversées par le ministre chargé des CTD aux communes, communautés urbaines et communes d'arrondissement[197]. Une part représentant au moins 20 % de ces recettes est répartie équitablement entre les CTD susmentionnées, afin de fournir à chacune d'elles des moyens financiers indispensables à son fonctionnement normal[198].

Quant aux CAC, dans la quote-part de 70 % réservée aux communes[199], un pourcentage de 40 % (soit 28 % de la totalité des CAC) est retenu au

---

salaires du reste du secteur privé, sur l'impôt libératoire, sur la contribution des patentes n'étant pas concernés.

[196] Il est prévu toutefois que les services fiscaux de l'Etat et des CTD déterminent, chaque année, d'une part, les objectifs quantitatifs des recettes attendues par nature d'impôts et, d'autre part, les indicateurs quantitatifs et qualitatifs qui permettent de suivre et d'évaluer ces recettes (voir Circulaire conjointe n° 0002335/MINATD/MINFI du 20 octobre 2010, *op.cit.*, p. 4).

[197] Voir article 3 du Décret n° 2011/1731/PM du 18 juillet 2011.

[198] Voir article 5 (1) du Décret n° 2011/1731/PM du 18 juillet 2011.

[199] L'on peut rappeler qu'une quote-part de 10 % est destinée à l'Etat et une autre de 20 % au FEICOM.

profit du receveur municipal des communes ou des communautés urbaines du lieu de prélèvement desdits centimes. La seconde part de la quote-part, 60 % (soit 42 % du montant total des CAC) est centralisée au FEICOM, au titre de la péréquation[200].

Dans le mécanisme d'intercommunalité, une quote-part de 20 % du produit de certains impôts est centralisée au profit du FEICOM, qui est chargé de l'affecter au financement par prêt des projets de développement des communes, communautés urbaines et syndicats de communes, ainsi qu'à celui du fonctionnement de cet organisme public : il s'agit de la taxe de stationnement (qui est une taxe communale), des CAC revenant aux communes, de la contribution des patentes, des droits de licence, de la taxe sur les propriétés immobilières et des droits de mutation d'immeuble[201]. Le FEICOM accorde des avances de trésorerie destinées à financer les dépenses d'équipement et de fonctionnement. Comme il a été mentionné plus haut, il a été également chargé de redistribuer les fonds de dotation générale de décentralisation.

Mais, l'on peut s'interroger sur la pertinence de l'intermédiation financière du FEICOM entre l'Etat et les CTD. EPA placé sous la double tutelle technique et financière respective du ministère de l'Administration Territoriale et de la Décentralisation et du ministère des Finances, n'apparaît-il pas comme une structure bureaucratique coûteuse et alourdissant les procédures ? Les experts de la Banque mondiale considèrent que plusieurs de ses fonctions sont devenues superflues après la rationalisation et la simplification des fonctions du Trésor et l'établissement du CUT et que les CAC peuvent être directement déposés dans les comptes opérationnels (les sous-comptes du CUT) des CTD[202].

Principe introduit au Cameroun avant l'indépendance, le principe de l'unité de trésorerie est un principe bien ancré, bien que relativement peu connu, du régime financier public camerounais. Matérialisé et symbolisé par le compte unique du Trésor, il comporte de nombreux avantages. Mais, il

---

[200] Voir article 6 du Décret n° 2011/1731/PM du 18 juillet 2011.

[201] Voir article C116 (1) du CGI et Circulaire conjointe n° 0002335/MINATD/MINFI DU 20 octobre 2010, *op.cit.*, p. 3.

[202] Voir World Bank, *op.cit.*, p. 51.

apparaît qu'il n'a pas été exploité dans toutes ses potentialités. Appliqué sans difficulté particulière depuis l'indépendance, il a été malmené durant la crise économique et financière, qui a sévi à partir du milieu des années 1980. Depuis la fin de la crise, c'est-à-dire au lendemain de l'atteinte du point d'achèvement de l'Initiative Pays Pauvres Très Endettés (PPTE) en 2006, il doit son regain de vigueur à l'action de la communauté internationale. De nouveaux textes fondamentaux ont été adoptés, à partir du niveau communautaire. Le principe a de nouveau été appliqué à l'Etat lui-même, d'une manière systématique. En ce qui concerne les correspondants du Trésor, les EPA et les CTD, la situation du principe n'est pas claire et nette : des dérogations sont prévues par les textes. Une étude approfondie pourra être menée ultérieurement sur le cas des EPA ; mais, celle des CTD montre qu'il y a conflit entre deux principes et que le principe de l'unité de trésorerie s'efface devant celui de l'autonomie de la trésorerie des CTD, lorsque l'on s'en tient à l'interprétation des textes. C'est dans leur mise en œuvre que le premier l'emporte. Cette réalité est conforme à l'avis des experts internationaux, qui souhaitent que le principe de l'unité de trésorerie soit appliqué aux communes, qui doivent disposer des sous-comptes du CUT et avoir accès en temps réel à des informations sur la traçabilité de leurs fonds.

LE PRINCIPE DE SINCÉRITÉ EN DROIT PUBLIC FINANCIER CAMEROUNAIS

Alain Georges BESSALA[1]

RESUME :

La sincérité fait son entrée dans le droit public financier camerounais au moyen de la loi n° 2007/006 du 26 décembre 2007 portant régime financier de l'État. Elle apparaît de ce fait, comme la traduction de l'élan de modernité dans la gestion financière publique désormais orientée vers la performance[2].

Le législateur de 2007 du nouveau régime financier qui la consacre place en elle beaucoup d'espoirs en lui assignant des objectifs ambitieux. Après son appropriation, il fait d'elle, l'un des axes clés de la mutation du droit public financier du marché[3]. Il procède de la sorte, à une instrumentalisation de la notion. Plus qu'un simple principe, le législateur manipule la sincérité pour atteindre son objectif de rationalité et de modernisation[4] des règles qui encadrent la vie financière de l'État. Ainsi, l'introduction de la sincérité dans le droit public financier de l'État camerounais produit un effet de boomerang qui permet de revisiter très subtilement toutes les règles de ce droit budgétaire et comptable du marché. La sincérité devient comme telle, un incontournable levier de la gestion financière publique du marché[5]. En cela, elle doit déconstruire au plan idéologique, l'ancien fondement théorique du droit public financier

---

[1]*Ph/d en Droit public, Assistant Université de Yaoundé II, Chercheur Université de paris1-Panthéon-Sorbonne*

[2]Bouvier M., « La bonne gouvernance des finances publiques dans le monde », *Actes de la Ve Université de printemps de Finances Publiques*, Paris, LGDJ, 2009, p.3 et s.

[3] Voir notre Thèse de Doctorat Ph/d en droit public : « Ajustement structurel et droit budgétaire camerounais : contribution à l'étude des droits budgétaires des États africains sous-ajustement structurel », Université de Yaoundé II, mai 2014, 612 p.

[4]Oppetit B., *Droit et modernité*, Paris, PUF, 1998, p.3.

[5] Voir notre thèse *op.cit.*,

camerounais assis sur la logique des moyens pour en instaurer un nouveau, lequel repose désormais, sur une responsabilisation accrue des acteurs du jeu budgétaire et comptable, au premier plan desquels figure l'exécutif.

Mais en amont, de cette place centrale et des objectifs ambitieux assignés au principe de sincérité, le législateur camerounais ne la dote pas d'un régime de sanctions spécifique. Toute chose qui pourrait remettre en cause la qualification de principe utilisée par celui-ci. C'est dire que le prestige accordé au principe ne rime pas avec l'aménagement que lui accorde le législateur. Car déjà, le principe en lui-même présente des faiblesses inhérentes à sa propre nature et à ses origines. Il faudrait y ajouter l'absence ou l'ineffectivité des mécanismes de contrôle de constitutionnalité.

L'occasion est-elle peut-être venue pour le juge des comptes, le juge administratif ou le juge judiciaire d'oser et faire jurisprudence afin de compléter l'effort normatif du législateur.

INTRODUCTION

Gaston Jeze écrivait : « *Les gouvernants affirment toujours qu'ils disent la vérité au pays de la situation financière, c'est-à-dire, sur l'importance relative des dépenses et des prélèvements. Rares sont les pays dans lesquels ces affirmations sont sincères...* »[6] Et dans un style bien décontracté alliant art et courtoisie, Charles-Louis Gaston marquis d'**Audiffret** affirmait : « *les formes de la comptabilité publique sont toujours adaptées à celles du gouvernement ; ses garanties se restreignent ou s'étendent suivant les principes et le but des institutions politiques* »[7] sans aucun doute, « *le doute sur le réalisme des comptes publics gagne tous les acteurs de la procédure budgétaire* »[8]. C'est sans doute en droite ligne de cette affirmation que s'inscrit Paul Reuter pour qui le budget, traduction chiffrée de l'activité générale de l'État, devrait être « *une maison de verres* »[9]. Ce d'autant plus qu'il faut s'accorder avec Anne Gruszka, reprenant alors Nietzche, que « *personne peut-être, n'a jamais été*

[6]Jeze G., « L'évolution des impôts en France », *Revue de science et de législation financière*, Paris, 1946.

[7] D'Audiffret G., *Le système financier de la France*, Tome2, livre quatrième, 2e éd. Paris, Guillaumin, 1954, p. 593.

[8]Pancrazi L., *Le principe de sincérité budgétaire*, *op.cit.*, p. 25.

[9] Reuter P., *Le budget dans le cadre national*, Recueil Sirey, Paris, 1949, p. 2.

sincère pour définir la sincérité »[10]. De telles considérations expriment, à suffisance, la permanence de la recherche de la rationalité dans l'utilisation des deniers publics, laquelle constitue, pour Edgard Allix, une quête perpétuelle[11]. Toute chose qui l'amène à se demander avec anxiété si, finalement, ce n'est pas par ses finances que périra la civilisation moderne[12]. Dans le même fil d'idées, Lucille Tallineau se convainc de ce que « *l'idée de modernité est liée à l'idée d'évolution vers plus de rationalisation dans l'organisation des sociétés* »[13]. Ainsi, la bonne ou la nouvelle gouvernance financière[14] se résume à cet objectif de recherche de la performance[15] dans la gestion financière publique qualifiée par M. Bouvier de **gouvernance financière d'intelligence**. Puisqu'elle est sous-tendue par des principes et règles fédérateurs, cette nouvelle gestion financière présente un caractère quasi universel[16], c'est-à-dire, la tendance vers un modèle généralisé et unique de gestion[17].

---

[10] Gruszka A., « L'effectivité du principe de sincérité dans les finances publiques de l'Etat », Mémoire Master II Recherche, Droit public approfondi, Université de Panthéon –ASSAS Paris II, Année universitaire 2009- 2010, p. 4.

[11]Il est loisible de constater que, le souci de lisibilité, de transparence, de sincérité en droit public financier de l'Etat n'est pas une donnée actuelle, mais une exigence fondamentale revendiquée par tous les anciens auteurs.

[12] Allix E., *Annales de Finances publiques comparées*, Paris, 1922, p. 1.

[13] Tallineau L., « Les annexes budgétaires et la modernité », in Loïc P. (mél. à), *Constitution et Finances publiques*, Paris, Economica, 2005, p. 589-602.

[14]Bouvier M., « La bonne gouvernance des finances publiques dans le monde », *Actes de la Ve Université de printemps de Finances publiques*, Paris, LGDJ, 2009, p. 3 et s. Ce que l'on peut qualifier de nouvelle gouvernance financière publique, concerne en effet, de très peu l'organisation et la répartition des pouvoirs au sein des Etats et à ce titre intéresse directement les citoyens, leurs représentants et leurs dirigeants. A travers son objectif majeur qui est la recherche d'une efficacité de la gestion publique, elle représente en réalité, un enjeu majeur de société qui va bien au-delà d'un simple dispositif technique d'un phénomène conjoncturel.

[15]Chevallier J., « Performance et gestion publique », in Hertzog R. (mél. à), *Réformes des finances publiques et modernisation de l'administration*, Economica, Paris, 2011, p. 81.

[16]Orsoni G., « De l'esprit de réforme et de quelques fondamentaux », in Hertzog R. (mél. à), *Réformes des finances publiques et modernisation de l'administration*, Economica, Paris, 2011, p.5

[17]Levoyer L., « Vers un modèle de gestion publique ? », in Hertzog R. (mél. à), *Réformes des finances publiques et modernisation de l'administration*, Paris,

C'est dans cette logique novatrice qu'il convient de situer dans le système public financier contemporain[18], le principe de sincérité budgétaire et comptable, ou si l'on préfère, le principe de sincérité des lois de finances la notion de sincérité apparaît à la base comme la qualité de quelqu'un ou de quelque chose qui est sincère[19]. Si pour Loïc Philip, la sincérité des lois des finances, constitue un principe nouveau, parce que fondamentalement adapté à l'esprit et aux institutions de son temps[20], Pancrazi dans sa thèse, fait remarquer que l'affirmation politique de ce principe date essentiellement

---

Economica, 2011, p. 333 et s.

[18]Beltrame P., « Complexité et rationalité dans la gestion du système financier public », in Gaudemet P., (mél. à), *Etudes de finances publiques*, Paris, Economica, 1984, p. 34 et s. voir aussi, Hertzog R., « A la recherche d'une théorie du système financier public complexe », in Loïc P. (mél. à), *Constitution et finances publiques*, paris, Economica, 2005, p. 402 et s.

[19]A l'origine, et étymologiquement, le terme *sincerus* aurait désigné le miel pur, puis, par extension, tout ce qui est « *sans mélange d'éléments suspects* » puisque la cire servait aux Anciens à se maquiller, cette notion apporte au vocable, une valeur précise. Être sincère, c'est refléter l'image naturelle de la vérité toute simple ou toute nue. En partant de cette origine, on peut considérer qu'être sincère c'est se montrer tel qu'on est sans phares et non pas avec une figure d'emprunt. Sous son aspect subjectif, la sincérité est une « *manière d'être* » en vertu de laquelle « *nous portons à notre connaissance personnelle comme à celle d'autrui, des représentations adéquates de nos réalités intérieures* ». L'homme d'une sincérité idéale, serait l'homme qui « *reflèterait* », « *dans sa propre conscience d'abord et dans ses modes d'expression ensuite* », tout le contenu et rien que le contenu de ses idées et de ses sentiments ; ce serait l'homme qui « *traduirait tout ce qu'il sent et tout ce qu'il conçoit, fidèlement et intégralement par-devant ses semblables aussi bien que par devant lui-même* ». Cette conception trouve une correspondance en grec ancien avec les notions d'authekatos (sincérité), qu'Aristote a définie comme « *disposition et juste milieu entre vantardise et réticence* », et *d'aletheia* (vérité) qui signifie étymologiquement, dévoilement. Le latin utilise le terme *sinceritas* qui signifie l'authenticité l'intégrité. En français ancien, le terme de sincérité aurait été utilisé à partir de 1280 pour signifier la pureté. Plus largement, le langage courant s'attache à la double signification de la notion de sincérité qui va caractériser d'une part, la personne d'autre part, les choses, les actes, les faits ou les paroles dont elle est l'auteur. Aussi, ne serons nous pas surpris que les dictionnaires usuels de la langue française voient non seulement dans la sincérité, « *la qualité de quelqu'un de sincère* », « *qui exprime avec franchise, sans dissimulation* », ce qu'il pense, ce qu'il sent, mais aussi, la « *qualité des choses* », des actes ou des paroles. Le terme commun se rapporte donc, à la fois à un comportement à un processus de création et aux qualités substantielles d'un phénomène.

[20]Loïc Ph., « La Cour des comptes et le contrôle parlementaire de l'exécution des lois de finances », RFFP N° 59 1997, p. 29-31.

de la seconde moitié du 19e siècle[21]. C'est avec le Conseil constitutionnel que le principe est introduit de façon prétorienne dans le bloc de constitutionnalité issu de la Constitution de 1958 et de l'ordonnance du 2 janvier 1959. Son apparition juridique est récente et sa portée normative reste à affirmer[22]. Décision est alors prise par le législateur organique de consacrer, sous un article 32, le principe au sein de la loi organique du 1er août 2001.

Introduite dans le droit public financier camerounais au moyen de la loi n° 2007/006 du 26 décembre 2007 portant régime financier de l'État, la notion de sincérité apparaît, tant implicitement qu'explicitement, dans les dispositions de ce texte fédérateur. Ainsi, aux termes de l'article 3 (1) « *La loi de finances présente de façon sincère l'ensemble des ressources et charges de l'État. Ce principe implique que les informations fournies soient claires, précises et complètes, au regard des données disponibles, au plan national et international, au moment de l'élaboration des prévisions* ». De même, aux termes de l'article 60 du même texte : « *Les comptes de l'État doivent être réguliers, sincères et donner une image fidèle de son patrimoine et de sa situation financière* ».

Au regard de ces dispositions, le législateur semble assigner à la sincérité deux dimensions qui se rejoignent ; à savoir d'une part, la sincérité budgétaire, qui concerne les ressources et charges de l'État, et qui est aussi

---

[21]Pancrazi L., *Le principe de sincérité budgétaire*, Paris, L'Harmattan, 2012 p. 26. Il s'agit selon lui, d'un principe classique de la comptabilité publique aux côtés de l'image fidèle du patrimoine.

[22]Crucis H-M., « La sincérité des lois de finances. Nouveau principe du droit budgétaire », *La Semaine Juridique*, Edition Générale n° 28, 12 juillet 2000, I 244. Depuis sa première apparition dans une décision rendue en 1983 par le Conseil constitutionnel, la sincérité budgétaire a trouvé directement droit de cité dans la jurisprudence constitutionnelle. Aujourd'hui, elle est presque systématiquement utilisée pour apprécier la conformité d'une loi des finances initiale, d'une loi de finances rectificative, ou, chose moins courante, d'une loi de règlement. Par ailleurs, elle a trouvé une application en matière de financement de la sécurité sociale. Mais l'exigence de sincérité peut également s'appliquer aux comptes de l'État et aux documents nécessaires à l'information et au contrôle du Parlement sur les lois de finances et les finances publiques. Après la décision du 29 décembre 1999, le principe de sincérité est affirmé et fait peser un risque réel de non-conformité aux lois de finances insincères. Construction empirique, le principe de sincérité, issu de la déclaration de 1789 est invoqué dès le début du parlementarisme à l'appui des pouvoirs des chambres. En partie conceptualisé par la doctrine des IIIe et IVe Républiques.

synonyme de sincérité des prévisions. Elle emporte, comme conséquences, une absence de dissimulation, et interdit de fausser les grandes lignes de l'équilibre déterminé par la loi de finances entre les ressources et les charges de l'État[23].

D'autre part, la sincérité des comptes, qui s'analyse comme l'exigence de l'obligation d'exactitude et de vérité des comptes. Elle oblige donc à ressortir une image fidèle, régulière et sincère du patrimoine de l'État[24].

Mais, la terminologie utilisée par le législateur du nouveau régime financier de l'État prête à équivoque dans la mesure où l'on pourrait penser que la sincérité **des lois de finances**, qu'il assimile, à la **sincérité budgétaire,**[25] constitue une entité distincte de **la sincérité des comptes**. Toute chose qui ne paraît guère logique, dans la mesure où les comptes font partie à notre avis de la loi de finances. Il paraît pourtant qu'à ce niveau, le législateur avait la possibilité, soit de distinguer la sincérité budgétaire de la sincérité comptable, soit, simplement, d'utiliser la qualification ou la formulation : **sincérité des lois de finances**[26]**.**

Mais à s'en tenir à l'esprit du texte, il semble se dégager qu'il s'agit de la sincérité des lois de finances. Là, encore, on pourrait se demander de quel type de lois de finances s'agit-il ? Puisqu'ont le caractère de loi de finances, la loi de finances de l'année ; les lois de finances rectificatives ; la loi de règlement ; la loi prévue à l'article 41 de la présente loi[27]. Dans le cas d'espèce, il s'agit de ces catégories de lois de finances, même si le primat doit revenir à la loi de finances de l'année.

---

[23]Voir notre Thèse *op.cit.*,

[24] Celui des personnes publiques en général.

[25]Article3 (1) « *La loi de finances présente de façon sincère l'ensemble des ressources et charges de l'Etat. Ce principe implique que les informations fournies soient claires, précises et complètes, au regard des données disponibles, au plan national et international, au moment de l'élaboration des prévisions* ».

[26] Voir notre Thèse où la distinction est clarifiée. L'attitude du législateur ne devrait pas totalement être condamnable, car peut être a-t-il voulu marquer d'empreinte, le passage de la logique des moyens à la logique des résultats. Car en effet, sous l'égide de l'ancienne législation, il existait une confusion entre les notions de loi de finances et budget.

[27] Article 4 loi du 26 décembre 2007 portant régime financier de l'Etat

Mentionnons ici que la sincérité budgétaire et comptable évolue dans un contexte national marqué par la mise en œuvre du budget programme et international prônant l'exigence de transparence des finances publiques nationales comme condition[28] d'allocation des fonds d'une part et d'autre part comme outil de soumission à la réglementation internationale[29] et communautaire[30]. Une analyse consacrée à la sincérité budgétaire nécessite sans doute une démarche pluridisciplinaire afin de cerner la question dans ses aspects les plus essentiels. Aussi, l'immensité du champ matériel amène à exclure de l'étude, les collectivités locales et les autres établissements publics pour se focaliser sur le seul aspect étatique, même si un recours ponctuel s'avèrera incontournable.

Le législateur du nouveau régime financier soumet la gestion financière publique à l'exigence de sincérité matérialisée par l'instrumentalisation ou l'utilisation de la sincérité comme vitrine de la nouvelle gestion financière publique (I). Par elle, se trouvent renforcés les pouvoirs financiers du Parlement, modernisées les règles de gestion budgétaire au moyen du renforcement de la transparence, accentué le régime de responsabilité des acteurs de la décision financière publique, soumise l'information financière publique aux exigences communautaires et internationales, *etc.* Bref, à travers l'énonciation de la sincérité, c'est toute la logique de la gestion axée sur les résultats qui se trouve promue et véhiculée. Pourtant, il est à l'évidence regrettable de relever que cette vitrine est fragile (II), parce que sans protection en raison d'un certain nombre d'écueils qui écument la valeur du principe.

---

[28]Piquemal A., « La notion de conditionnalité et les organisations internationales économiques et financières », in Isoart Paul (mél. à), Pedonee, Paris, 1996, p. 307.

[29]Laurent M., « Les réformes budgétaires vues par les institutions internationales », in Bouvier M. (sous la dir), *Réformes des finances publiques : la conduite du changement*, Paris, LGDJ, 2007, p. 114-125.

[30]Le Professeur Maurice Kamto pense que le terme *« conditionnalité » s'origine de la Banque Mondiale et du FMI et s'entend d'un ensemble de mesures économiques correctives qu'un État s'engage explicitement à prendre en contrepartie du soutien financier qui lui est apporté ».*

I- LA SINCÉRITÉ, VITRINE DE LA NOUVELLE GESTION FINANCIÈRE PUBLIQUE

La notion, de vitrine dans l'une de ses acceptions évoque ce qu'on montre comme modèle[31]. Le législateur camerounais du nouveau régime financier utilise la sincérité pour promouvoir le droit public financier du marché[32], lequel prône une gestion budgétaire et comptable saine, transparente[33], rationnelle, et performante[34]. Ce dernier se fixe ainsi pour ambition d'organiser l'information du Parlement dans le sens du renforcement, par la mise en place, des mécanismes devant aboutir à l'établissement d'un véritable cycle d'information tout au long de l'année. La notion de sincérité doit donc permettre de moderniser la gestion financière publique[35] par la promotion et le renforcement de la transparence dans la vie financière de l'État (B), toute chose qui conduit au renforcement des pouvoirs du Parlement (A).

---

[31]D'après le dictionnaire de la Langue française *Le nouveau Petit Robert 2012*, p. 2076.

[32] Voir notre Thèse, *op.cit.* Nous entendons désigner par là, le droit public financier de l'Etat, généré par les ajustements structurels, et matérialisé par le nouveau régime financier de l'Etat. Il s'agit en d'autres termes de la traduction de la gestion orientée vers les résultats ou nouvelle gestion financière publique selon la terminologie utilisée par Bouvier M. Cela signifie que le législateur du nouveau régime financier de l'Etat soumet toutes les règles afférentes à la gestion publique financière à l'exigence de sincérité. Ces caractères décris semblent bien correspondre à la réalité de la perception de la sincérité du budget par Gaston Jeze qui écrit à juste titre que : « *pour que le budget soit clair et sincère, il doit remplir quatre conditions à savoir : donner la liste complète de toutes les dépenses et recettes, faires des prévisions et des évaluations exactes, adopter une présentation qui fasse ressortir facilement l'équilibre ou le déficit, et enfin, être accompagné de toutes les pièces justificatives de crédits demandés et de tous les documents propres à éclairer le Parlement et le pays sur l'Etat des finances publiques* ».

[33] Jeze G, *Cours de science des finances et de législation financière comparée*, Paris 1922, p. 116.

[34] Bouvier M., « Nouvelle Gouvernance financière publique et transformations du pouvoir politique », in *Réformes des finances publiques et modernisation de l'administration*, *op.cit.*, p. 57et s.

[35] Mordack F., *La réforme de l'Etat par l'audit*, Paris, LGDJ, 2009, p. 12 et s.

A- Un instrument de renforcement des pouvoirs financiers du Parlement

Le droit d'accès à l'information financière constitue un pilier de la démocratie participative dans la mesure où il valorise le Parlement[36]. Sans doute, le constituant, tout comme le législateur[37] camerounais, instaure une nouvelle dynamique[38] tendant à la valorisation des pouvoirs financiers du Parlement[39] dans le sens d'une amélioration conséquente de la décision financière publique[40]. Le budget étant désormais orienté vers les programmes, leur marge de manœuvre se voit accrue en contrepartie de la densification de leur régime de responsabilité[41]. La sincérité est donc

---

[36]Dris El Azami, « La transparence des finances publiques vers un nouveau modèle », Discours introductif, Bouvier M. (dir), *La transparence des finances publiques vers un nouveau modèle*, actes du 6e colloque international de Rabat, Paris, LGDJ, 2012, p.16. « *Le droit désormais constitutionnel d'accès à l'information publique sous-tend, l'objectif de promotion de la démocratie participative à travers l'implication des citoyennes des citoyens et dans les politiques publiques et les choix budgétaires concernant la collectivité nationale* ».

[37] Article 3 (1) et (2) article 12, article 1, article 18 (3), article 20 (3).1 article 35, article 36, article 37, 38,39, 54, (3), 60, etc.

[38]Voir notre Thèse de Doctorat, *Ajustement structurel et droit budgétaire, op.cit.* Ces avancées dénotent d'une véritable culture démocratique financière au Cameroun. L'objectif est finaliste, tant il fallait asseoir la transparence financière au sein de l'Etat. La sincérité à travers l'accroissement du droit à l'information budgétaire est donc utilisée comme un prétexte pour densifier les pouvoirs financiers du Parlement. Sans implication du Parlement dans le processus de la décision financière publique, les finances publiques sont vouées à l'échec. Le constituant camerounais instaure une véritable séparation des pouvoirs et des procédés démocratiques valorisant le Parlement. Ainsi, le Parlement camerounais à travers cette constitution cesse d'être la belle au bois dormant et prend ainsi, ses responsabilités[38]. Cet effort d'extension des pouvoirs du Parlement en faveur d'un réel rééquilibre est bien manifeste dans la nouvelle charte financière de l'Etat. Le Parlement camerounais se trouve ainsi valorisé dans ses pouvoirs financiers. Le renforcement des pouvoirs financiers du Parlement induit nécessairement, l'accroissement du régime de responsabilité des acteurs gouvernementaux.

[39]Bouvier M., « Les transformations de la légitimité de la gouvernance financière publique », in Beltrame P., (mél. à), *op.cit.* p. 116-131.

[40]Waline C., « La prise de décision financière au sein du Parlement », in Desmoulin Delon C., Desmoulin G., *La décision financière publique*, Paris, LGDJ, 2013, p .95-101.

[41] Modarcq F., « Le pilotage et la cohérence de la modernisation de l'Etat », in Bouvier M. (dir), *Réforme des finances publiques : La conduite du changement*, Actes de la IIIe université de printemps des finances publiques, Paris, LGDJ, 2007, p. 23-31. Voir aussi, Barilari A.,

considérée ici comme une obligation d'information financière (2) et d'évaluation des politiques publiques (1) au profit du Parlement.

1-) La sincérité : obligation d'information et instrument d'évaluation des politiques publiques

La sincérité est utilisée en vue de renforcer le droit d'information du Parlement (a), lequel constitue la base de toute évaluation des politiques publiques (b).

a)- La sincérité : une obligation d'information du gouvernement

La consécration du droit d'information du Parlement se trouve désormais matérialisée par la sincérité des lois de finances qui oblige le gouvernement à fournir à la représentation nationale et dans le détail, l'information financière publique[42]. Cette obligation concerne aussi bien le projet de loi de finances[43] que les documents annexes[44]. La transmission de ces documents à la représentation nationale est désormais obligatoire[45].

« La réforme de la gestion publique, quel impact sur la responsabilité des acteurs ? », RFFP no 92- novembre 2005, p. 25-38.

[42] Article 3(1) loi du 26 décembre 2007 portant régime financier de l'Etat.

[43] Le plus souvent, le projet de loi de finances de l'année.

[44]Giles W., *Les transformations du principe de l'unité budgétaire dans le système financier public contemporain*, *op.cit.*, p. 59. Dans cette diversité, il convient d'éviter toute confusion, précisément entre certains d'entre eux, à savoir les états législatifs annexés à la loi de finances de l'Etat et les annexes budgétaires de l'Etat. Il faut donc convenir avec Gilles M. que malgré l'identique finalité de ces deux documents, à savoir, l'information du Parlement, « *à la différence des annexes budgétaires, les états législatifs annexés détaillent le contenu de certains articles de la loi de finances et font partie intégrante de cette dernière. Ils permettent ainsi de ne pas alourdir la loi de finances* ».

[45]Art 36, loi 2007 portant régime financier de l'État. Sont obligatoirement joints au projet de loi de finances de l'année ; 1°) un rapport sur la situation et les perspectives économiques, sociales, et financières de la Nation. Il comprend notamment la présentation des hypothèses de la loi de finances et des projections y afférentes ; 2°) une annexe présentant les perspectives d'évolution sur trois (3) ans, de ; dépenses publiques, en tenant compte des projections des équilibres ; budgétaires ; 3°) une annexe détaillant les prévisions de recettes budgétaires selon la nomenclature budgétaire des recettes, la liste et l'évaluation par catégorie de bénéficiaires des impôts et taxes affectés à personnes morales autres que l'État ;4°) une annexe présentant les dépenses de l'Etat par fonction, programme et objectif, avec les indicateurs de performance qui y sont associés 5°) une annexe explicative développant pour chaque chapitre, les dépenses d'investissements et les dépenses courantes

Ils se justifient par le souci de mieux répondre aux nouvelles exigences de l'action financière de l'État et d'obliger le gouvernement à ne pas reporter, après le débat budgétaire, la publication des documents d'information[46]. Ils permettent au Parlement d'obtenir des informations sur l'évolution de l'économie nationale, les orientations des finances publiques et le développement des grands projets d'investissement. C'est en conséquence de leur remarquable consistance que Talllineau souligne justement que : « *les documents annexes au projet de loi de finances annuel permettent une lecture directe de la modernité* »[47]. C'est d'ailleurs le sentiment de P. Reuter[48]. Quoique Tallineau semble viser uniquement le projet de loi de finances de l'année, il nous semble que la lecture directe de la modernité serait également susceptible d'être perçue à travers les documents

---

pour les deux années précédentes ,l'année en cours et l'année considérée, par programme au sein des sections fonctionnelles et, pour chacune d'entre elles, l'état de consommation des autorisations d'engagement depuis l'origine de chaque programme et les prévisions de consommation de crédits pour l'année en cours et l'année considérée par article budgétaire ; 6°) une annexe présentant les dépenses des administrations par chapitre, par section et détaillées par article et paragraphe, pour l'année en cours et l'année considérée ; 7°) une annexe détaillant le montant et l'utilisation des comptes spéciaux au cours des deux années précédentes, pour l'année en cours et les deux années à venir ; 8°) une annexe détaillant les projets d'investissement ; 9°) un état des opérations financières ;10°) une annexe présentant les concours financiers de l'Etat aux entreprises ;11°) une annexe présentant par ministère, les informations relatives à l'évolution des effectifs et de la masse salariale ;12°) une annexe présentant l'état détaillé de la dette publique.

[45]Article 69 loi de 2007 portant régime financier de l'Etat. La commission chargée des finances désigne chaque année, à l'ouverture de la première session ordinaire de l'année législative, un rapporteur général pour les recettes et des rapporteurs spéciaux chargés des dépenses publiques et du contrôle de l'usage des fonds publics, y compris des fonds de développement publics.

[46]Il faudrait retenir au regard de ce qui précède que, le projet de loi de finances, généralement celui de l'année, tout comme les documents budgétaires qui l'accompagnent, doit en principe permettre aux parlementaires de se prononcer en connaissance de cause, sur les choix financiers proposés par le gouvernement. Ils se caractérisent par leur diversité.

[47]Tallineau L., « Les annexes budgétaires et la modernité », *op.cit.*, p. 589. L'idée de modernité est selon elle, liée à l'idée d'évolution vers plus de rationalisation dans l'organisation des sociétés.

[48]Reuter P., *Le budget dans le cadre de l'économie nationale*, Paris, Recueil Sirey, 1949, p. 50. Reuter est convaincu que *« la lisibilité par le parlement et l'opinion de la nomenclature budgétaire ne peut être totale qu'avec le recours à l'annexe, car nourrir une autre espérance serait une dangereuse chimère »*.

obligatoirement joints aux types de loi de finances, selon les termes de l'article 4, c'est-à-dire, les lois de finances rectificatives[49], la loi de règlement. Cette démarche paraît innovante et participe de la performance du travail parlementaire[50]. Le débat d'orientation budgétaire qui précède le vote de la loi de finances de l'année[51] apparaît, dans ce sens, comme un véritable cadre d'exercice de ce droit d'information prônée par l'exigence de sincérité. Le débat parlementaire permettrait ainsi à la représentation nationale d'opérer non seulement un contrôle sur les prévisions budgétaires, mais aussi de procéder à une évaluation des choix publics.

b) La sincérité : un instrument d'évaluation des politiques publiques

La notion d'évaluation peut être définie à travers une double dimension : qualitative et quantitative[52]. Car évaluer signifie à la fois mesurer et juger[53]. Une évaluation est donc un jugement porté sur une donnée par référence à une valeur. Évaluer consiste aussi à expliciter et à analyser les effets des choix politiques sous-tendus par des valeurs, et pas seulement à constater des résultats objectifs[54]. Cette double dimension de l'évaluation explique le

---

[49]Article 19. Sous réserve des exceptions prévues par la présente loi, seules les lois de finances rectificatives peuvent, en cours d'année, modifier les dispositions de la loi de finances de l'année. Elles ratifient les modifications apportées par décret aux crédits ouverts par la dernière loi de finances. (2) Elles sont présentées dans les mêmes formes que la loi de finances. Elles traduisent obligatoirement l'incidence des modifications apportées sur l'équilibre de l'exercice en cours et le solde de la loi de finances.

[50]Puisqu'étant la représentation du peuple, il doit traduire les aspirations de ce dernier. A travers l'injonction faite par le législateur camerounais de 2007 au gouvernement de joindre désormais en tout état de cause, au projet de loi de finances de l'année des documents budgétaires, transparaît l'intensification du travail parlementaire d'adoption budgétaire. Transparaît aussi, l'exigence de transparence et d'efficacité vectrice de la logique de résultat, expression de la performance budgétaire.

[51] Article 43 (1), loi de 2007.

[52] *L'évaluation dans l'administration,* Centre universitaire de recherches administratives et politiques de Picardie, PUF, 1993, p.12.

[53] Meny Y, Thoenig J.C, *Politiques publiques*, PUF, 1989, p. 288.

[54] Fondée sur les principes de l'indépendance, de l'évaluation, de la rigueur scientifique et du pluralisme des méthodes et surtout de la transparence des résultats, l'évaluation est présentée comme une contribution au débat démocratique. Cette analyse de la notion d'évaluation est celle qui semble correspondre à l'option du législateur camerounais.

développement récent de deux approches, l'une qualifiée de gestionnaire[55], l'autre de démocratique[56]. Waserman Franck fait remarquer que l'évaluation d'une politique publique a pour objet d'apprécier l'efficacité de cette politique en comparant ses résultats aux objectifs assignés et aux moyens mis en œuvre[57]. Mais dans la pratique, l'on constate une tendance d'assimilation de l'évaluation au contrôle, alors qu'il s'agit en théorie de deux entités distinctes[58]. En dépit de ce qui précède, la lecture des dispositions du nouveau régime financier de l'État amène à constater que le législateur semble avoir clairement distingué le contrôle parlementaire de l'évaluation des politiques publiques[59].

---

[55]Delau M., *Evaluer les politiques publiques : méthodes, déontologie, organisation*, Rapport pour le commissariat General du plan, La documentation française. La première découle du rapport Delau qui définit l'évaluation comme une mesure d'effets propres d'une politique, le mot mesure implique une analyse quantitative et qualitative des résultats de l'action publique

[56] Viveret P., *L'Evaluation des politiques et des actions publiques*, Rapport au Premier ministre, La documentation française. La seconde s'inscrit dans la lignée du rapport Viveret ou l'évaluation est conçue comme un jugement porté sur la valeur des politiques publiques. L'accent étant mis sur la dimension qualitative de la démarche évaluative.

[57] Waserman F., « La transparence du contrôle parlementaire », in Bouvier M. (dir), *La transparence des finances publiques vers un nouveau modèle*, Actes du 6e colloque international de Rabat, Paris, LGDJ, p.13-138. L'évaluation constitue de ce fait un puissant instrument de modernisation des structures étatiques

[58]C'est face à cette confusion que Waserman vient à en préciser que, juridiquement, l'évaluation se distingue du contrôle, dont elle peut être à tout le moins, une finalité. Parce que le contrôle suppose la possible mise en cause de l'autorité contrôlée. A l'inverse, l'évaluation dans sa logique, suppose une implication sincère de l'autorité évaluée. A notre avis, la distinction essentielle entre l'évaluation et le contrôle concerne leur objet même, car le contrôle porte sur l'application des politiques alors que l'évaluation concerne plus largement leurs effets. Aussi, alors que le contrôle fondé sur une rationalité juridique et consiste à s'assurer de la régularité des procédures, l'évaluation est présentée comme une méthode basée sur une rationalité économique et visant à mesurer les résultats et à analyser des effets. Waserman regrette ainsi le fait que dans la LOLF, l'évaluation fasse partie des composantes juridiques du contrôle, alors que ce sont deux opérations réputées distinctes dans leurs fondements leurs objectifs et leurs méthodes.

[59]Même s'il peut avoir coïncidence à certains moments entre l'évaluation et le contrôle notamment lors de la phase d'examen du projet de loi de finances dans laquelle l'évaluation et le contrôle s'opèrent concomitamment.

La loi portant régime financier de l'État a pour objectif de rendre l'action publique évaluable pour le Parlement en inscrivant les dépenses publiques dans les programmes d'actions assortis d'objectifs et d'indicateurs de moyens et de résultats et de qualité de service. Cette obligation a insufflé de nouvelles pratiques au sein de l'administration camerounaise, celle de la direction par objectif et du pilotage de performance notamment par les administrations fiscalo-douanières[60]. L'évaluation se fait donc au moyen des documents communiqués à la représentation nationale qui sont de deux ordres, à savoir les documents accompagnant le projet de loi de finances de l'année en cours, d'une part, et d'autre part, les documents de l'année précédente. Il faudrait également y ajouter les états financiers, qui constituent des documents soumis à la représentation nationale. Il faudrait aussi mentionner la loi de règlement et la loi de finances rectificative. La loi de finances rectificative permet une évaluation à mi-chemin de l'action de l'exécutif ; tandis que la loi de règlement permet une évaluation ex-post. À titre de droit comparé, l'évaluation est devenue une obligation constitutionnelle en France et le Parlement est assisté dans cette tâche par la Cour des comptes[61]. En grande Bretagne, la procédure budgétaire est confiée à l'opposition[62]. Le débat d'orientation budgétaire[63] constitue un

[60]Evina Obam R., « L'intégration du pilotage des performances en finances publiques Camerounaises », Mémoire Master en administration publique, ENA Paris, octobre 2005, 60 p.

[61]Conformément à l'article 47-2 de la Constitution du 23 juillet 2008, qui énonce : « *la Cour des comptes assiste le Parlement dans le contrôle de l'action du gouvernement. Celle-ci assiste désormais le parlement et le gouvernement dans le contrôle de l'exécution des lois de finances et l'application des lois de financement de la sécurité sociale, mais aussi dans l'évaluation des politiques publiques. Par ses rapports, elle contribue à l'information du citoyen* ».

[62]Etien R., « La participation de l'opposition au débat parlementaire », in Gaudemet P., (dir), *Etudes de finances publiques*, Paris, Economica, 1984, p.125-141.

[63] Consacré par l'article 43 (1) de la loi de 2007 en ces termes : « Aux termes de l'article 43(1) de la LRFE, le vote de la loi de finances de l'année est précédé d'un débat parlementaire portant sur les catégories de ressources et charges énumérées à l'article 12 ci-dessus ».

véritable cadre d'évaluation des politiques publiques[64] et de modernisation[65] du contrôle de celles-ci.

2-) La sincérité : un instrument parlementaire de contrôle des politiques publiques

Le législateur rend possible le contrôle de l'action financière gouvernementale au moyen de deux instruments, à savoir : les commissions d'enquête dont il renforce les pouvoirs[66] (a) et la loi de règlement (b).

a)- Les commissions d'enquête parlementaires : véritables institutions au service de la sincérité

Les commissions d'enquête[67] apparaissent dans ce cheminement comme une innovation fondamentale. Car, en effet, ces commissions disposent de pouvoirs étendus, qui vont jusqu'au droit d'audition lorsque les circonstances l'exigent[68]. Les commissions d'enquête sont tenues de produire un rapport pouvant être transmis si besoin aux autorités judiciaires[69]. Le Parlement, à travers la mise en œuvre des

---

[64]Cette disposition consacre ainsi, un véritable débat budgétaire. A notre sens, le législateur consacre pour la première fois, en droit public financier camerounais, un véritable débat d'orientation budgétaire. Car à travers l'ensemble des discussions qui vont se dérouler au sein du Parlement lors de l'approbation et du vote du budget de l'Etat, transparaît la vérité budgétaire.

[65] Selon F. Mordacq, *La réforme de l'Etat par l'audit*, *op.cit.*, p.12, la modernisation de l'Etat ou réforme administrative s'attache à conduire les administrations à se transformer et à s'adapter aux évolutions permanentes de la société. La modernisation concerne l'ensemble des actions qui visent à améliorer la qualité des services, la performance des administrations à travers la révision des modes de fonctionnement et de gestion, les simplifications administratives, ainsi que l'utilisation des nouvelles technologies.

[66]Article 69 loi de 2007 portant régime financier de l'Etat. La commission chargée des finances désigne chaque année, à l'ouverture de la première session ordinaire de l'année législative, un rapporteur général pour les recettes et des rapporteurs spéciaux chargés des dépenses publiques et du contrôle de l'usage des fonds publics, y compris des fonds de développement publics.

[67]Bouhadana I., « Le rôle des commissions des finances des assemblées parlementaires : approche comparée », *op.cit.*, p.193et s.

[68] Remarquons que le droit d'audition des commissions ne s'effectue pas à l'endroit du président de la République. Cela signifie que tous les autres membres de l'exécutif y sont passibles.

[69]Il est fait obligation à l'exécutif de leur fournir tout document utile au contrôle,

commissions d'enquête, se trouve véritablement impliqué dans le contrôle du budget[70]. C'est, pour ainsi dire, que le noyau dur du contrôle parlementaire réside finalement dans la vérification de l'adéquation entre la prévision budgétaire et les réalités comptables. Ainsi, le contrôle de sincérité pourrait donc revêtir plusieurs dimensions à savoir, le contrôle de la sincérité du périmètre qui permet d'étendre le contrôle à la totalité des recettes et des dépenses de l'État. Ce contrôle se matérialise par l'analyse et l'examen de tous les documents financiers soumis au Parlement. Ce contrôle s'étend normalement à toutes les personnes publiques ou morales qui gèrent l'argent public[71].

---

sous réserve des sujets à caractère secrets touchant à la défense nationale, au secret de l'instruction et au secret médical. L'accroissement des pouvoirs d'investigations au sein et en dehors des commissions du Parlement exprime une fois de plus, le souci du législateur de rééquilibrer les pouvoirs financiers du Parlement pour asseoir une meilleure lisibilité de la vie financière de l'État. C'est dans cette optique qu'il procède à la mise en œuvre des moyens nouveaux afin de renforcer ceux existants.

[70]Cette démarche du législateur camerounais est louable et participe à rendre compte à un niveau plus global des efforts réalisés dans le processus de démocratisation de l'institution parlementaire. Au rang de ces moyens, il convient d'évoquer des auditions des responsables financiers, l'envoi des questionnaires aux ministres, rencontres plus ou moins formelles avec les acteurs du monde économique, des contrôles sur pièce et sur place. Les questions orales et écrites posées aux membres du gouvernement par les députés que ce soit en commission des finances qu'en séance plénière constituent aujourd'hui, de véritables armes au service du Parlement[70]. Les questions orales et écrites posées par le Parlement au gouvernement permettent une meilleure appréciation de la situation financière du pays. Désormais, chaque année la commission des finances désigne à l'ouverture de la première session ordinaire de l'année législative, un rapporteur général pour les recettes et des rapporteurs chargés des dépenses et du contrôle de l'usage des fonds publics, y compris, des fonds de développement publics. A cet effet, les rapporteurs spéciaux peuvent effectuer un contrôle sur pièce et sur place. Cela signifie que les rapporteurs ne se cantonnent plus au Parlement, qu'ils peuvent désormais, investiguer hors du Parlement.

[71]Puisqu'aux termes de l'article 75, la présente loi s'applique aux personnes morales de droit public Etat, Etablissements Publics et Collectivités Territoriales Décentralisées, sous réserve de leurs spécificités.

b)- La sincérité : instrument de renforcement et de valorisation de la loi de règlement

La loi de règlement constitue aussi, le fondement du vote du projet de budget[72]. En cela, elle constitue aussi un instrument de prévision budgétaire parlementaire[73]. Elle participe de l'affirmation de l'idée d'après laquelle, la prévision budgétaire n'est plus aujourd'hui le monopole gouvernemental. Le législateur camerounais dans sa longue marche vers la modernité accorde une place de choix à la loi de règlement[74] en déterminant son régime, son contenu, tout comme la liste des documents devant nécessairement l'accompagner au moment de son adoption au Parlement.[75] Par la consistance matérielle et

---

[72]Seguin P., « La Cour, vigie des finances publiques », RFFP N°100, novembre 2007, p. 223et s.

[73]Seguin P., « La Cour des comptes et le Parlement », Avant-propos, RFFP N° 59 1997, p. 7et s.

[74]Art. 20 al 1 et 2 loi de 2007 portant régime financier de l'État. La ratification des modifications apportées par décret d'avance aux crédits par la dernière loi de finances ; l'arrêt du montant définitif des recettes et des dépenses du budget auquel, elle se rapporte ainsi que le résultat qui en découle ; l'arrêt du montant définitif des ressources et charges de trésorerie ayant concouru à la réalisation de l'équilibre financier ; constate les écarts dans la mise en œuvre des programmes sur la base des objectifs des indicateurs correspondants ; constate le compte de résultats de l'exercice établi à partir des ressources visées à l'article 12 ci-dessus ; affecte le résultat comptable de l'exercice. La loi de règlement peut le cas échéant comporter toutes les dispositions relatives à l'information et au contrôle du Parlement sur la gestion des finances publiques, à la comptabilité de l'État et au régime de la responsabilité pécuniaire des agents des services publics. Elle peut également arrêter le solde des comptes spéciaux non reportés à l'exercice suivant.

[75]Soit au total 6 éléments ou documents parmi lesquels figurent les rapports annuels de performance des administrations rédigés par les ordonnateurs principaux et l'état sur les dépenses par programme indiquant la dotation initiale, les modifications intervenues au cours de la gestion, les ordonnancements et les arriérés de paiement assortis des annexes explicatives sur l'utilisation des crédits et les écarts entre les estimations et réalisations. Ces deux éléments à eux seuls expriment la profondeur, la confiance, l'espoir que le législateur place en la loi de règlement. Cet espoir est davantage manifeste à travers l'établissement ou l'aménagement du vote distinct de la loi de règlement et de la loi de finances de l'année. Contrairement à ce qui avait cours dans le passé, la loi de règlement fait désormais l'objet d'un vote particulier. Au regard de cette avancée considérable, les

formelle des documents accompagnant le projet de loi de règlement, cette dernière apparaît, à notre sens, comme un véritable instrument du contrôle parlementaire et d'évaluation des politiques publiques[76]. Il reste à souhaiter que celle-ci assure effectivement le contrôle de l'exécution de la loi de finances afin de moderniser et de renforcer la transparence de la gestion financière publique.

B-) La sincérité : instrument de modernisation et de renforcement de la transparence dans la gestion financière publique

La sincérité apparaît comme un instrument qui permet au législateur de revisiter toutes les règles encadrant la gestion financière publique. Elle tend à arrimer la gestion publique financière aux exigences de la nouvelle gouvernance financière internationale. Le législateur soumet toute la gestion financière publique à l'exigence de sincérité. Toute chose qui amène à considérer la sincérité comme un instrument de renforcement et de promotion de la transparence financière (1) et comme un instrument de modernisation de la gestion financière publique (2)

1-La sincérité, instrument de renforcement et de promotion de la transparence

La transparence apparaît aujourd'hui comme une exigence fondamentale de la bonne gouvernance financière publique[77]. Elle s'oppose à l'obscurité, à

---

enjeux sont réels et l'importance de la question déborde le spectre des convictions personnelles pour se hisser au rang des objectifs supérieurs. Il s'agit bien évidemment, de la modernisation de la gouvernance financière universelle, désormais orientée vers la performance. La loi de règlement apparaît inéluctablement aujourd'hui, comme le levier de cette performance budgétaire et financière et cela, en raison de son changement d'orientation.

[76]Kott S., « La loi de règlement et l'introduction d'un contrôle de délibération sous la restauration », *op.cit.*, p. 285 et s. A la suite de Kotts, elle constitue à notre sens, un véritable instrument de pression sur l'exécutif en matière de gouvernance financière. Par cet instrument, il est loisible d'affirmer que le Cameroun a fait un saut quantitatif et qualitatif vers la route de la modernité.

[77]Elle consiste en la production des situations financières et comptables consolidées de l'ensemble des administrations publiques, pour permettre de comparer dans le temps, et dans l'espace, des finances publiques selon une grille normative universelle… Celle-ci exige ainsi des garanties d'intégrité et de cohérence des données macroéconomiques, budgétaires et indépendances des organismes en charge de ces données.

l'ambiguïté, à l'opacité. Dans ce cas, elle est synonyme de publicité, de clarté et de limpidité[78]. Elle requiert à la base, une définition claire des attributions et des responsabilités au sein de l'ensemble de l'administration publique. L'exigence de sincérité en droit interne apparaît avant tout comme une exigence prônée par les institutions internationales et régionales soit dans le cadre de l'intégration communautaire, soit dans le cadre de l'assistance financière internationale du FMI[79], de la Banque Mondiale ou des autres organismes de coopération financière, soit dans le cadre des institutions supérieures de contrôle des finances[80]. Le législateur camerounais, par son instauration[81], se fixe cette ambition. Dans le même sens, Lotfi Missoum

[78]Gicquel J., « Transparence des budgets publics », in Bouvier M. (dir), *La transparence des finances publiques vers un nouveau modèle*, Actes du 6e colloque international de Rabat, Paris, LGDJ, 2012, p. 29-35.

[79]C'est la raison pour laquelle au sens du Fonds Monétaire international, elle constitue « l'ouverture à l'égard du grand public concernant les fonctions et la structure du gouvernement, les intentions en matière de politique budgétaire, les comptes du secteur public, ainsi que les prévisions ».

[80]Tout compte fait, il faut partir de l'idée selon laquelle la présence de la sincérité dans le droit public financier de l'Etat ou droit public financier du marché, participe d'une logique de conformité à l'ordre financier international. Elle constitue à ce titre une transcription des exigences communautaires, régionales et internationales du Cameroun vis-à-vis de ses partenaires multiples. Il s'agit du respect à tous les niveaux de la parole donnée. Surtout qu'aux termes de l'article 41 du Traité *CEMAC* révisé, les *directives* lient tout Etat ... Le législateur du régime financier de l'Etat utilise donc la sincérité comme moyen d'ouverture au monde extérieur de la situation de sincérité financière du Cameroun. Il s'agit d'une démarche avant-gardiste de prudence.

[81]Ainsi par l'utilisation de la formule : « *Ce principe implique que les informations fournies soient claires, précises et complètes, au regard des données disponibles, au plan national et international, au moment de l'élaboration des prévisions. La loi de finances prend en compte les directives de convergence des politiques économiques et financières résultant des conventions internationales et régionales auxquelles la République du Cameroun adhère* ». La considération de la sincérité comme instrument de renforcement de la transparence budgétaire et comptable participe de l'idée de modernisation de la gestion publique. Car en tout état de cause, la sincérité érigée au rang d'obligation par le législateur doit transformer le cadre de la gestion publique financière, de façon à la rendre de plus en plus lisible. Cela apparaît sans doute comme une conséquence de l'avènement de la logique de la performance. Il faut prendre en compte des éléments de conformité aux cadres régionaux et internationaux, car le législateur du nouveau régime financier utilise à bon escient la sincérité pour ouvrir les finances publiques au monde extérieur. Il s'agit aussi implicitement de promouvoir les finances publiques camerounaises au niveau de ces instances.

estime que « *la transparence des budgets publics conjuguée à une meilleure communication financière et information des citoyens facilite la mise en œuvre desdites réformes grâce à la confiance des citoyens dans leurs gouvernements* »[82]. Le renforcement de la transparence entraîne, ipso facto, la soumission du cadre budgétaire et financier interne aux directives communautaires (a), ainsi qu'aux recommandations internationales, notamment celles du FMI et de la Banque Mondiale[83] (b).

a) La conformité du cadre budgétaire et financier interne aux directives communautaires

La nécessité d'instaurer, dans l'Union, des règles permettant une gestion transparente, rigoureuse, harmonisée des finances publiques en vue de conforter la stabilité de la monnaie commune et l'exercice de la surveillance multilatérale des politiques budgétaires dans les États de l'Afrique centrale[84], a amené le Conseil des ministres de la communauté à instituer la directive n° 01 /08/UEAC-190- CM-17 du 20 juin 2008 relative aux lois de finances dans les pays de la CEMAC. La présente directive fixe les règles fondamentales relatives à la nature, au contenu à la procédure d'élaboration, de présentation et d'adoption des lois de finances ainsi qu'aux opérations d'exécution et de contrôle du budget de l'État, applicables dans les États membres de la communauté économique et monétaire de l'Afrique centrale, soumet ceux-ci à l'exigence de sincérité[85] et de transparence[86].

[82] Lotfi Missoum, «Budget publics, communication financière et information des citoyens », in Bouvier M. (dir), *La transparence des finances publiques vers un nouveau modèle*, Actes du 6e colloque international de Rabat, LGDJ, 2012, p. 29-35.

[83] Qui ont d'ailleurs mis en place depuis 1998, un code de transparence.

[84] A la suite du traité du 16 mars 1994 instituant, la communauté Economique et Monetaire de l'Afrique centrale et ses additifs en date du 05 juillet 1996 et 5-25 avril 2007, et surtout sur le fondement de l'article 54 de la convention relatif à l'harmonisation des législations budgétaires et l'uniformisation du champ statistique du secteur public.

[85] Ainsi, ce texte formule l'exigence de sincérité en des termes suivants : Les lois de finances présentent de façon sincère l'ensemble des ressources et charges de l'Etat. Leur sincérité s'apprécie compte tenu des informations disponibles et des prévisions qui peuvent raisonnablement en découler.

[86] Article 1er, 32 et 33 de la directive. Il assigne aux comptables publics, ainsi une mission de gardien des principes de sincérité et bien d'autres. Ceux-ci doivent notamment veiller dans leurs Etat à la sincérité des enregistrements comptables et du respect des procédures.

Le cadre financier communautaire a connu depuis 2011, de profondes mutations allant dans le sens du renforcement de la transparence budgétaire[87]. Le nouveau cadre harmonisé de gestion des finances publiques comprend six directives : la directive portant code de transparence et de bonne gouvernance dans la gestion des finances publiques[88] ; la directive portant lois de finances[89] ; la directive portant règlement général sur la comptabilité publique[90] ; la directive portant nomenclature budgétaire de l'État[91] ; la directive portant plan comptable de l'État[92] (PCE-CEMAC) ; la directive portant tableau des opérations financières de l'État[93] (TOFE).

---

[87]Article 32 de la directive de 2008. Car de toute évidence, la modernisation et le renforcement de la transparence, l'efficacité et la robustesse du système de gestion des finances publiques, ainsi que la facilitation de la comparaison des données de finances publiques contribuent à assurer une surveillance multilatérale effective des politiques budgétaires nationales.

[88]Directive n° 06/11-UEAC-190-CM-22 relative au Code de transparence et de bonne gouvernance. La directive portant code de transparence et de gouvernance budgétaire est un ensemble de règles éthiques, politiques et institutionnelles visant à favoriser une gestion des finances publiques conforme aux principes de la démocratie. C'est également un signal d'engagement solennel de transparence des Etats à l'égard de la population, des investisseurs et des partenaires ; un référentiel pour les textes actuels et futurs, nationaux et régionaux, en matière de gestion des finances publiques.

[89]Directive n° 01/11-UEAC-190-CM-22relative aux lois de finances. La directive relative aux lois de finances constitue la véritable clef de voûte de la réforme. Elle traite du contenu, du périmètre et des procédures d'élaboration, de vote, d'exécution et de contrôle des budgets publics. Sur la base des principes énoncés dans la directive transparence, la directive relative aux lois de finances organise les relations entre les acteurs du processus budgétaire, introduit de nouveaux principes opérationnels (sincérité, pluriannualité) aux côtés d'anciens principes (annualité, spécialité). En outre, elle précise les nouveaux éléments du budget (programmes, indicateurs, autorisations d'engagement, annexes budgétaires), ainsi que les nouvelles responsabilités.

[90]Directive n° 02/11-UEAC-190-CM-22 relative au règlement général de la comptabilité publique. La réforme consacre également la modernisation de la comptabilité avec le développement de deux types de comptabilités séparées, mais complémentaires. Ce qui donnera une comptabilité budgétaire permettant de suivre la bonne exécution des lois de finances et une comptabilité générale permettant de suivre l'évolution du patrimoine de l'État ou encore la rénovation du cadre des statistiques des finances publiques.

[91] Directive n° 04/11-UEAC-190-CM-22 relative à la nomenclature budgétaire de l'état. Quant à la directive portant nomenclature budgétaire de l'Etat, elle précise les nouvelles règles de présentation des crédits (économique, administrative, fonctionnelle et programmatique), et sert d'outil de comparabilité des prévisions et réalisations budgétaires

b) **La conformité du cadre budgétaire et financier interne aux standards internationaux**

Cette exigence revêt plusieurs sens, une exigence de conformité aux standards internationaux de la bonne gouvernance, une conformité aux institutions supérieures de contrôle des finances publiques. Dans le premier sens, l'exigence de sincérité apparaît comme une conditionnalité de l'aide au développement. Celle-ci est matérialisée dans le cadre des efforts engagés pour renforcer le système financier international. C'est à ce titre que la Banque Mondiale et le FMI ont déterminé une série de normes internationales dans douze domaines liés à leur activité, dont celui relatif à la transparence des finances publiques, lequel a abouti, en avril 2007, à la mise en œuvre d'un code de bonnes pratiques en matière de transparence[94]. Ce code a fait l'objet d'une révision en 2007[95]. À côté de cet instrument, notons

---

ainsi que de cadre d'agrégation des informations budgétaires de l'ensemble des Etats membres. Parmi ces innovations, il y a l'instauration des instruments modernes de gestion s'appuyant sur le cadre budgétaire à moyen terme (CBMT), pour ce qui est de la programmation, et sur le cadre de dépenses à moyen terme (CDMT), pour ce qui est de l'exécution budgétaire.

[92] Directive n° 03/11-UEAC-195-CM-22 relative au plan comptable de l'Etat.

[93] Directive n°05/11-UEAC-190-CM-22 relative au tableau des opérations financières de l'Etat.

[94]Cet ensemble de normes fut considéré comme une composante essentielle de la bonne gouvernance financière après la crise subie par les marchés émergents. Cette norme concernant les finances publiques a été adoptée à Washington le 16 avril par le comité intérimaire du conseil des gouverneurs du FMI, sous l'appellation : Code des bonnes pratiques en matière de transparence des finances publiques.

[95]Boulet D., « Les standards internationaux de la bonne gouvernance selon le FMI », in Bouvier M. (dir), *La Bonne Gouvernance des Finances Publiques dans le monde*, Actes de la IVe Université de printemps de Finances Publiques du Groupement Européen de Recherches en Finances Publiques (GERFIP), Paris, LGDJ, 2009, p. 16 et s. après consultation de la société civile des autorités nationales des organismes de développements, des universités et des organisations non gouvernementales œuvrant dans le domaine de la transparence budgétaire. Cette transparence permet que le débat public ait lieu sur la base d'informations fiables. Elle renforce en outre la responsabilisation et la crédibilité des pouvoirs publics. Ainsi, l'exigence de transparence s'exprime au moyen de quatre grands principes à savoir : Une Définition claire des rôles et de responsabilités : il doit avoir une distinction nette entre les activités du secteur public et les activités commerciales. La gestion des finances publiques doit s'inscrire dans un cadre juridique et institutionnel

aussi le manuel statistique des finances publiques du FMI de 1986, adopté en 2001[96].

Au niveau de la Banque Mondiale, relevons en substance la stratégie de réforme des institutions publiques et de renforcement de la gouvernance, les outils de diagnostics comme les études et les indicateurs ; les instruments de soutien financiers, etc.[97]

Il convient également de mentionner le rôle central de l'institution internationale du contrôle supérieur des finances publiques qui joue un rôle important dans l'harmonisation du contrôle des institutions supérieures de contrôle des finances publiques.

---

clairement défini. Au sein du secteur public, la répartition des fonctions de décision et de gestion doit être claire et rendue publique ; transparence des procédures budgétaires : les données budgétaires doivent être présentées de manière à faciliter l'analyse et à promouvoir la responsabilisation des pouvoirs publics. La documentation budgétaire doit préciser les objectifs de la politique budgétaire, les hypothèses macroéconomiques qui les sous-tendent et les principaux risques identifiables. Les modalités du recouvrement des recettes et du suivi des dépenses approuvées doivent être clairement établies ; Accès du public à l'information : ce principe met l'accent sur l'importance de la publication d'informations complètes sur les finances publiques. Le citoyen doit *être* pleinement informé de l'activité passée, présente et future des administrations publiques en matière budgétaire. Les pays doivent s'engager à diffuser en temps opportun des informations sur les finances publiques. Garantie d'intégrité : ce principe a trait à la qualité des données budgétaires et à la nécessité d'un examen indépendant des informations des finances publiques.

[96]Ce manuel a pour but principal de présenter un cadre théorique et comptable adapté à l'analyse et à l'évaluation des politiques de finances publiques il couvre notamment, la performance des administrations publiques et plus généralement du secteur public quel que soit le pays. Le nouveau manuel introduit une plus grande transparence dans la présentation des données de finances publiques, intégrant le système de la comptabilité d'exercice. Le guide sur la transparence des recettes des ressources naturelles applique les principes du code de bonnes pratiques en matière de transparence des finances publiques aux économies reposant pour une part substantielle sur des ressources naturelles. C'est en droite ligne qu'il faut situer l'admission du Cameroun à l'ITIE.

[97]Laurent Catherine, « Les standards internationaux de la bonne gouvernance selon la Banque Mondiale », in Bouvier M. (dir), *La Bonne Gouvernance des Finances Publiques dans le monde*, Actes de la IVe Université de printemps de Finances Publiques du Groupement Européen de Recherches en Finances Publiques (GERFIP), Paris, LGDJ, 2009, p. 23et s.

2)- La soumission du cadre de prévision, de préparation et d'exécution des lois de finances à l'exigence de sincérité

a)- La soumission du cadre d'évaluation et de prévision à l'exigence de sincérité

Soumettre le cadre de la préparation de la loi des finances à l'exigence de sincérité implique deux considérations, à savoir, d'une part, que le projet de loi de finances, ainsi que tous les documents l'accompagnant, peut présenter un minimum de cohérence de façon à retracer la lisibilité de la vie financière de l'État. Il s'agit, à coup sûr, de la **sincérité formelle**, c'est-à-dire celle attachée aux aspects visibles des documents budgétaires et financiers. Par ailleurs, les prévisions des recettes et des dépenses contenues dans les programmes peuvent présenter un minimum de raisonnabilité d'autre part. La sincérité, dans ce cas, est une **sincérité matérielle**. La sincérité formelle et la sincérité matérielle constituent un ensemble cohérent et indissociable[98]. Il convient de mentionner, avant toute chose, qu'une telle entreprise à priori non aisée, implique pour le gestionnaire ou l'acteur, beaucoup de discipline, de rigueur et de prudence[99]. Car, de toute évidence, le domaine des évaluations ou des prévisions budgétaires apparaît comme celui dans lequel

---

[98]Dans la mesure où au stade de la préparation des prévisions de la vie financière de l'Etat, ces deux aspects sont indispensables et complémentaires. Ainsi, soumettre le cadre de préparation et de prévision à la sincérité c'est prôner que le projet de loi de finances, y compris tous les documents qui l'accompagnent, puisse être lisible. Mais aussi qu'il ait une bonne évaluation des prévisions des recettes et des dépenses.

[99]La difficulté de systématisation d'une méthode de prévision de la vie financière au Cameroun a laissé le champ libre à une expérimentation des méthodes diverses à telle enseigne que l'on s'est finalement demandé quelle était la méthode appropriée. Les méthodes classiques ayant montré leurs limites l'on s'est retourné vers la planification stratégique des opérations budgétaires depuis les années 2000, avec le retour à la programmation avec désormais au niveau opérationnel deux institutions de pilotage de la préparation des prévisions à savoir d'une part le ministère des Finances et d'autre part, le ministre de la Planification et de l'Aménagement du territoire. Ce renouveau institutionnel matérialisé par le retour à la programmation introduit davantage plus d'objectivité dans la vie financière de l'Etat, nonobstant la marge de manœuvre accordée aux responsables de programmes et aux préparateurs. Car la logique de la nouvelle loi étant une logique économique, il est possible d'admettre une marge de manœuvre prenant en compte, l'environnement socio-économique, culturel et politique de la préparation de la vie financière.

on retrouve plus d'incertitudes[100], parce qu'il n'existe pas de solution universelle en matière de prévision, tant les circonstances de lieu et de temps divergent[101].

La soumission de la présentation du projet des lois de finances à l'exigence de sincérité souligne que la transparence des documents financiers, au stade de la prévision, suppose leur lisibilité, leur intelligibilité, leur accessibilité à tous. Les documents financiers en question concernent aussi bien les documents budgétaires que les documents comptables. Il s'agit non seulement du projet de loi de finances, mais aussi de tous les autres documents qui doivent, de ce fait, être soumis à la censure du pouvoir législatif. La clarté de ces documents permettrait d'éviter les dérives et les dérapages de toutes natures pouvant conduire à la gestion occulte des finances publiques.

La soumission du contenu du projet de loi des finances à l'exigence de sincérité emporte, comme conséquence, que toutes les matières budgétaires et comptables soumises à l'exercice de la prévision se doivent d'être

---

[100]Car la gestion chaque jour plus délicate des intérêts des individus et des nations exige chez les dirigeants, une compétence et une ténacité singulièrement étendues. Parmi les nombreuses qualités dont ils doivent faire, il en est cependant une qui semble la condition première de toute réussite ; c'est la prévoyance. Sans doute, l'histoire montre-t-elle combien les circonstances bouleversent souvent les prévisions les plus raisonnables et les programmes les mieux élaborés.

[101]C'est sans doute dans cette logique qu'à travers le budget programme, il est laissé une grande marge de manœuvre aux responsables en charge des programmes. Cette liberté leur permet d'introduire plus d'opportunité et d'objectivité dans les choix à faire pour fournir des prévisions raisonnablement cohérentes. Un tel exercice à notre avis ne devrait reposer ni sur la rationalité juridique, ni sur la rationalité économique, mais sur une autre forme de rationalité qui à notre sens paraît subjective parce que reposant sur les qualités personnelles des préparateurs. C'est d'ailleurs le sens ontologique même de la notion. Sans doute peut-être le seul moyen d'arriver à une estimation présentant quelques chances est de n'imposer aucune discipline aux préparateurs en faisant place en cette matière où le maximum de souplesse est indispensable, aux appréciations individuelles, bref à l'évaluation directe[101]. Mais en revanche on se demande alors si on peut ou on devrait réellement faire confiance au gouvernement. Pour Panouillot, les régimes les plus favorables à l'exactitude des prévisions sont ceux où le Parlement fait confiance au gouvernement. Car en effet, les qualités personnelles des préparateurs jouent un rôle prépondérant. Ainsi de leur sincérité et de leur perspicacité dépend la valeur des prévisions. Mais alors comment évaluer cette sincérité et cette perspicacité ? La réponse à la question n'est pas évidente.

sincères[102]. La sincérité, sur le plan du contenu budgétaire et comptable postule d'une part, que les matières budgétaires, notamment les ressources et les charges de l'article 12 de la loi de 2007 portant régime financier de l'État au stade de la prévision, soient sincères dans leur consistance. Et d'autre part, que les matières comptables de l'État puissent être de nature à refléter une image fidèle de la situation patrimoniale de la personne publique. La sincérité matérielle, à ce niveau, revêt deux sens : une **sincérité dans la prévision des dépenses et programmes**, et une **sincérité dans la prévision des recettes.**

La sincérité matérielle au niveau de la prévision des recettes, implique une identification claire des sources de revenus de l'État, la mise en œuvre des procédés et mécanismes d'assiette transparents en vue de la détermination de la matière imposable, de sa liquidation[103].

La sincérité matérielle au stade de la prévision des programmes et des dépenses publiques implique, l'élaboration d'un état de dépenses rationnelles, tant au niveau de l'investissement, du fonctionnement, que des programmes[104]. Cela suppose donc la sélectivité dans les dépenses publiques,

---

[102]Étant donné que cette forme de sincérité a trait au contenu même du budget, d'aucuns la qualifient de sincérité du contenu du budget.

[103]Cela emporterait pour obligation à charge des administrations fiscales de bien déterminer la matière imposable afin que chacun puisse payer sincèrement son impôt. Cela suppose aussi à la base, une parfaite maîtrise et une identification complète de la matière imposable des mécanismes adéquats de lutte contre la fraude fiscale, l'évasion fiscale, la contrebande douanière, le favoritisme fiscal, etc.

Il serait également important de réduire les inégalités fiscales entre l'Etat et les citoyens. Car au fondement, transparaît l'enjeu de rendre l'administration des finances tellement transparente que, chaque contribuable puisse en quelque sorte la juger comme ses propres affaires et observer de l'évolution de sa taxe jusqu'à la destination pour laquelle il l'a payée.

[104]C'est vrai que par exemple en matière de marchés publics il faut tenir compte d'un, certain nombre d'aléas pouvant au stade de l'exécution, compromettre la bonne exécution du marché. Il s'agit par exemple, de l'aléa climatique, de l'aléa culturel comme la sorcellerie, etc. cela interdit de faire des dissimulations soit en sous-évaluation, soit en sur évaluation du montant des dépenses ou des programmes. La sincérité signifie aussi, la bonne gestion du budget de fonctionnement et du budget d'investissement. Cela pose la question de l'éternel renouvellement du parc automobile de l'Etat. Chaque année en effet l'Etat achète des véhicules, pour en faire quoi on ne sait pas.

la priorité dans la dépense ; d'où la notion de dépenses de qualité[105]. À ce stade, la révision de la mercuriale des prix devrait se fonder sur des prix justes. Cela amènerait l'État à gagner en économie, mais à condition qu'en amont, la procédure d'exécution de la dépense publique soit allégée, que les délais de traitement des dossiers puissent être réduits[106]. La sincérité des évaluations suppose *rationae materiae* d'inclure dans le périmètre du budget, des prévisions raisonnables, en évitant de fausser les grandes lignes de l'équilibre budgétaire[107].

b)- La sincérité : une exigence dissimulée dans les principes budgétaires et comptables

La sincérité apparaît comme un complément nécessaire aux autres principes. C'est d'ailleurs le point commun de certains comme Anne Gruszka[108], Michel Crucis[109] ou même Étienne Douat[110] qui sont persuadés que celle-ci entretient des interactions avec les autres principes budgétaires et

---

[105]C'est-à-dire l'élaboration d'un état de besoin rationnel.

[106]C'est-à-dire que l'Etat paye ses dettes à temps. Que le circuit d'exécution de la dépense publique soit transparent.

[107] Saïdj L., «Pour un principe (au moins provisoire…) de globalité budgétaire », in Loïc P. (mél. à), *Constitution et Finances publiques*, Economica, 2005, p.5 63-574. Pour l'auteur aussi, la sincérité du périmètre budgétaire prise en compte correspond selon Saïdj, à la règle de la totalité incluse dans les principes d'unité et/ou d'universalité puisqu'elle impose de débudgétiser les prévisions de toutes les opérations de la personne publique concernée. Il s'agit donc de prévoir au budget, la totalité des recettes et des dépenses de la collectivité publique concernée. Ce qui n'interdit pas opportunément, les budgétisations et les débudgétisations

[108]Gruszka A., « L'effectivité du principe de sincérité dans les finances de l'Etat », Mémoire de recherche, master 2, université panthéon-Assas-Paris II, juin 2010, p. 48 et s. Pour Anne Gruszka la sincérité constitue un principe dissimulé derrière les autres principes. L'exigence de sincérité est liée aux principes budgétaires classiques.

[109]Crucis H-M., « La sincérité des lois de finances. Nouveau principe du droit budgétaire », JCPG, 12 juillet 2000, no.28, p.1359. Henry-Michel Crucis, arguant dans le même sens estime que « *le rapprochement est édifiant : dans tous les cas, la sincérité appuie voire se substitue aux principes d'unité et d'universalité parfois eux-mêmes confondus* ».

[110] Douat E., *Finances publiques*, Paris, PUF, 3e Ed, 2006. Selon lui, « *les principes classiques du droit budgétaire visaient dès XIXe siècle à faire respecter une certaine transparence financière* ».

comptables. Anne Gruszka, à la suite de L. Saïdj[111] estime même que la sincérité est notamment proche des principes d'universalité et d'unité budgétaire.

L'exigence de sincérité transparaît dans le principe d'équilibre budgétaire dans la mesure où un budget décliné en programmes doit avant tout être équilibré dans ses différentes composantes. C'est la raison pour laquelle le législateur consacre le déficit et le recours à l'emprunt tout en aménageant leurs conditions[112]. Pour Dominique Landbeck, « *le principe de spécialité apparaît extrêmement lié à la sincérité du contrôle et plus exactement à la sincérité de l'information des assemblées* »[113].

Diluée dans l'annualité, elle exige avant tout que les modifications opérées en au cours de l'année puissent présenter un minimum de clarté de cohérence, de réalisme et de vérité dans les prévisions annuelles des dépenses, des programmes, et des ressources.

La sincérité entretient également des liens étroits avec les principes comptables dans la mesure où la sincérité participe de la fidélité. C'est à juste titre que le législateur adopte une comptabilité qui sur la base de l'image fidèle de la situation et du patrimoine permet de retracer la lisibilité des opérations financières de l'État. Ainsi, pour Joye Jean-François, le

[111]Certes, par exemple, le transfert de taxes du budget de l'État à la sécurité sociale concerne tout à la fois l'unité, l'universalité et la sincérité de la loi de finances dans la mesure où la critique porte sur l'anormalité d'une débudgétisation par affectation d'impôt à des organismes autres que l'État. Mais pour la lisibilité du droit applicable en amont, et de la décision du juge en aval, il convient de déterminer et de réserver un champ d'application aussi circonscrit que possible à chacune de ces trois notions, en admettant par conséquent que la sincérité dispose d'un contenu propre que révèle d'ailleurs l'analyse des décisions observées.

[112] Article 13 loi de 2007 portant régime financier de l'Etat. Il apparaît ainsi que le déficit est l'excédent des charges sur les ressources pour l'ensemble des opérations du budget général, des budgets annexes et des comptes spéciaux, l'excédent ou le déficit budgétaire est déterminé par le solde de l'ensemble des ressources et des charges visées l'article 12 ci-dessus, exception faite des tirages sur emprunts. Le Parlement détermine chaque année le niveau de déficit soutenable et autorise le gouvernement à assurer sa couverture.

[113] Landbeck D., « La notion de sincérité en finances publiques », Paris, RFDA, 1er août 2002, n 04, p. 798.

principe de sincérité « *justifie à lui seul le besoin de faire respecter l'ensemble des principes budgétaires et les procédures mises en place* ».

c)- La soumission de l'exécution des lois de finances à la sincérité et le renforcement de la responsabilité des acteurs de la gestion

L'exigence de prévisions sincère interpelle tous les acteurs impliqués dans le processus de la décision financière publique.[114] Elle entraîne comme conséquence, le renforcement du régime de responsabilité des ordonnateurs et des comptables ainsi que celui des nouveaux acteurs générés par le budget programme. Cette exigence est traduite par l'obligation à charge pour ceux-ci, d'assurer une bonne et sincère exécution de la loi de finances, c'est-à-dire à titre principal des mécanismes transparents clairs d'encaissement et de décaissement des deniers publics, la lisibilité des écritures comptable, la transparence dans la chaîne d'exécution de la dépense publique, des mécanismes de recouvrement des deniers publics modernes et accessibles. C'est pour renforcer l'exigence de sincérité et de transparence que le législateur consacre et affirme solennellement l'exigence des régimes de responsabilité à l'encontre de ces acteurs[115]. En effet, l'exécution du budget apparaît fondamentalement en soi comme une mission de service public[116]

---

[114]Bouvier M., «Les avatars de la légitimité du processus de décision financière publique », in Desmoulin C., *La décision financière, op.cit.*, p. 17-25.

[115]Article 52.- (1) Les ordonnateurs principaux du budget de l'Etat sont, à raison de leurs attributions, responsables aux plans pénal et civil. -(2) Les autres catégories d'ordonnateurs, dans la limite de leurs délégations, sont responsables aux plans pénal, civil et disciplinaire. -(3) Les ordonnateurs sont justiciables devant l'organe chargé de la discipline budgétaire et financière dont l'organisation et le fonctionnement sont fixés par un texte particulier. Article 58.- (1) Les comptables publics sont des agents publics régulièrement préposés aux comptes et/ou chargés du recouvrement, de la garde et du maniement des fonds et valeurs. Ils sont nommés par le ministre en charge des Finances, ou avec son agrément. (2) Ils ont une responsabilité personnelle et pécuniaire qui porte sur :- les deniers et les valeurs dont ils ont la charge ;- les recouvrements des titres exécutoires pris en charge ;- les paiements effectués ;- l'exactitude des écritures qu'ils tiennent. (3) La mise en jeu de cette responsabilité résulte d'un déficit ou d'un débet constaté à la suite des contrôles effectués par les organes compétents.

[116]Mordacq F., « Nouveaux acteurs de la gestion publique et responsabilité », RFFP, no.92, novembre 2005, p. 71-75. Voir aussi dans la même revue, Bouvier M., « L'âge de la nouvelle gouvernance financière et de la responsabilisation généralisée des acteurs publics :

et, en tant que mission de service public, elle astreint les gestionnaires et les comptables à une obligation de comportement[117]. Cela signifie que ces responsables doivent faire primer l'intérêt général dans leurs méthodes et actions. Sont visés au premier chef de cette exigence, les ordonnateurs[118] et les comptables[119].

---

un contrat social, un autre Etat », p. 39-46. Voir encore, Vachia J.P., « Refonder les principes de la responsabilité du comptable public : quelques pistes du futur », p. 171-177.

[117]L'exécution sincère de la loi de finances consisterait pour l'ordonnateur à l'éradication des ordonnancements fictifs, à la signature des marchés fictifs, à l'exercice des pratiques de corruption. Pour le comptable, elle signifierait une gestion expurgée de toute intention de détournement, de dissimulation des deniers, publics. C'est dans cette optique que le législateur du nouveau régime financier instaure un contrôle hiérarchisé de la dépense publique, avec une collaboration et un partenariat entre les différents acteurs. Si le législateur accroît la marge de confiance des acteurs, c'est parce qu'il est conscient de ce que ces derniers ont un rôle fondamental à jouer dans le processus et que la vie financière de l'Etat dépend en partie d'eux.

La sincérité signifie aussi d'éviter des livraisons fictives, une gestion transparente de la dépense publique. En évitant de gonfler les prix. Cela signifie agir selon la mercuriale des prix. Elle signifie aussi une simplification de la chaîne des dépenses publiques, notamment les procédures afin d'éviter des lourdeurs et la corruption.

Elle signifie aussi, un bon recouvrement des recettes, par les suppressions des réductions, des faveurs, des tolérances administratives, de l'instauration de l'égalité dans le traitement des dossiers. De l'optimisation des recettes publiques avec donc comme conséquence la réforme des modalités d'assiettes.

[118]Article 51 loi de 2007. Il prescrit l'exécution des recettes et des dépenses. En matière de recettes, il émet les titres de recettes. En matière de dépenses, il juge de l'opportunité des dépenses de l'Etat qu'il engage, liquide et ordonnance. L'ordonnateur est astreint à la production d'un compte administratif annuel retraçant ses actes de gestion et d'un rapport de performance sur les programmes dont il a la charge. Bien plus puisqu'étant soumis à l'exigence de sincérité, les ordonnateurs principaux du budget de l'Etat sont, à raison de leurs attributions, responsables aux plans pénal et civil. Les autres catégories d'ordonnateurs, dans la limite de leurs délégations, sont responsables aux plans pénal, civil et disciplinaire.

[119]Ils sont nommés par le ministre en charge des Finances, ou avec son agrément. Ils ont une responsabilité personnelle et pécuniaire qui porte sur : les deniers et les valeurs dont ils ont la charge ; les recouvrements des titres exécutoires pris en charge ; les paiements effectués ; l'exactitude des écritures qu'ils tiennent.

La mise en jeu de cette responsabilité résulte d'un déficit ou d'un débet constaté à la suite des contrôles effectués par les organes compétents de l'Etat. Les comptables rendent annuellement des comptes qui comprennent toutes les opérations qu'ils sont tenus par les

L'exigence de sincérité implique aussi la traçabilité de la situation patrimoniale de l'État. Car il devient de plus en plus difficile de retracer la situation patrimoniale de l'État. À l'époque, la question incombait à la comptabilité matière. Il avait été de ce fait instauré une direction de la comptabilité matière qui, aujourd'hui, aurait disparu. Il était sans doute urgent de réformer ce corps, mais sans toutefois entraîner sa disparition. Au plan pratique, l'existence d'une évaluation des biens surtout publics de l'État se fait ressentir de plus en plus. C'est vrai qu'en subordonnant la nouvelle catégorie de comptables matières à l'action de l'ordonnateur[120], le législateur du nouveau régime financier ne règle pas la question.

Grâce à l'exigence de sincérité et de clarté des comptes, le droit de la comptabilité subit des réformes. On passe ainsi à une comptabilité qui se rapproche de plus en plus de celle de l'entreprise.

Au total à ce niveau, le législateur du nouveau régime financier de l'État érige la sincérité au rang de principe matriciel. Mais sans toutefois l'aménager, ce qui donne de la sincérité, l'image d'une vitrine sans protection.

II- LA SINCÉRITÉ, UNE VITRINE SANS PROTECTION

Le constat des difficultés attachées à la sincérité permet, à l'évidence, de déceler parmi celles-ci, certaines liées à la nature même de la sincérité. Ces difficultés sont majeures et témoignent, à suffisance, de la complexité d'appliquer à la sémantique juridique un concept ontologiquement éthique et fondamentalement idéel. Les autres, apparaissent plutôt comme extérieures à la sincérité en ce qu'elles résultent de l'inaction à la fois du législateur et du juge. C'est la raison pour laquelle il mérite qu'il soit fait ici des propositions allant dans le sens de l'amélioration ou de l'efficacité de la sincérité des lois de finances. La difficulté est réelle, car la discipline du droit public tarde à intégrer des concepts à connotation moraliste comme celui de sincérité. On se situe ainsi aux confins du droit et du non-droit.

---

lois et règlements de rattacher à leur gestion. La forme de ces comptes et les justifications à fournir par les comptables sont déterminées par les règlements et instructions.

[120]Article 51(4). 4 : « L'ordonnateur désigne un ou plusieurs agents pour les opérations de comptabilité matières. Ceux-ci sont astreints, sous l'autorité de l'ordonnateur, à la production d'un compte en matières ».

La logique commande sans doute de dresser ici le panorama des faiblesses inhérentes à l'inefficacité de la sincérité (A) ainsi que des solutions pour une sincérité plus efficace et plus effective (B).

A- Le constat des faiblesses de la sincérité dans le droit public financier camerounais

Les faiblesses inhérentes à la nature juridique de la sincérité s'articulent en trois points : l'imprécision de la nature juridique de la sincérité (1), l'absence de détermination de son régime juridique (2) et l'ineffectivité du contrôle de constitutionnalité de la loi de finances (3).

1)- L'imprécision de la nature juridique de la sincérité

L'estime et les missions assignées au principe de sincérité amènent à s'interroger sur la nature juridique de celle-ci. À première vue, l'on pourrait se demander si le législateur camerounais ignore simplement cette nature et érige la sincérité au rang d'un grand principe sans toutefois lui attacher les effets attendus. Cette inquiétude est pertinente dans la mesure où l'analyse de la sincérité dans le droit public financier de l'État laisse perplexe sur sa véritable nature juridique. La sincérité présente manifestement à la fois les caractéristiques d'un principe (a), d'une obligation (b), d'un objectif (c), d'une norme, toute chose qui rend discutée, la doctrine[121].

a)- La sincérité un principe ?

La qualité d'un droit budgétaire se mesure, autant à la façon dont il assure le respect des principes traditionnels, qu'à celles dont il organise les exceptions à ces principes[122]. Pourtant, la définition de la notion de principe en droit ne paraît guère en doctrine comme chose évidente. Laurent Pancrazi[123] tout comme M. boulanger[124] sont de cet avis. Pour Xavier Souvignet, le principe constitue *la clé du mystère de l'accès au droit.* C'est-à-

[121]Anne Gruszka ne trouve pas d'autres mots lorsqu'elle vient à la qualifier de « notion attrape-tout », mémoire, *op.cit.*, p.44.

[122]Charrier J., « Les grands principes de la comptabilité publique » in, *Cahiers de la comptabilité publique*, n°1, centre de publication de l'Université de Caen, 1989, p.223.

[123] Pancrazi L., *Le principe de sincérité budgétaire*, L'Harmattan 2012, p.14.

[124]Boulanger J., *Principes généraux du droit et droit positif*, cité par G. Ripert in *Les forces créatrices du droit*, LGDJ, 1995, 2e édition, p. 330. Il déclare que « *l'expression est souvent employée sans grande précision* ».

dire « *une cause première d'une chose, mais aussi, comme ce qui contient les propriétés essentielles d'une chose* »[125]. Pour Aristote et Lalande, le principe apparaît comme une propriété constitutive d'une chose. Cela amène à distinguer trois types de principes à savoir : le principe logique, le principe ontologique, le principe normatif.

Le principe ontologique relève de la métaphysique, tandis que le principe logique, d'un discours scientifique alors, que le principe normatif constitue l'objet d'un discours du droit.

À partir de cette distinction établie, l'on pourrait penser que le principe de sincérité des lois de finances posé par le législateur camerounais correspond à la troisième catégorie de principes formulée par Lalande et Aristote. Mais, la qualification n'est guère évidente tant la question se pose en amont de savoir si la sincérité constitue en soi un principe. Puisqu'en raison de sa nature, elle pourrait également correspondre à la qualification de principe ontologique. « *Même si une approche positiviste rigoureuse impose de séparer résolument ces trois types de principes, l'on constate qu'il s'avère impossible dans la mesure où l'accès au droit constitue à la fois un élément inhérent au phénomène juridique et une norme de droit positif* ».[126] C'est sans doute ce qui amène P. Morvan à affirmer que le principe normatif est une « norme obligatoire en ce qu'elle opère une éviction du droit écrit »[127].

Pour Pancrazi, le principe s'analyse, comme une contrainte, ce qui est le propre de toute norme juridique, mais aussi, ce qui en est moins la caractéristique comme la manifestation d'une volonté, celle d'un objectif à atteindre. Pour Emmanuel Kant, le principe constitue un terme générique qui inclut aussi bien à la fois des lois, des maximes, des règles ou des

---

[125] Souvignet X., « L'accès au droit, principe du droit, Principe de droit » in *Juris Doctoria* N° 1, 2008 p. 23 et s. Se fondant sur la classification opérée par Lalande et Aristote, Souvignet affirme sa préférence en faveur du principe normatif qui à son sens, mérite d'être distingué des autres qui ne sont pas des normes, la norme étant la signification d'un acte par lequel une conduite est ou prescrite, ou permise et en particulier habiletée.

[126] Souvignet X., *L'accès au droit, op.cit.*, p. 28.

[127] En ce sens, elle ne constitue pas un simple standard ou objectif, mais une norme particulière spécifiquement d'origine jurisprudentielle. Ceci ne signifie d'ailleurs en aucun cas, que le principe ne peut avoir une existence à l'état scriptural, mais seulement, qu'il n'est consacré en tant que norme par une décision de justice.

préceptes. Il s'agit d'un énoncé de fond prescrivant une norme à agir rationnelle et déterminant ainsi la volonté[128]. L'auteur distingue ainsi des principes subjectifs ou maximes[129], et des principes objectifs[130]. La règle n'est donc pas une loi, en ce sens que la règle ne présente pas, à la différence de la loi, de caractère impératif. Ainsi, les principes ne sont pas forcément des lois et sont le plus souvent des règles. La maxime étant alors le principe d'action.

À ce niveau, convenons avec Souvignet que par-delà la différence de vocable, le principe, le principe général ou encore le principe général du droit ou de droit, apparaît comme une règle de droit. Cette règle de droit a la particularité d'être non écrite et jurisprudentielle[131]. Ainsi, le principe peut être une « règle ou une norme générale de caractère non juridique d'où peuvent être déduites des normes juridiques », « une règle juridique établie par un texte en termes assez généraux destinés à inspirer diverses applications et s'imposant avec une autorité supérieure », « une règle qui doit, à défaut de texte spécial *ou de dérogation particulière, régir une sorte de cas, par opposition à exception* » ou encore, « *une règle d'action s'appuyant sur un jugement de valeur et constituant un modèle, une règle ou un but* ».

Il apparaît à ce niveau que la sincérité des lois de finances, consacrée par le législateur camerounais, constitue bel et bien un principe. Mais, le doute subsiste encore sur l'identité de ce dernier, puisque d'un côté il renferme les éléments d'un principe normatif dans la mesure où le style employé par son auteur à savoir : « *Ce principe implique que les informations fournies soient claires, précises et complètes, au regard des données disponibles, au plan national*

---

[128]Kant E., Constant B., Morana C. (traduction), *Le droit de mentir*, La petite collection, Mille et une nuits, 3 septembre 2003, cité par Pancrazi L., *Le principe de sincérité budgétaire*, *op.cit.* , p. 29.

[129]Lorsqu'ils ne valent que pour la seule volonté du sujet, ou loi subjective que la volonté se donne pour règle : se faire une maxime, c'est se donner une règle de conduite, la règle que l'on se donne pour principe à partir des règles subjectives.

[130]Lorsqu'ils valent pour la volonté de tout être raisonnable.

[131]La règle de droit d'origine jurisprudentielle est le fruit d'une découverte ou d'une induction opérée par le juge à partir des différents textes dont il est chargé d'assurer le respect. Ainsi, les principes généraux à titre d'exemple prennent en charge la fonction essentielle de compléter un système juridique postulé ou induit comme nécessairement lacunaire. À côté de cette fonction, faudrait-il ajouter la fonction de transposer au sein du système juridique des exigences de nature axiologique.

et international, au moment de l'élaboration des prévisions »[132]. « *Les comptes de l'État doivent être réguliers, sincères et donne une image fidèle de son patrimoine et de sa situation financière* »[133], expriment une injonction et donc une obligation. De même, la sincérité revêtant par nature une connotation éthique, moraliste, on peut penser que le principe de sincérité serait mieux un principe ontologique. D'autres classifications ou distinctions pourraient exister, notamment celle présentant le principe général du droit et le principe fondamental du droit[134]... Mais nous limitons notre propos à la présente distinction. À notre avis, la sincérité budgétaire épouse les contours à la fois d'un principe normatif et d'un principe ontologique et même d'un principe logique. C'est ce qui fait dire à Tiphaine Papodopulos qu'elle constitue un faux principe et n'a pas sa raison d'être en tant que tel[135].

b)- La sincérité des lois de finances : une obligation ?

La discussion autour de l'efficacité normative du principe de sincérité budgétaire amène à se poser la question de savoir si la sincérité constitue une obligation. Si tel est le cas, quelle est la nature de cette obligation ? Une obligation de moyens, de résultats ou de comportement ?

L'obligation d'information du Parlement et de la communauté internationale et communautaire serait-elle une obligation de moyens, de résultat ou de comportement ? Cette obligation concerne-t-elle le comportement de l'acteur ou les actes de l'acteur ? Ce questionnement, en apparence anodin, traduit la difficulté et la complexité de transposer dans le champ matériel de la gestion financière publique, des concepts inhabituels. Le concept d'obligation, selon Kelsen, est à l'origine un concept

---

[132] Article 3(1) et (2), loi de 2007 portant régime financier de l'Etat.

[133]Article 60, loi de 2007 portant régime financier de l'Etat.

[134]En France par exemple à titre de droit comparé, le principe de sincérité est un principe à valeur constitutionnelle. Une telle consécration permet de rebondir sur le fameux débat axé sur la hiérarchie des principes qui s'est souvent traduit en doctrine par la distinction principes constitutionnels-principe non constitutionnel. C'est vrai que Loïc Philippe affirmait déjà en son temps que les principes budgétaires et comptables ont été constitutionnalisés.

[135]Papadopoulos T., « Les principes budgétaires de l'Etat. Réflexions sur la permanence et les mutations du droit budgétaire contemporain », Thèse Faculté de droit de Toulouse, 2009, p. 148 et s.

spécifique à la morale. Il dénote de la norme morale dans son rapport à l'individu à qui la norme prescrit ou interdit une certaine conduite. De même, le concept d'obligation juridique fait pendant au concept de norme juridique. Le concept d'obligation juridique tel qu'il est effectivement utilisé dans la science du droit est défini par Austin et se rapporte à l'individu contre qui est dirigée la sanction s'il venait à commettre un délit. En effet, *« l'existence d'une obligation juridique n'est pas autre chose que la validité d'une norme juridique qui attache une sanction à la conduite contraire à celle qui forme l'obligation »*. De la sorte, *« l'obligation juridique n'est rien hors de la norme juridique et l'obligation juridique n'est pas autre chose qu'une norme juridique dans son rapport à l'individu à la conduite duquel la norme attache une sanction »*[136]. La notion d'obligation est donc intimement liée à celle de sanction. S'il est loisible d'admettre que Kelsen centre la notion d'obligation sur l'individu capable de commettre un délit,[137] il faudrait mentionner ici le fait que de fausses déclarations, des sous-évaluations ou des surévaluations des prévisions budgétaires seraient constitutives de délit d'insincérité encourant une sanction, alors même que ces dernières seraient le fait du gouvernement dans son entièreté.

M.F. L'Heriteau dans sa théorie de l'immanence de la rationalité économique explique que le cadre juridique ne saurait être dissocié du cadre économique[138]. Transposée dans le champ juridique de la gestion financière publique, cette pertinente analyse de L'Heriteau amène à s'interroger sur la nature de l'obligation qui incombe aux acteurs du processus budgétaire et comptable. Car si la politique

[136]Bobbio N., *Essais de théorie du droit*, *op.cit.*, p. 237 et s.

[137] Ibid.

[138]L'Heriteau M.F., *Le FMI et les pays du tiers-monde*, IEDES, collection tiers monde, PUF, Paris, 1986, p. 132 et s. Car la politique n'est pas conçue comme un champ d'affrontement de diverses rationalités susceptibles de régler l'activité sociale, reconnue comme telle, la rationalité économique. À titre d'illustration par l'auteur, la politique de redistribution sociale du revenu est traduite par la réaction inadaptée au tassement de la demande globale et donc à une erreur de gestion quantifiable dans le champ économique. On sanctionne alors une incompétence technique et non une politique.

incluse dans un programme est conçue comme un champ d'affrontements de diverses rationalités, on ne peut exiger de ces acteurs qu'une « obligation de comportement tendant vers l'objectif assigné selon une attitude prédéterminée ». Mais, si l'on considère à l'inverse, que la politique suivie au sens de **policies** en anglais est un élément exogène et national, on peut attendre de ces acteurs, une « ***obligation de résultat*** ».

Cela signifie que l'obligation attendue du gouvernement peut être soit une obligation de comportement, soit une obligation de résultat. Mais même cette distinction n'est pas suffisamment éclairée. Et cela pourrait s'expliquer par le fait que les notions d'obligation de moyens, de résultat ou même de comportement ne sont pas encore suffisamment prises en compte par le droit public financier de l'État, qui prône pourtant la logique des résultats au détriment de la logique des moyens. Si le programme doit être appréciable à l'aide d'indicateurs précis, il est décevant de constater l'absence de disposition en cas d'insincérité. Ce d'autant plus que les ministres ordonnateurs principaux ne sauraient répondre devant le conseil de discipline budgétaire et financier. Cela nous amène à nous poser la question de savoir s'il s'agit d'une obligation politique.

L'opposition réside essentiellement dans la permissivité quant aux moyens. Lorsqu'une telle permissivité existe, on peut parler d'une « *obligation de résultat* ». Dans le cas inverse, il s'agit d'une obligation de comportement. Aussi, le constat de l'illicéité de cette obligation diffère selon ces deux acceptions. Pour Combacau en effet, pour une obligation de comportement, peu importe le résultat, la violation de l'obligation intervient et l'attitude pour y parvenir n'est pas conforme à celle prévue. Et, pour une obligation de résultat, il y a lieu simplement de confronter le résultat atteint à celui qui aurait dû l'être. Peut-être qu'il faudrait estimer que dans le cadre de la sincérité, l'obligation n'est pas juridique, mais elle provient d'un consentement qui implique une action de l'État en réponse à une action du Parlement et de la communauté internationale.

Si l'obligation de comportement est considérée comme celle qui requiert du gouvernement un comportement qu'elle prend soin de déterminer spécifiquement, et l'obligation de résultat comme celle qui permet au gouvernement de s'assurer par un moyen de son choix un résultat déterminé, l'obligation contenue dans la production des informations financières claires et précises ne correspond ni à l'une ni à l'autre, plutôt aux deux à la fois. En effet, l'État détermine son comportement (il choisit les mesures microéconomiques) pour parvenir à un résultat déterminé (le programme), assorti d'un résultat préalable (la réalisation des indicateurs) qui lui est fortement suggéré. Il s'ensuit que l'obligation de résultat n'admet pas, dans ce cas, un moyen équivalent à celui demandé pour parvenir au résultat. L'État doit-il parvenir à un résultat précis ? Ce qui laisse supposer la quantification des indicateurs de performance ; ou doit-il tendre vers un comportement (obligation de moyens ou de comportement) ? Ce qui indique que l'objectif (ou les objectifs) prévaudra et non les moyens pour y parvenir. Ce qui est envisageable si l'on estime que le but du programme importe plus que les moyens visant à l'atteindre. Mais, le but constitue également un « résultat à atteindre ».

À la lecture des dispositions de la loi de 2007 notamment les articles 36, 37, 38, et suivants, l'on pourrait déduire que les trois obligations ici présentent une obligation de moyens attachés en la production des documents au Parlement et à la communauté internationale, une obligation de résultat attachée à la production au Parlement de manière obligatoire, de tous les documents d'information financière de l'État. Il ne s'agit pas seulement de produire des documents, mais des documents clairs, précis et transparents. Enfin, une obligation de comportement attachée à la personne qui se doit d'être sincère et loyale. De telles considérations débouchent sur les questions tant évitées de preuves en matière de sincérité budgétaire.

c-) La sincérité un objectif ?

L'objectif apparaît du point de vue de sa définition comme un but, une cible que quelque chose doit atteindre. Il constitue aussi, un résultat vers lequel doit tendre soit l'action de quelqu'un, soit l'action d'un groupe. Une telle définition amène à considérer l'objectif comme un instrument finalisé. Parce que sa finalité est connue d'avance. Et c'est peut-être en cela que l'objectif se distingue de la règle dans la mesure où dans la règle surtout de droit, la finalité n'est pas connue d'avance, car la règle de droit vise le plus souvent une fin dont on n'est pas toujours sûr qu'elle sera atteinte. En tant qu'objectif, il faut tendre à s'approcher sans obligation d'y parvenir. Christelle Destret s'interroge sur la nature de la sincérité[139]. Laurent Pancrazi, dans sa thèse, démontre dans un premier temps la simple existence d'un « objectif constitutionnel »[140], en se référant à l'analyse d'Étienne Douat, puis relève la formulation d'un principe normatif dans la loi organique du 1er août 2001[141]. En France, la distinction objectif à valeur constitutionnelle/principe à valeur constitutionnelle, semble être communément admise.[142] A. Gruszka se permet d'affirmer qu'au regard de l'analyse matérielle de la sincérité, plusieurs indices conduisent à qualifier celle-ci d'objectif parce que selon elle, le juge français n'oblige pas strictement le gouvernement à atteindre ce but, il lui laisse une marge de manœuvre. Il suffit que le gouvernement ait l'intention d'atteindre la sincérité, non pas qu'il l'atteigne. Plus précisément, le gouvernement ne doit pas avoir l'intention de fausser la sincérité. Se montrant plus virulente, elle est persuadée que l'arrivée de la LOLF ne change rien à cet état, contrairement à ce que soutenait Pancrazi qui semble se fier à la terminologie utilisée par le texte. Et donc, l'imprécision de la notion renforce cette idée d'objectif[143].

Cette analyse de Gruszka malgré l'absence de jurisprudence financière publique dans notre contexte, conserve toute sa pertinence. Est-ce parce que le législateur camerounais du nouveau régime financier de l'État qualifie la sincérité de principe qu'il faut la considérer comme telle ? De la qualification, découle en effet le régime juridique. Une qualification sans détermination du régime juridique pourrait amener à exclure du champ normatif, la sincérité pour l'ériger au rang des objectifs. L'analyse du

---

[139]« Est-ce seulement un objectif général ou un principe transcendant les principes budgétaires classiques ? » Destret C., « L'émergence d'un nouveau concept : le principe de sincérité des lois de finances », in *Etude de l'IRDE*, l'ordonnance du 2 janvier 1959 : 40 ans après, 2000, p. 105.

[140] Pancrazi L., *op.cit.*, p. 136.

[141] Ibid., p.174.

[142]Dans sa décision n°2003-473DC du 26 juin 2003, le Conseil constitutionnel a fait de la transparence, un objectif à valeur constitutionnelle. Pour Anne Gruszka, le Conseil constitutionnel par cet acte consacre une règle sans en faire un principe.

[143] Gruszka A., *op.cit.*, p. 43.

contexte des relations entre le Cameroun et ses partenaires financiers internationaux autorise à penser que la sincérité a été de plus en plus un objectif à atteindre pour faire preuve de loyauté et de bonne image aux yeux du créancier. Il est clair que la qualification de la sincérité de principe laisse subsister des doutes[144].

2-) L'absence de détermination du régime juridique de la sincérité

La sincérité à ce niveau souffre de deux maux. D'abord, elle est orpheline d'un régime spécifique de sanction (a), mais aussi, sa subsistance est menacée parce qu'en proie aux questions de preuves (b).

a)- La sincérité des lois de finances : une notion orpheline d'un régime spécifique de sanction

Si l'on admet que la sincérité des lois de finances constitue au sens du législateur camerounais du nouveau régime financier de l'État une obligation, l'on pourrait s'interroger sur la sanction découlant de cette obligation. En d'autres termes, si le non-respect de l'exigence de production et de présentation des prévisions et des comptes sincères entraîne des sanctions, il est communément admis qu'il n'y a pas d'obligation juridique sans sanction organisée.[145] On entend ici par sanction, une sanction socialement organisée, c'est-à-dire, définie par le droit, attachée à une conduite contraire à celle imposée par une norme juridique et comportant généralement un pouvoir de contrainte. Ainsi, il convient de distinguer la sanction de la contrainte. Selon Jean-Louis Bergel, toute règle de conduite obligatoire comporte une sanction au sens large sans pour autant comporter ce pouvoir de contrainte qui paraît inhérent au droit. Car il est des sanctions naturelles, ou morales ou religieuses qui n'impliquent pas de contrainte objective[146]. Toutes ces interrogations sans réponse nous plongent au cœur des défaillances et des faiblesses de la sincérité. Le législateur aurait pu aménager un système de sanction à la sincérité des lois de finances. Il est

---

[144]Tel est d'ailleurs le point de vue de A. Guszka.

[145]Même si les partisans du droit naturel soutiennent qu'il existe des règles de droit sans sanction coercitive et qu'en insistant trop sur la contrainte sociale, on subordonne trop le droit à l'action des pouvoirs publics, tant en ce qui concerne sa définition que son contenu ou son effectivité.

[146]Bergel J.L., *Théorie générale du droit*, Paris, Dalloz, 4e édition 2003, p. 44 et s.

dommage et regrettable qu'il ne l'ait pas fait. Par conséquent, le non-respect de la sincérité des lois de finances constitue un phénomène normal dans la mesure où il est de coutume constante que « ce qui n'est pas interdit est autorisé ». Dans le nouveau régime financier de l'État, la sanction de l'insincérité ou de la non-sincérité de la ou des lois de finances constitue un jargon inhabituel. Pourtant la sanction apparaît comme la contrepartie normale et évidente du non-respect d'une règle. La sanction permet donc de garantir l'efficacité et même la stabilité d'un ordre. Dire d'une norme qu'elle est efficace ne signifie pas qu'elle est toujours et sans exception, observée et appliquée ; cela signifie seulement qu'elle est en gros et de façon générale observée et appliquée[147]. L'efficacité apparaît ainsi comme une condition de la validité. À partir du moment où la sincérité est considérée comme un principe matriciel ou directeur, elle devrait être assortie de mécanismes spécifiques de sanction. Si l'on convient avec Kelsen que la norme prescrit un comportement, la sanction apparaît comme un critère de détermination de l'efficacité de la règle, car c'est la sanction qui fait revêtir à la règle juridique son efficacité. Le droit apparaît fondamentalement comme un système de normes et c'est la contrainte qui en fait sa particularité. La règle de droit est une règle de caractère général et impersonnel. Elle se distingue des autres règles de conduite sociales comme la morale, la religion ou même la philosophie en ce sens qu'elle est contraignante, qu'elle est ou prescriptive, ou permissive. Cela signifie qu'ôtée de la sanction, la règle de droit perd tout effet et s'apparente désormais à une simple règle sociale ayant soit valeur de conseil soit valeur de recommandation, comme pourrait l'être la sincérité des lois de finances. Il est absurde de poser des énoncés prescriptifs sans aucune définition ou détermination de leur régime juridique. Pourtant, le législateur camerounais du nouveau régime financier de l'État avait cette possibilité. L'attitude du législateur camerounais paraît tout simplement incompréhensible. Sauf à considérer qu'il n'était pas conscient des enjeux et de la place qu'il allait accorder à la sincérité des lois de finances.

En tout état de cause, l'absence de sanction remet en cause la valeur normative de la sincérité, sauf à considérer que finalement, la sincérité

[147] Kelsen H., *Théorie générale des normes*, Paris, Léviathan PUF, 1979, p. 184.

constitue d'après la métaphysique des mœurs d'Emmanuel Kant, un impératif catégorique[148].

b) La sincérité dans le nouveau régime financier de l'État : un principe en proie aux questions de preuve

À la question de savoir si le droit dans sa globalité peut se passer du faux, Dominique Vidal répondait, en ce qui concerne la matière financière et comptable, que cela n'est pas évident dans la mesure où le droit ne maîtrise pas le faux ; il doit jouer avec lui, en même temps que le faux joue avec le droit, pour ne pas dire que parfois, il se joue du droit. Entre le droit, le faux, le juste, c'est le cas échéant une qualité morale qui peut marquer sa présence[149]. Pour que le droit soit respecté, il devrait exister des règles encadrant le comportement des acteurs. De telles règles devraient être adossées à un régime de sanction clairement défini. Si la violation de certaines règles de droit est le plus souvent manifestée par des actes, des gestes et des écrits, ce qui dans certains cas allège souvent irréfutablement, la détermination de la preuve, la sincérité pose un problème de preuve au cas où elle est violée. Dès lors, à qui incombe la charge de la preuve ? Et comment la prouver à partir du moment où la sincérité comporte une dimension invisible qui est d'ordre moral et spirituel ? Doit-on instituer en droit public financier camerounais un contrôle d'intention, type contrôle de sincérité ? La réalité amène à constater que la recherche de la preuve de la sincérité ou de la non-sincérité risque de heurter les droits fondamentaux. Car s'il faut admettre le principe fondamental de la liberté de la preuve et surtout que la charge de la preuve de la sincérité incombe à celui qui se plaint, c'est-à-dire celui qui invoquerait le grief d'insincérité de la loi de finances. En l'état actuel du dispositif juridique en vigueur au Cameroun, une telle hypothèse ne peut prospérer dans la mesure où d'une part la saisine du Conseil constitutionnel est limitée à une catégorie spécifique de justiciables, toute chose qui restreint substantiellement l'accès au juge constitutionnel. D'autre part, parce qu'invoquer le grief d'insincérité de la

---

[148]Kervegan J-F. (sous la dir), *Normativité et raison pratique chez Kant*, ENS Editions, 2010, p. 13 et s.

[149]Vidal D., « Le faux en matière comptable ou financière » in Sueur J.J (dir), *Le faux, le droit, le juste*, Actes du colloque international des 13 et 14 novembre 2008, Bruylant 2009, p. 43-60.

loi de finances revient à remettre en cause la politique gouvernementale dans son entièreté, toute chose qui exige de l'accusation, des moyens de preuves solides à convaincre le juge de l'insincérité de la politique budgétaire ou financière mise en place par le gouvernement. Un tel contrôle débouche inlassablement vers le contrôle des politiques financières publiques. Sans doute, les choses se complexifient parce que finalement, le juge constitutionnel contrôle la conformité des politiques publiques à la Constitution. Dans ce cas, comment prouver que le gouvernement, qui définit la politique générale de la nation, qui est chargé, en matière de finances publiques, de l'élaboration des prévisions budgétaires et financières, qui dresse l'état des comptes, n'est pas sincère ?

La situation se complique davantage, lorsqu'il faut apprécier la sincérité ou la non-sincérité d'un ordonnateur principal comme le ministre. Comment donc savoir qu'un ministre fait des déclarations insincères ou mensongères de son programme, alors qu'il est en train d'assurer la défense de ce dernier devant la représentation nationale ? Comment savoir que les évaluations des prévisions budgétaires ne sont pas sincères ? Comment saurait-on que la loi de règlement n'est pas sincère ? Comment pourrait-on savoir que le président de la République ou même le Premier ministre n'est pas sincère dans ses déclarations ? Devra-t-on créer un appareil appelé **sincéromètre ou sincèrogramme,**[150] une espèce de bracelet qu'on attacherait sur le bras des acteurs avant toute déclaration ou présentation ? Peut-être encore, il faudra intensifier les relations entre le droit et la médecine afin de créer un détecteur de mensonges, compartiment du sincéromètre. Si l'on procède comme tel, il est possible que le sincéromètre viole le principe de présomption d'innocence ou même le principe du secret de la défense. Les droits de la défense se trouveraient ainsi compromis, tout comme la dignité humaine.

3)-L'ineffectivité d'un contrôle de constitutionnalité des lois de finances au Cameroun : obstacle majeur à l'efficacité du principe de sincérité desdites lois

Comment mesurer le degré de sincérité du contenu ou de la présentation de la loi de finances en l'absence de mécanismes censés le faire ? L'État de

[150]Voir notre Thèse sur ce point.

droit est fondamentalement perçu comme un État soumis au droit et respectueux des droits fondamentaux. Un tel État aménage un cadre institutionnel suffisamment protecteur des droits fondamentaux et met en œuvre des mécanismes de transparence de la vie financière publique. De tels mécanismes se fondent sur la séparation des pouvoirs afin d'éviter l'arbitraire. Car il s'agit, au premier abord, d'instaurer une démocratie de type libérale qui participe de la libéralisation de toutes les institutions, de la création des institutions nouvelles et surtout de la mise en œuvre d'un régime politique démocratique. Le régime politique démocratique est celui qui, à partir de la constitution de l'État, pose les principes centraux de régulation de la vie politique de l'État. La Constitution apparaît de ce fait, et dans un tel contexte comme une institution charnière, une espèce de contrat social, tant elle précise le cadre juridique normatif et politique d'exercice du pouvoir politique dans l'État. C'est cela que François Ost et Lucille Tallineau considèrent comme l'expression de la modernité[151]. Un État moderne devrait donc se doter d'institutions modernes, à l'image du Conseil constitutionnel qui est censé jouer un rôle primordial dans la régulation des différents rapports à travers ses différents arbitrages. Le législateur camerounais semble avoir perçu ces enjeux depuis 1996, puisque dans la Constitution du 18 janvier 1996, révisée le 14 avril 2008, le Conseil constitutionnel figure en tant qu'institution centrale ; ce qui n'était pas le cas avant la date susmentionnée. Ainsi, le Conseil Constitutionnel est l'instance compétente en matière constitutionnelle. Il statue sur la constitutionnalité des lois. Il est l'organe régulateur du fonctionnement des institutions. Il statue souverainement sur : la constitutionnalité des lois ; des traités et accords internationaux ; les règlements intérieurs de l'Assemblée nationale et du Sénat, avant leur mise en application, quant à leur conformité à la Constitution. Les décisions du Conseil constitutionnel ne sont susceptibles d'aucun recours[152]. Elles s'imposent aux pouvoirs publics et à toutes les autorités administratives, militaires et juridictionnelles, ainsi qu'à toute personne physique ou morale. Une décision déclarée inconstitutionnelle ne peut être ni promulguée, ni mise en application.

[151]Op.cit.

[152]Art. 50. (1) de la Constitution du 18 janvier 1996 révisée le 14 avril 2008.

Au regard de tout ce qui précède, il apparaît que le Conseil constitutionnel constitue une réalité juridique au Cameroun, dont l'organisation et le fonctionnement, les modalités de saisine, ainsi que la procédure, sont fixés par la loi. L'avènement d'un Conseil constitutionnel au Cameroun est salutaire dans la mesure où on pourrait donc, en toute logique, contrôler la constitutionnalité des lois de finances. Contrôler la constitutionnalité des lois de finances serait un exercice « juteux » de l'avènement de la démocratie consistant à s'assurer alors que la sécurité juridique en matière de finances publiques est garantie, tant il reviendrait au juge constitutionnel, comme en France, de contrôler la sincérité de la loi des finances.

Seulement, bien qu'existant au plan juridique, il est douloureux d'affirmer que, jusqu'à ce jour, le Conseil constitutionnel imaginaire n'a été saisi d'aucune demande d'insincérité budgétaire. À supposer même qu'il existait déjà en fait ; l'on se demande si les conditions de sa saisine[153] permettraient à la grande majorité de le saisir pour grief d'insincérité, puisque ce dernier ne peut être saisi que par le président de la République, le président de l¼Assemblée nationale, le président du Sénat, un tiers des députés ou un tiers des sénateurs. Toute énumération étant limitative, il est clair que la saisine du Conseil constitutionnel pour insincérité de la loi de finances, et donc inconstitutionnalité, constitue un exercice encadré. Cela amène donc à se rendre compte qu'une loi de finances inconstitutionnelle peut se maintenir dans l'ordonnancement juridique à partir du moment où elle a fait l'objet d'une adoption parlementaire. Cela, en raison du fait que le modèle de contrôle de constitutionnalité des lois adopté au Cameroun est celui calqué sur le contrôle à priori de la loi, c'est-à-dire avant son adoption, son entrée en vigueur. Après l'entrée en vigueur de la loi, la seule possibilité de stopper ses effets c'est le recours à une révision constitutionnelle.

La question, à ce niveau, est de savoir si le Conseil constitutionnel au Cameroun est effectif ou non, et s'il assure le contrôle de constitutionnalité de la loi des finances[154]. La préoccupation est réelle, et plus grave qu'on ne le

[153]Article 47(2) de la Constitution du 18 janvier 1996.

[154]Le cas spécifique de la jurisprudence comme source du droit budgétaire inexistant au Cameroun mérite que l'on s'y attarde. Car en effet, la jurisprudence n'a pas jusqu'à une certaine date été utilisée comme source du droit budgétaire. Cela pourrait s'expliquer

pense, car c'est finalement toute la question de la légitimité de la gestion publique qui se trouve mise en cause, tout comme celle de la sécurité juridique en matière de finances publiques. Comment donc garantir la stabilité, la pérennité et la cohérence de l'ordre juridique public financier à

---

au sujet des organes devant produire ou secréter la jurisprudence. Doit-on en effet remarquer que les constitutions camerounaises de 1960 et 1961 n'ont prévu ni des mécanismes de contrôle des opérations budgétaires ni des institutions chargées d'assurer ledit contrôle ? A ce titre du droit comparé, la jurisprudence apparaît en France comme une source non négligeable du droit budgétaire. Car elle a de manière décisive participé à la formulation, à la consolidation et à la construction des règles de ce droit. Elle a d'ailleurs permis de pallier certaines difficultés d'interprétation ou des lacunes de la Constitution et l'ordonnance en forgeant des principes de valeur constitutionnelle qui s'imposent à tous, exécutif et législatif. Le caractère bipartite de la loi de finances en constitue une illustration forte. Aussi, de par son intervention, le Conseil constitutionnel a sans aucun doute permis un certain rééquilibrage des pouvoirs dans le respect de la Constitution. A titre d'exemple toujours, l'article 41 de l'ordonnance[154] imposant un vote par titre et par ministère des autorisations nouvelles, ces derniers étant irréalisables, la pratique a dès 1959 inversé la procédure en instituant un vote par ministère et par titre sans que l'ordonnance soit pour autant modifiée. Aussi, le Conseil constitutionnel a également permis l'intégration de l'ordonnance du 02 janvier 1959[154] au bloc de constitutionnalité. Toutes les dispositions de l'ordonnance sont devenues des normes de référence dans le cadre du contrôle de constitutionnalité du conseil. Celui-ci a même estimé qu'il pouvait par ailleurs soulever d'office les moyens tirés de la violation de la loi organique. C'est toujours le Conseil constitutionnel qui a renforcé la consistance juridique de certains grands principes financiers, reconnu l'existence des uns, tel que celui de sincérité budgétaire. En bref il est impossible de faire un inventaire exhaustif des décisions du Conseil constitutionnel de la juridiction administrative, de la juridiction financière ayant contribué à la densification du droit budgétaire français. Au Cameroun, comme nous l'avons plus haut évoqué, les choses n'ont pas évolué dans le même sens à cause du mutisme constitutionnel. Dans une excellente étude consacrée au contrôle supérieur de l'État de la République du Cameroun[154], J.M. Breton démontre que le contrôle des finances publiques au Cameroun s'est élaboré et structuré sous l'impulsion de l'organisation internationale des institutions supérieures de contrôle des finances publiques. Dans son analyse, l'auteur révèle que deux juridictions des comptes avaient pour objet de protéger les finances publiques camerounaises à savoir la Chambre des comptes et la Cour fédérale des comptes. Il ajoute que le parcours tumultueux de ces deux juridictions n'a pas permis la consolidation d'une jurisprudence en la matière. La consécration du conseil de discipline budgétaire et comptable et l'institution d'une chambre des comptes n'ont jusqu'ici guère favorisé le développement d'une jurisprudence financière camerounaise.

partir du moment où les mécanismes censés assurer cette stabilité sont eux-mêmes absents ?

Il existe un écart entre la consécration juridique et l'effectivité de la norme juridique et une relation de cause à effet entre l'effectivité et l'efficacité, dans la mesure où une norme non effective ne saurait être efficace. Cela signifie logiquement que l'efficacité d'une norme est largement tributaire de son effectivité. Et à ce niveau, ni Kelsen, ni Bergel, ni même Kant ne me démentiraient. Il faut simplement relever qu'en l'absence ou l'inexistence d'un contrôle de constitutionnalité de la loi des finances au Cameroun, la sincérité perd en portée ; toute chose qui nécessite des solutions urgentes.

B-Des améliorations possibles et souhaitables pour une sincérité plus efficace et plus présente

En l'absence ou du fait de l'ineffectivité d'un contrôle de constitutionnalité de la loi des finances, il serait tentant, pour le juge, de se saisir et de faire acte de jurisprudence. Une telle action du juge pourrait produire comme effet, un contrôle portant à la fois sur les actes et les intentions des gestionnaires publics. Aussi, il serait important d'étendre la compétence du conseil de discipline budgétaire et financier aux ministres qui, pourtant ordonnateurs principaux, ne sont pas soumis à cette instance, en raison de leur statut. À côté de l'extension du champ matériel aux ministres, notons aussi l'existence d'un contrôle de sincérité du juge administratif des litiges qui lui seront déférés via le conseil de discipline ou de toute autre instance. Cela devrait amener à changer le régime juridique des actes de gestion pour le soumettre à la censure du juge administratif. Même le juge judiciaire saisi devrait, lorsqu'il statut, procéder à un contrôle de sincérité ou d'insincérité sur les actes de gestion publique faisant grief et pour lesquels il serait saisi. Si le juge judiciaire peut être saisi pour atteinte à la chose publique, le juge administratif devrait l'être a fortiori. Le juge administratif interviendrait par exemple sur la base prise du motif du défaut de sincérité, annuler des autorisations illégales. C'est vrai que jusqu'ici, des mesures proposées seront celles qui interviendraient après. C'est pour cette raison que l'effectivité du Conseil constitutionnel s'avère être un impératif dans la mesure où celui-ci permettrait de garantir la sécurité juridique. Même s'il faudrait encore mentionner qu'en l'état actuel, la saisine du Conseil constitutionnel ne paraît pas, en soi, chose évidente, dans la mesure où la probabilité des quotas exigés et surtout la qualité des personnes habilitées à le saisir rendent illusoire cette saisine et restreignent fortement sa portée.

1- Une solution limitée, mais nécessaire : l'institution d'un contrôle juridictionnel de sincérité

À défaut et en l'absence d'un contrôle de constitutionnalité de la loi des finances, le juge, qu'il soit des comptes, administratif ou judiciaire, devrait indirectement instaurer un contrôle d'intention de la sincérité. Ce dernier porterait à la fois sur les actes, sur les personnes et sur les comptes, en fonction des circonstances de temps et de lieu.

a) – L'action décisive du juge des comptes

La Chambre des comptes pourrait oser en contrôlant indirectement la sincérité des lois de finances au moyen de l'argument tiré de ses missions de contrôle et de jugement des comptes. En effet, La Chambre des comptes contrôle et juge les comptes (ou documents en tenant lieu) des comptables publics patents ou de fait, de l'État et de ses établissements publics, des collectivités territoriales décentralisées et de leurs établissements publics, des entreprises du secteur public et parapublic. Elle statue souverainement sur les décisions rendues en dernier ressort par les juridictions inférieures des comptes. Aussi, elle connaît de toutes autres matières qui lui sont expressément attribuées par la loi. Sur la base de ce moyen, elle pourrait instaurer ou statuer sur l'illégitimité tirée de l'insincérité des comptes. Si une pareille action était possible, il faut reconnaître que sa portée se limiterait aux seuls comptables publics, et par extension aux comptables de fait. Ce qui amènerait à exclure, ipso facto, les ordonnateurs et tous les acteurs qui n'entrent pas dans le champ matériel de compétence de la Chambre des comptes ; c'est-à-dire, par exemple, les agents générés par la mise en œuvre des budgets programmes, notamment les responsables des budgets opérationnels de programme, et tous les membres de la chaîne d'exécution budgétaire et financière de l'État. Car bien que le contrôle de sincérité soit un contrôle basé sur les intentions et que le juge des comptes ne juge pas la personne du comptable en cause, mais ses comptes, le juge des comptes aurait pu faire preuve d'audace en contrôlant la sincérité des comptes. Le contrôle de la sincérité des comptes emporterait dans ce cas, un contrôle direct sur les actes et la gestion et un contrôle indirect des intentions du comptable et donc de sa sincérité ou de sa non-sincérité. De toute façon, le juge dispose des moyens élargis pour établir la vérité des comptes, parmi lesquels figure son intime conviction.

b- L'action décisive du juge administratif

Par ailleurs, il faudrait aussi souligner que les ministres répondent difficilement de leurs actes devant le conseil de discipline budgétaire et financier[155] au seul prétexte qu'en raison de leurs fonctions ils sont épargnés et qu'ils ne peuvent que répondre devant les instances politiques telles que la Haute Cour de justice. Cet état des choses est déplorable pour une logique de sincérité. Puisque de toute évidence, la sincérité devrait être imprimée dans le marbre de nos institutions. Pourtant, **au vu de l'article 2 al. 1** de ce texte *en vertu duquel « le conseil chargé de prendre des sanctions à l'encontre des agents publics ou de fait coupables des irrégularités et fautes ayant pour effet de porter préjudice aux intérêts de la puissance publique »,* cette irresponsabilité des ministres paraît préjudiciable. Le législateur de 2008 du conseil de discipline aurait pu se fonder sur l'exigence de sincérité prônée par le législateur de 2007 du nouveau régime financier pour soumettre les ministres à la compétence du conseil. De même, il aurait pu introduire dans ce texte et conformément à la loi de 2007, une obligation de sincérité à charge pour tous les ordonnateurs. Les actes du conseil étant déférables devant le juge administratif, il est temps que ce dernier fasse jurisprudence parce qu'il peut, sur le moyen de la qualification des actes de gestion comme acte administratif, opérer un contrôle de la légalité de ceux-ci, un contrôle de sincérité.

---

155 Décret n° 2008/028 du 17 janvier 2008 portant organisation et fonctionnement du conseil de discipline budgétaire et financière.

b) L'action nécessaire du juge judiciaire

Il est unanimement admis qu'en droit, l'intention vaut le fait. Car l'infraction, dans sa contexture, suppose la réunion de deux éléments : un élément moral ou intentionnel et un élément matériel. Les actes de dissimulation des ressources publiques tout comme les atteintes à la fortune publique constituant par nature des infractions, l'occasion est donnée au juge judiciaire de faire acte de jurisprudence.

2-La nécessaire prise de conscience par les acteurs de la gestion financière publique

Les considérations éthiques et morales devraient être véritablement prises en compte dans la gestion financière publique. La notion de confiance devrait primer ; il s'agirait d'une confiance sociale légitime, emprunte de patriotisme. La sincérité devrait apparaître comme une exigence civique, un état d'esprit en vertu duquel les acteurs de la gestion publique devraient agir. Car, en tant qu'élan patriotique, elle devrait constituer une invite pour tous les acteurs publics à une culture du respect de la chose publique. Il s'agit du patriotisme qui amène à considérer les intérêts supérieurs au détriment des intérêts privés. Il va de soi qu'aucun développement n'est possible si l'on ne change pas de mentalités, si l'on ne promeut guère le sens du patriotisme. Des comportements financiers insincères hypothèquent, durant des décennies, le développement des générations présentes et futures. A-t-on réellement besoin d'un juge pour être sincère ? Probablement, le silence ou le mutisme du législateur justifie son désarroi face à certains comportements irresponsables. Les gestionnaires publics et tous les acteurs de la gestion financière publique doivent avoir à l'esprit que lorsqu'ils posent des actes insincères, ils compromettent sérieusement l'avenir de la nation. La difficulté apparaissant ici est grande et l'on se trouve au confluent du droit et du non-droit. Les comportements de l'individu, acteur du processus budgétaire et financier, n'étant pas programmables, la gestion de la chose publique requiert de lui qu'il fasse appel à la probité et au bon sens ; on n'aurait, dès lors, plus besoin de mettre derrière chaque gestionnaire financier un juge, un procureur.

Conclusion

La sincérité doit être imprimée et gravée dans le marbre de notre système de gestion financière publique et de nos pratiques de tous les jours. C'est à ce prix que se construira le développement du Cameroun et que l'émergence pourra sérieusement être envisagée à l'horizon 2035.

MISE EN PLACE DU SÉNAT AU CAMEROUN : LÉGITIMITÉ ET LÉGALITÉ EN QUESTION

*Eric-Adol T. GATSI**

La proclamation par la Cour Suprême statuant en lieu et place du Conseil constitutionnel, en date du 29 avril 2013[1], des résultats des élections sénatoriales, les premières du genre au Cameroun, a sonné le glas d'une longue attente, dix-sept (17) ans d'attente que le Sénat créé soit effectivement institué. En effet, c'est en 1996 à la faveur de la révision constitutionnelle du 18 janvier que, avec plusieurs autres institutions[2], le Sénat est créé, rompant ainsi sur le papier avec l'exclusivité de la représentation qui était celle de l'Assemblée nationale. Le Parlement camerounais devient alors, pour reprendre l'expression couramment utilisée, bicaméral, comme la plupart des Parlements du monde, le Sénat constituant ainsi ce qui est reconnu pour être la chambre haute du Parlement[3]. Le Cameroun s'inscrit ainsi dans la grande mouvance des innovations majeures des récentes réformes institutionnelles en Afrique dont l'institution d'une deuxième chambre au Parlement est une manifestation. Pour une

* Gatsi T. Éric-Adol est Assistant à la Faculty of Social and Management Sciences de l'Université de Buea où il enseigne le droit public. Il est par ailleurs inscrit en thèse de Doctorat à l'Université de Dschang et auteur d'articles en droit public.

[1] L'article 240(1) du Code électoral, faisant écho à l'article 49 de la Constitution, donne au Conseil constitutionnel un délai de quinze (15) jours à compter de la date de clôture du scrutin pour proclamer les résultats des élections sénatoriales. C'est sur cette base que, statuant en lieu et place du Conseil constitutionnel en vertu de l'article 67(4) de la Constitution, la Cour suprême a rendu public l'arrêt du 29 avril 2013 portant proclamation des résultats des élections sénatoriales du 15 avril 2013.

[2] Outre le Sénat, le texte de 1996 crée le Conseil constitutionnel, le Conseil Economique et Social et les collectivités territoriales décentralisées.

[3] Il faut noter que si le Sénat en est la dénomination la plus répandue, la chambre haute du Parlement revêt, comme ce dernier, à travers le monde, différentes dénominations : House of Lords en Angleterre, Bundesrat en Allemagne et en Autriche, Conseil des États en Suisse, Chambre des conseillers au Japon, etc. Voir J. Grangé, J. Mastias, *Les Secondes Chambres du Parlement en Europe occidentale*, Paris, Economica, 1987.

innovation, c'en est une, car l'institution d'une seconde chambre au Parlement n'est pas l'option choisie par les États africains dans leur grande majorité, dès l'accession à l'indépendance[4]. Au Cameroun en particulier, la configuration est quelque peu différente puisque pendant l'intermède fédéral, on observe une sorte de bicaméralisme au second degré, l'État fédéré du Cameroun occidental disposant d'une seconde Chambre dénommée *House of Chiefs* représentant les chefs traditionnels[5]. Cette configuration disparaîtra avec l'adoption de la Constitution unitaire de 1972, avant que le texte de 1996 n'institue le Sénat tel qu'il vient d'être mis en place.

Si la ferveur créée par l'institution du Sénat ne s'est pas beaucoup exprimée en raison de sa non-mise en place effective, il est normal qu'elle ait explosé à la faveur de la convocation du corps électoral par le président de la République et davantage depuis la proclamation des résultats. La controverse alimentée par cette Chambre Haute concerne son fondement et son fonctionnement. Pour faire simple, pourquoi un Sénat ? À quoi servira-t-il ? S'agissant du fondement du Sénat, le débat, né en France lors de l'institution du Sénat français, la question est celle de la conformité de cette seconde chambre avec la forme et l'histoire du pays. En effet, si on regarde de près le fondement de l'institution des secondes chambres dans les pays du monde, on remarquera que cette institution est liée soit à une organisation étatique bien précise, ou encore à une histoire institutionnelle propre à justifier cela. Dans les États fédéraux, l'institution d'une seconde chambre est ainsi justifiée par la forme fédérale de l'État dont on sait que les États fédérés jouissent d'une autonomie fonctionnelle quasi totale dont les intérêts doivent être sauvegardés et protégés par cette chambre. Dans les États régionaux comme l'Italie ou encore l'Espagne, c'est dans la nature des régions avec des particularités et spécificités propres qu'il faut voir le fondement d'une chambre haute visant à la sauvegarde de leurs intérêts[6]. Enfin, lorsque la forme étatique ne commande pas cette nécessité, c'est

---

[4] Seuls, en Afrique francophone, quelques États ont fait figure d'exceptions et ont immédiatement institué le bicaméralisme. Il s'agit du Burundi, de Madagascar, du Maroc et de la République Démocratique du Congo. Voir C. Nach Mback, « Un siècle de communalisation au Cameroun : Les misères de la démocratie urbaine », dans les *Actes du Colloque WWICS-IGU, Dakar*, décembre 2004.

[5] *Idem.*

[6] D. Maus, « Libre propos sur le Sénat », *op.cit,* p. 97.

l'histoire du pays qui peut servir de fondement à l'institution du Sénat. C'est le cas de l'Angleterre dont l'institution du Sénat remonte au Moyen Âge avec l'existence du Grand Conseil, organe composé de barons et d'hommes d'Église puissants et qui constitue l'ancêtre de la *House of Lords*. Ce Grand Conseil, qui possédait alors des pouvoirs consultatifs et administratifs était consulté par les Rois lorsque les sujets leur adressaient des pétitions sur des questions diverses et variées[7].

Quant au rôle du Sénat, avant d'ergoter, on peut dire que la Constitution a répondu à cette question, puisque l'article 20 (1) précise que le Sénat représente les collectivités territoriales que sont les régions et les communes. Pourtant, on a bien du mal à fonder la nécessité du Sénat sur ces raisons. Ainsi, le fondement du Sénat devrait ainsi être recherché ailleurs. Peut-être dans la nécessité d'une collaboration parlementaire ou ce que les spécialistes appellent la navette parlementaire. On peut légitimement se demander si l'institution, à travers la mise en place du Sénat, d'un *double degré de législation* est nécessairement un gage de l'efficacité du travail parlementaire. Sous d'autres cieux, notamment en France, cette question a connu et continue de connaître une réponse affirmative dans la mesure où le Sénat s'est souvent révélé être en rupture avec la majorité présidentielle et celle de l'Assemblée nationale[8]. Au Cameroun, le doute est permis, pour deux raisons au moins : d'abord, vu le volume de travail extrêmement réduit qui était déjà celui des députés avant l'institution du Sénat. Ensuite, parce qu'on a de sérieuses raisons de douter que le Sénat ne se comporte pas comme son homologue du Palais des verres de Ngoa Ekelle[9], et se présente, à son image, comme une chambre d'enregistrement des projets initiés par le gouvernement et qui leur sont souvent acheminés quelques jours seulement avant la clôture de la session.

---

[7] Voir Lord Wilberforce, « La Chambre des Lords », *Revue Internationale de Droit comparé*, janvier-mars 1978, vol. XXX, n° 1, p. 85-96, notamment p. 85 et 86.

[8] Voir D. Maus, « Libre propos sur le Sénat », *Pouvoirs,* 1993, n° 64, p. 89-97, notamment p. 90. Arnaud Tardan parle même de zones de friction qui ne sont « ni rares, ni anodines » entre le Sénat et le gouvernement, in « Le rôle législatif du Sénat », *Pouvoirs,* 1988, n° 44, p. 98-110, notamment p. 99.

[9] Siège de l'Assemblée Nationale du Cameroun.

Ce qui est sûr c'est que le rôle du Sénat dans le fonctionnement des institutions camerounaises est certain : d'une part, il y a sa place confortable dans l'ordre protocolaire à la tête de l'État dans la mesure où c'est le président du Sénat qui assure l'intérim à la présidence de la République en cas de vacances[10] et devient pour ainsi dire la deuxième personnalité de l'État; d'autre part il est également un préalable à la mise sur pied d'autres institutions étatiques comme le Conseil constitutionnel dont une partie des membres seront issus de la Chambre Haute[11] ; et enfin, il a qualité pour saisir le Conseil constitutionnel pour la constitutionnalité d'un texte de loi voté[12]. Par ailleurs, et sur un plan purement politique, certains analystes voient dans le Sénat une institution qui a jeté les nouvelles bases de la représentativité et du partage du *gâteau national* en bousculant le fameux axe Centre-Sud/Anglophone/Littoral/Grand Nord qui était alors en place pour

[10] Article 6(4(a)) de la Constitution.

[11] Le Conseil constitutionnel est en effet composé de onze (11) membres dont trois (03) parmi lesquels le président nommés par le président de la République, trois (03) par le président du Sénat, trois (03) par le président de l'Assemblée nationale et deux (02) par le Conseil national de la magistrature (article 51 de la Constitution). Certains auteurs estiment que ce pouvoir de désignation reconnu en faveur du Sénat (tout comme celui de l'Assemblée nationale et du Conseil national de la magistrature) s'analyse en un avis conforme qui s'impose à l'autorité de nomination qu'est le président de la République. Voir M. Nguélé Abada, « L'indépendance des juridictions constitutionnelles dans le constitutionnalisme des États francophones post-guerre froide : l'exemple du Conseil constitutionnel camerounais », dans les *Actes du 6e Congrès français de droit constitutionnel*, Montpellier, 9, 10 et 11 juin 2005, http://www.droitconstitutionnel.org/congresmtp/atelier5.html, site visité en juillet 2014.

[12] Marcelin Nguélé Abada fait une double classification des saisines du Conseil constitutionnel et distingue, d'une part, entre les saisines facultatives (celles relatives au contentieux objectif) et les saisines obligatoires, celles relatives aux règlements intérieurs des assemblées parlementaires ; et d'autre part les saisines intéressées liées au contentieux électoral et les saisines controversées, celles concernant la question de l'exception d'inconstitutionnalité. Voir « L'indépendance des juridictions constitutionnelles dans le constitutionnalisme des États francophones post-guerre froide : l'exemple du Conseil constitutionnel camerounais », *loc.cit.* En ce qui concerne le Sénat particulièrement, il peut saisir le Conseil constitutionnel pour la constitutionnalité d'un texte à la condition que la saisine soit appuyée par les 1/3 des sénateurs, à moins qu'il ne s'agisse de saisine de plein droit après l'adoption ou la révision de son règlement intérieur.

instituer une représentation à cinq pôles qui intègre désormais la région de l'Ouest dont est originaire le président de la nouvelle chambre[13].

L'autre certitude c'est que, par rapport à l'Assemblée nationale, le Sénat est une chambre bien particulière. Bien qu'ils aient pratiquement le même mode de fonctionnement et témoignent de la même durée de mandat de cinq (05) ans[14], nombreux sont les points qui les distinguent : impossibilité pour le président de la République de le dissoudre ni de proroger ou abroger le mandat de ses membres comme il en a le droit pour ce qui est de l'Assemblée nationale[15], pas de responsabilité du gouvernement devant le Sénat[16], pas de validation des mandats des sénateurs comme cela est le cas de l'Assemblée nationale[17].

---

[13] Marcel Nyat Njifenji, puisqu'il s'agit de lui.

[14] Au Cameroun, presque tous les mandats électifs sont d'une durée de cinq (05) ans (Voir articles 15 (1) de la Constitution et 148(1) du Code électoral pour les députés, 20(4) de la Constitution et 214(2) du Code électoral pour les sénateurs, et 169(1) et 243(2) du Code électoral successivement les conseillers municipaux et les conseillers régionaux. Seul le mandat du Président de la République, le plus long, déroge à ce principe puisqu'il est de 07 (sept) ans (articles 6(2) de la Constitution et 116(1) du code électoral). C'est le lieu de signaler qu'en France, bien qu'il soit passé de neuf (09) à six (06) ans à la faveur des lois du 30 juillet 2003, le mandat des sénateurs est au contraire le plus long des mandats électifs (article LO275 du Code électoral français). Cette réforme a été faite en réponse au passage du mandat présidentiel du septennat au quinquennat en 2000. Voir R. Ferretti, « Les dernières élections sénatoriales », article publié sur le site http://www.cnfptwikiterritorial.fr, site visité en juillet 2014.

[15] Voir articles 8(12) et 15(4) de la Constitution.

[16] Voir article 34 de la Constitution qui traite de la question de confiance et de la motion de censure.

[17] Voir articles 3, 4, 5, 6, 7, et 10 du règlement intérieur de l'Assemblée nationale tel qu'issu de la loi n° 73/1 du 08 juin 1973 révisée par la loi n° 2002/005 du 02 décembre 2002. Il faut souligner que la procédure de la validation des mandats parlementaires a donné lieu à une querelle doctrinale relative à sa constitutionnalité. Lire avec beaucoup d'intérêt dans ce sens C. Keutcha Tchapnga, « Quelques précisions sur la concurrence de compétences dans le contentieux des élections législatives au Cameroun depuis la révision constitutionnelle du 18 janvier 1996 », *Annales de la faculté des Sciences Juridiques et Politiques de l'Université de Dschang*, 1997, t. 1, vol. II, PUA, p. 39-50 ; C. Keutcha Tchapnga, « Règlement intérieur de l'Assemblée Nationale – Procédure de validation – Inconstitutionnalité », *Juridis Périodique,* 2003, n° 53, janv.-fév.-mars ; *cf.* M. Nguélé Abada, « La réforme du règlement intérieur de l'Assemblée nationale au Cameroun », *Revue Africaine de Sciences Juridiques (RASJ)*, 2003, FSJP Yaoundé II, vol. I, n° 3, p. 97-116 ; I. Abiabag, « De

L'objet de la présente étude est, modestement, de questionner l'institution du Sénat au Cameroun, non dans son fonctionnement ou son organisation, mais davantage dans les étapes de sa mise en place. Ainsi, la préoccupation centrale de cette étude est constituée par la question de savoir si l'institution du Sénat par la révision constitutionnelle de 1996 et sa mise en place effective à travers les élections du 30 septembre 2013 lui donnent une légalité et une légitimité exemptes de tout soupçon. Autrement dit et pour faire simple, le Sénat camerounais est-il légal et légitime ? Point n'est besoin pour nous de nous attarder sur les circonstances qui ont eu cours pendant la période électorale, par exemple, les consignes de vote faites par les partis politiques les uns au profit des autres[18] ; et moins encore sur le mode de désignation des candidats qui est une procédure interne aux partis politiques[19]. C'est donc le processus d'institution du Sénat ainsi que le Sénat

l'inconstitutionnalité de la validation des mandats parlementaires », *Revue Camerounaise de Droit et de Science Politique (RCDSP) Janus*, semestriel, Janv. 2007, Université de Douala, FSJP, p. 51-72. Il est également intéressant de signaler que par décision n° 001/CC/02-03 du 28 novembre 2002, la Cour suprême statuant en lieu et place du Conseil constitutionnel et saisie pour statuer sur la constitutionnalité de la loi n° 2002/005 du 02 décembre 2002 précitée, a déclaré ces dispositions contraires à la Constitution, ce qui n'a pas empêché le président de la République de promulguer la loi sanctionnée.

[18] Notons à ce sujet qu'en raison du rejet des listes du Rassemblement Démocratique du Peuple Camerounais (RDPC) dans les régions de l'Adamaoua et de l'Ouest, et de la non-présentation du Social Democratic Front (SDF) dans la Région de l'Est, ces deux partis politiques se sont renvoyés la politesse en faisant des consignes de vote l'un au profit de l'autre dans les régions où ils n'étaient pas finalement engagés. Nous ne nous y attarderons pas outre mesure, ceci relevant davantage de la science politique que de la science juridique, sauf à préciser que cette consigne n'a pas été retenue par le juge électoral comme une irrégularité dirimante pouvant entraîner l'annulation de l'élection dans la région concernée, comme l'Union Démocratique du Cameroun (UDC), engagée à l'Ouest, le prétendait.

[19] La quasi-totalité des partis politiques impliqués dans cette bataille électorale des sénatoriales s'est illustrée par la procédure des investitures au lieu des primaires reconnues pour être plus démocratiques. Notons pour en finir avec ces considérations d'ordre général qu'au final quatre (04) partis politiques sur huit (08) ont été autorisés à participer au scrutin. Ce sont le RDPC, le SDF, l'Union Nationale pour la Démocratie et le Progrès (UNDP) et l'Union Démocratique du Cameroun (UDC). Ont été recalés : l'Alliance Nationale pour la Démocratie et le Progrès (ANDP), le Front National pour le Salut de Cameroun (FNSC), le Mouvement pour la Défense de la République (MDR) et l'Union des Populations du Cameroun (UPC). Pour tous les détails, voir Coalition pour la

lui-même en tant que résultat de ce processus qui nous intéressent ici. Du coup, en raison de la spécificité de cette Chambre, nous étudierons le processus électoral qui a abouti à l'élection des soixante-dix (70) sénateurs et le mécanisme de nomination des trente (30) autres par le président de la République.

Légalité et légitimité sont donc les maîtres-mots de cette étude, et il convient de les définir afin de fixer un cap à notre analyse. La légalité renvoie au respect de la loi, au caractère de ce qui est légal[20]. La légitimité quant à elle renvoie « aussi bien au problème posé par le fondement du pouvoir que la justification de l'obéissance qui lui est due[21] ». La légitimité d'une institution est donc ce qui fonde son existence, mais aussi son acceptation par tous les citoyens. Les deux notions sont intimement liées, car l'une peut engendrer l'autre. Ainsi, la légitimité peut découler de la légalité, une institution pouvant être légitime parce qu'elle respecte la loi. Cette conception de la légitimité connue sous le nom de « légitimité rationnelle[22] » et qui découle de la théorie du positivisme juridique de Hans Kelsen[23], s'avère être cependant insuffisante pour rendre compte de l'entière réalité de ce concept. Bien souvent en effet, la légitimité est une notion qui va bien au-delà de la légalité pour embrasser d'autres considérations. Dans ce cas, la légitimité devient une notion supra légale et métaphysique

---

Gouvernance Démocratique au Cameroun, *Elections sénatoriales du 14 avril 2013 : Rapport d'observation.*

[20] Dictionnaire Hachette, Éd. 2008, p. 918.

[21] J. Boulad-Ayoub, « Légitimité, légalité et vie politique », in Josiane Boulad-Ayoub, Luc Bonneville (dir.), *Souverainetés en crise*, Québec, L'Harmattan, Les Presses de l'université de Laval, Coll. « Mercure du Nord » 2003, p. 71-80.

[22] Max Webber opère une classification triangulaire de la légitimité puisqu'il distingue outre cette légitimité rationnelle, la légitimité charismatique qui repose sur la fascination des populations à l'égard du tenant du pouvoir et la légitimité traditionnelle qui repose quant à elle sur la cession héréditaire du pouvoir. Voir M. Webber, *Economie et société,* trad. fr. du t. 1 par Julien Freund, Plon, 1971 ; L. Heuschling, « Le relativisme des valeurs, la science du droit et la légitimité. Retour sur l'épistémologie de Max Weber », *Jus Politicum*, 2012, n° 8, Spécial : La théorie de l'État entre passé et avenir ; A. Simard, « Légalité et légitimité (d')après Max Weber », *Aspects sociologiques*, avril 2005, vol. XII, n° 1, p. 159-188, notamment p. 165-167.

[23] Voir H. Kelsen, *Théorie générale de la loi et de l'État,* Cambridge, Massachussetts, 1948, p. 115-122.

puisqu'elle fait appel à des exigences contenues dans les « sentiments, les mœurs, les comportements et les idées généralement diffus dans une communauté[24] ».

A partir de ces précisions terminologiques, et au regard de la mise en place du Sénat au Cameroun, nous pouvons affirmer que ce processus a été parsemé des motifs d'illégitimité, cette légitimité pouvant être appréciée à travers son caractère fort peu démocratique (I) et les imperfections législatives dont il fait montre (II).

I. MISE EN PLACE DU SÉNAT CAMEROUNAIS : UN PROCESSUS PEU DÉMOCRATIQUE

Parmi les sujets qui ont soulevé des controverses quant à la mise en place du Sénat, figurent les questionnements sur la légitimité du collège électoral qui a procédé à l'élection des membres du Sénat et le pouvoir de nomination du président de la République.

A. Un collège électoral illégitime ?

Chaque région est représentée par dix (10) sénateurs dont sept (07) sont élus au suffrage universel indirect et trois (03) nommés par le président de la République[25]. Le calcul est donc simple : le Sénat compte cent (100) sénateurs, dont soixante-dix (70) élus et trente (30) nommés. La loi[26] précise que le corps électoral – qui ne concerne évidemment ici que ceux des sénateurs élus, à l'exclusion des sénateurs nommés – est formé des conseillers régionaux et des conseillers municipaux[27]. C'est donc à eux seuls que revient

---

[24] J. Boulad-Ayoub, « Légitimité, légalité et vie politique », *op.cit.*

[25] Article 20(2) de la Constitution, repris *mutatis mutandis* par l'article 214 du Code électoral.

[26] La Constitution renvoie à la loi le soin de fixer le régime électoral des deux chambres du Parlement (article 14(6)). C'est sur cette base que, pour le Sénat, la loi n° 2006/005 du 14 juillet 2006 fixant les conditions d'élection des sénateurs a été adoptée, notamment en ses articles 11 et 12 pour ce qui est du corps électoral. Ces dispositions ont été purement et simplement reconduites quasiment *in extenso* dans le Code électoral objet de la loi n° 2012/001 du 19 avril 2012 (article 222).

[27] En France, le corps électoral est plus composite encore et comprend les députés, les conseillers régionaux, les conseillers des localités à régime particulier comme la Corse, la Guyane et la Martinique, les conseillers généraux et les conseillers municipaux. Voir article L280 du Code électoral français.

le droit d'élire les sénateurs au Cameroun d'où le suffrage universel indirect[28] qui caractérise l'élection sénatoriale[29], par rapport à l'élection des députés qui se déroule au suffrage universel direct dans la mesure où les députés sont élus directement par les citoyens. Cependant, en raison de la spécificité de ce premier Sénat, et conformément au fait que les nouvelles institutions créées par le texte constitutionnel de 1996 doivent être mises en place de manière progressive[30], la Constitution a pris en considération le fait que le Sénat pourrait être institué avant les régions. Dans ce cas, le collège électoral est composé « exclusivement des conseillers municipaux »[31]. C'est dire que la convocation des seuls conseillers municipaux pour l'élection des sénateurs[32] est parfaitement conforme à la loi et ne pose donc aucun problème de légalité.

Cependant, on ne peut en dire de même de la légitimité d'une telle situation qui nous semble sérieusement compromise *ipso facto*, et cela pour deux raisons. D'abord, bien que la Constitution l'approuve, il nous paraît illogique que le Sénat intervienne avant les régions dans la mesure où celui-là est constitué par des personnes issues de celles-ci entre autres. Ainsi, même si en tant que garant des institutions de l'État, le président de la République a la latitude de les mettre sur pied à un rythme et suivant un

[28] Dans certains pays, rares certes, les représentants de la seconde chambre sont élus au suffrage direct. C'est le cas de l'Italie, de la Suisse, de la Belgique et de l'Espagne, pour ne citer que ces cas. Voir J. Grangé, J. Mastias, *Les Secondes Chambres du Parlement en Europe occidentale*, *op.cit.*

[29] L'universalité découlant ici du fait que les Grands Électeurs soient eux-mêmes élus par tous les citoyens. Voir J. Grangé, « Le système d'élection des sénateurs et ses effets », *Pouvoirs,* 1988, n° 44, p. 35-57, notamment p. 37.

[30] Voir article 67(1) de la Constitution. Certains auteurs pensent que la formule utilisée par le constituant est redondante dans la mesure où les nouvelles institutions créées par le texte de 1996 ne peuvent qu'être progressivement mises en place. Ainsi, « énoncer juridiquement ce qui ne peut être évité pratiquement apparaît surabondant ». Voir A. D. Olinga, *La Constitution de la République du Cameroun,* Yaoundé, Les Éd.Terre africaine et Presses de l'UCAC, 2006, p. 11.

[31] Article 67(6) de la Constitution. Sur l'ensemble de la question des dispositions transitoires, Voir A. D. Olinga, « L'article 67 de la Constitution », *Lex Lata,* mars 1997, n° 33, p. 3-9.

[32] Par le décret n° 2013/056 du 27 février 2013 portant convocation du collège électoral en vue de l'élection des sénateurs.

calendrier qui lui sont propres ; ceci doit l'être selon une logique et un ordre propres à garantir une fluidité dans le fonctionnement de ces institutions. Mettre en place le Sénat avant les régions revient donc à mettre la charrue avant les bœufs, ou pour reprendre la métonymie, à faire intervenir l'effet avant la cause, le constitué avant le constituant. Le risque ici est celui d'aboutir, à terme, à un Sénat non accepté par les régions ou dans lequel celles-ci ne se reconnaissent pas et ne sentent pas leurs intérêts protégés. Une fois les régions mises sur place, accepteront-elles un Sénat censé les représenter, mais où elles n'y sont pas représentées ? N'y verront-elles aucun inconvénient à cela ? Nul ne peut y répondre par l'affirmative.

Ensuite, c'est le statut des conseillers municipaux formant le collège électoral qui est sujet à caution et qui nous semble de nature à altérer la légitimité de cette chambre. Les conseillers municipaux qui ont en effet constitué le collège électoral pour l'institution du tout premier Sénat camerounais ont été élus en juillet 2007 et leur mandat devrait normalement être renouvelé cinq ans plus tard, c'est-à-dire en juillet 2012. Ceci n'a pas été fait et ces conseillers municipaux ne tenaient alors plus leur mandat que d'une double prorogation par décret présidentiel[33]. Ici aussi, aucune violation de la loi n'est à déplorer, la loi donnant le droit au président de la République de proroger le mandat des conseillers municipaux pour une durée n'excédant pas dix-huit (18) mois[34]. Cependant, si cette mandature ne causerait aucun problème en temps normal, il reste que des réserves doivent être émises pour le cas d'espèce où le corps électoral a été constitué des conseillers municipaux *décrétés*, c'est-à-dire qui ne sont plus auréolés du mandat des électeurs. Cette prolongation a ainsi, et à juste titre, donné lieu à toutes sortes de supputations. On est en effet en droit de se demander si cette prorogation est neutre et dénuée de tout intérêt, lorsqu'on sait quel est le double statut du président de la République qui est au surplus président de son parti politique, le Rassemblement Démocratique du Peuple Camerounais (RDPC).

[33] Le mandat des conseillers municipaux a en effet été prorogé d'abord par décret n° 2012/240 du 30 mai 2012, pour une durée de douze mois à compter du 31 juillet 2012, et ensuite par le décret du 26 juin 2013, pour une durée de trois mois à compter du 1er août 2013.

[34] Article 170(2) du Code électoral.

L'explication du président de la République est à rechercher dans la science politique en tant qu'étude des stratégies des acteurs politiques. L'allusion, à peine voilée, pointe le fait que ce parti politique qui était alors à l'affût pour les élections sénatoriales bénéficiait d'une majorité confortable dans les communes du pays, avantage propre à lui conférer une majorité absolue lors des sénatoriales. Il était alors risquant pour le président de la République qui, pour la circonstance, était juge et partie, de procéder à des élections municipales en vue de renouveler les conseils municipaux du pays, le risque étant de perdre la majorité confortable dont jouissait alors son parti politique.

Il aurait sans doute été judicieux pour le président de la République qui est censé représenter les intérêts de la nation tout entière et non ceux de sa formation politique, de procéder à la convocation du corps électoral en vue du renouvellement des conseils municipaux, avant l'élection des sénateurs. Ainsi, les conseillers municipaux formant le corps électoral auraient la légitimité populaire que leur confère leur élection et non pas une légitimité exceptionnelle et douteuse qu'ils tiennent d'une prorogation décrétée. D'autant que le fait de faire procéder à l'élection des sénateurs par un corps électoral dont les membres sont eux-mêmes en fin de mandat pose un problème à propos du rythme de renouvellement du Sénat puisqu'on peut aboutir à un décalage important entre l'opinion exprimée au début et à la fin du mandat des sénateurs[35]. En effet, six mois seulement après avoir procédé à l'élection des sénateurs, les conseillers municipaux ont été eux-mêmes appelés aux urnes[36] et bon nombre d'entre eux n'ont pas été reconduits dans leur mandat. On peut dès lors légitimement se demander si le Sénat continue dans ces conditions à représenter un corps électoral qui a été rénové peu de temps après sa constitution, d'autant que, à la fin de leur législature, les sénateurs continueront à tenir leur mandat d'un corps électoral dont le mandat a cessé cinq ans plus tôt. Qui plus est, à la fin de cette législature, c'est-à-dire en 2018, ils tiendront leur mandat d'un corps électoral qui lui-même tenait le sien depuis 2007, c'est-à-dire onze (11) ans plus tôt. En définitive, ils exerceront selon une volonté qui a été exprimée

---

[35] Voir D. Maus, « Libre propos sur le Sénat », *op.cit.*, p. 95.

[36] Les élections couplées municipales et législatives ont en effet été tenues le 30 septembre 2013.

11 ans auparavant. Si la convergence des mandats des conseillers municipaux et régionaux d'une part et des sénateurs d'autre part[37] ainsi que le rythme de renouvellement intégral[38] de la chambre haute peuvent se présenter comme une solution à ce problème, il reste qu'il faut procéder à une harmonisation des calendriers électoraux pour que, notamment, les élections municipales et régionales soient suivies peu de temps après par les élections sénatoriales pour faire en sorte que le corps électoral jouisse d'une légitimité neuve, actuelle et solide au moment où il procède au choix des sénateurs.

B. Le pouvoir de nomination du président de la République : une anomalie démocratique

Nous l'avons déjà dit, les textes donnent le pouvoir au président de la République de procéder à la nomination de trente (30) des cent (100) sénateurs que compte le Sénat camerounais[39]. Ce pouvoir de nomination, qui démontre la réticence des autorités camerounaises à intégrer le *main Stream* en la matière, constitue, pour nous, une anomalie qui peut concourir à discréditer la chambre Haute dont on sait que la légitimité et le rôle découlent en partie du mode de désignation des membres[40]. D'abord, ce pouvoir de nomination est perçu comme une violation du sacrosaint principe de la séparation des pouvoirs qui commande, à défaut d'une séparation stricte de ceux-ci, au moins une spécialisation de leur part de manière à éviter les incursions nocives des uns dans le domaine des autres.

---

[37] Signalons qu'il y a, au Cameroun, une convergence des mandats électifs politiques qui fait que les députés, les sénateurs, les conseillers municipaux et régionaux sont tous investis pour cinq (05) ans. Seul le mandat du président de la République fait office d'exception puisqu'il est le plus long de tous les mandats électifs politiques : sept (07) ans.

[38] En France par contre, le renouvellement du Sénat se fait par moitié depuis la modification introduite par la loi n° 2003-696 du 30 juillet 2003 et qui entreront en vigueur à compter du renouvellement partiel de 2010.

[39] Notons que le projet de révision constitutionnelle soumis à l'Assemblée nationale proposait un quota plus élevé de sénateurs nommés par le président de la République puisqu'il lui donnait le droit de nommer la moitié des sénateurs. En outre, le projet faisait des anciens chefs d'États les membres de droit du Sénat.

[40]Voir C. Nach Mback, « Un siècle de communalisation au Cameroun : Les misères de la démocratie urbaine », *op.cit.* ; J. Grangé, « Le système d'élection des sénateurs et ses effets », *op.cit.,* p. 35.

Le régime politique institué par la Constitution camerounaise[41], bien qu'il donne des pouvoirs assez étendus au président de la République, est pourtant loin d'instituer une situation semblable à celle de la Grande-Bretagne où il n'existe aucune spécialisation entre les pouvoirs, tous intervenant dans les domaines des autres. Ainsi, le pouvoir de nomination est vu comme étant une rupture de la logique générale du constituant. Cela d'autant plus que le régime politique camerounais impose un président de la République issu d'un parti politique, donc un président par nature partisan qui, bien qu'il soit censé incarner l'unité de la Nation, n'est pas moins mêlé à des enjeux partisans et intéressés. Au Cameroun, cela est encore plus visible en raison de la double casquette de l'actuel président de la République qui est en outre un président de son parti politique. Pour comparaison, le pouvoir de nomination qui existe dans les pays comme la Grande-Bretagne[42] n'est pas comparable à ce qui pourrait se passer dans une République démocratique puisque dans ce cas là, il s'agit d'une Monarchie et le Monarque est, en général, en dehors de la lutte politique dans la mesure où il est le symbole de l'unité nationale. Par conséquent, il n'est pas considéré comme juge et partie puisqu'il n'a aucun intérêt particulier à ce qu'une formation politique soit ou non majoritaire. En plus, dans ces circonstances, le Monarque nomme quasiment toujours des personnalités non connues pour leur implication en politique, ce qui est loin d'être le cas au Cameroun où le décret de nomination du président de la République a fait la part belle aux grosses pointures du régime en place et aux Chefs traditionnels dont on sait que quasiment tous sont des militants avérés du RDPC, parti du président de la République, autorité de nomination. En effet, la nomination des sénateurs par le président de la République[43] révèle une proportion de 26/30 sénateurs reconnus comme militants ou proches

---

[41] Bien que la nature du régime politique camerounais ait donné lieu à des controverses doctrinales les plus féroces, il est communément admis par les constitutionnalistes camerounais que l'actuel régime politique est le fruit, non pas du texte constitutionnel du 18 janvier 1996, mais de la révision constitutionnelle intervenue le 23 avril 1991 dont celui-là n'a fait qu'entériner les acquis. Voir A. D. Olinga, *La Constitution de la République du Cameroun*, *op.cit.*, p. 10-11.

[42] En Grande Bretagne en effet, le Roi nomme 1/3 de membres de la *House of Lords*, les 2/3 restants détenant leur mandat *ès qualité* ou par hérédité.

[43] Par décret n° 2013/149 du 08 mai 2013 portant nomination des sénateurs.

du RDPC et de 4/30 des sénateurs appartenant aux partis… alliés au RDPC ou, à tout le moins revendiquant leur soutien à ce dernier[44]. Au final, on a 100 % des sénateurs nommés provenant de la mouvance politique du parti au pouvoir, avec en plus, comble de l'anomalie démocratique, le président du Sénat qui est un sénateur nommé. Ainsi, la deuxième personnalité de l'État, qui doit assurer l'intérim en cas de vacances à la présidence de la République est pour ainsi dire, dénuée de toute légitimité populaire.

Le pouvoir de nomination du président de la République est d'autant plus risquant qu'il constitue un pouvoir discrétionnaire, totalement laissé à la convenance d'un acteur politique appartenant à un parti politique. Il n'y a en effet aucune limite ou contrainte à ce pouvoir de nomination. Le président s'est montré très libre dans le choix des sénateurs qu'il a nommés et c'est justement cette liberté qui donne lieu à l'hétérogénéité du Sénat puisque les sénateurs ont des statuts différents. Bien qu'ils aient un seul et même régime une fois qu'ils ont porté les attributs de leur fonction, et ce indépendamment du fait qu'ils soient élus ou nommés, on ne peut s'empêcher de remarquer qu'il y a deux types de sénateurs. On a des sénateurs qui doivent être investis par un parti politique et d'autres qui ne doivent pas l'être ; on a des sénateurs dont les suppléants doivent forcément être de leur parti politique et d'autres dont les suppléants peuvent être d'un autre parti politique[45] ; on a des sénateurs qui doivent avoir une onction populaire et d'autres qui ne doivent pas l'avoir[46]…

---

[44] Les quatre (04) autres sénateurs nommés par décret du président de la République sont issus des partis politiques suivants : Mouvement Démocratique pour la Défense de la République (MDR) dont le président Dakolé Daïssala, lui-même nommé, a été tour à tour Ministre des Postes et Télécommunications (1992-1997) et Ministre des Transports (2004-2007), Union Nationale pour la Démocratie et le progrès (UNDP) dont le président Bello Bouba Maïgari est l'actuel Ministre d'État, Ministre du Tourisme et des Loisirs, le Front National pour le Salut du Cameroun (FNSC) dont le président Issa Tchiroma Bakari est également l'actuel ministre de la Communication et l'Alliance Nationale pour la Démocratie et le Progrès dont le président Hamadou Moustapha est l'actuel Ministre chargé de mission à la Présidence de la République.

[45] Adamou Koupit de l'Union Démocratique du Cameroun (UDC) a ainsi été nommé comme suppléant d'Ibrahim Bouobouo Njoya du RDPC dans la région de l'Ouest Cameroun.

[46] L'affranchissement du président de la République de toute contrainte dans son choix des sénateurs l'a amené, et on peut l'en féliciter, à ne pas retenir l'origine des personnes comme

II. MISE EN PLACE DU SÉNAT CAMEROUNAIS : DES IMPERFECTIONS LÉGISLATIVES

Il s'agit pour nous ici de questionner le dispositif légal qui encadre le processus de mise en place du Sénat au Cameroun et qui a, notamment, présidé à la conduite du processus électoral ayant abouti à l'institution du tout premier Sénat. A ce titre, on remarque des motifs d'insatisfaction pouvant altérer la légitimité de cette chambre. En effet, les imperfections constatées peuvent être dues soit à des dispositions floues et pas assez clairement posées, soit à un dispositif insuffisamment élaboré par la loi, soit encore à des violations pures et simples de certaines exigences posées par celle-ci. C'est le cas de la représentativité (A), ainsi que du cumul illégal des mandats de certains sénateurs (B).

A. Une représentation à parfaire

Le problème de la représentation ici se pose à un double niveau : il y a d'abord la représentation *du* Sénat qui concerne la représentation territoriale, et ensuite la représentation *au* Sénat qui concerne quant à elle les proportions de personnes présentes au sein de la Haute chambre.

1. La représentation territoriale du sénat camerounais

La loi en vigueur pose que les sénateurs sont élus sur la base régionale[47] tout comme celle-ci constitue le socle du pouvoir de nomination du président de la République. Il s'agit donc d'une représentation à base territoriale comme cela a cours en Suisse ou encore en Espagne. À première vue, on peut en déduire une répartition équitable, puisqu'au final, chaque région est représentée par dix (10) sénateurs. Aussi, la représentation des

---

critère de nomination. C'est ainsi que Pierre Flambeau Ngayap de l'Union Nationale pour la Démocratie et le Progrès (UNDP) a été nommé sénateur de la région du Littoral alors qu'il est originaire de l'Ouest.

[47] En France, les sénateurs sont élus sur la base du département, ce qui accentue le problème de la représentation en raison du nombre élevé des départements. Le cas français fait en effet ressortir des distorsions de représentativité qui conduisent à une sous-représentation des zones urbaines pour une surreprésentation des délégués des petites et moyennes communes. La contestation de la légitimité du Sénat français est ainsi fondée en partie sur ce déficit de représentation. Voir D. Maus, « Libre propos sur le Sénat », *op.cit.*, p. 94.

électeurs sénatoriaux semble parfaite dans la mesure où leur nombre varie en fonction de la taille de la commune ou de la région : plus la commune ou la région est grande, plus elle a de conseillers et donc d'électeurs sénatoriaux. Pourtant, à y regarder de près, rien de tel. Même s'il faut saluer le choix du scrutin à la représentation proportionnelle qui « est un facteur d'élargissement de la représentation » à côté du scrutin majoritaire qui « amplifie l'opinion dominante et tend à exclure les minorités »[48], on assiste plutôt à un déséquilibre dans la représentation dans la mesure où cette représentation varie d'une région à une autre. Les distorsions de représentation sont criantes, puisqu'un sénateur représente 88.488 citoyens dans la région de l'Adamaoua, 309 804 au Centre, 77 175 à l'Est, 311 179 à l'Extrême-Nord, 251 026 au Littoral, 168 795 au Nord, 172 895 au Nord-ouest, 172 004 à l'Ouest, 63 465 au Sud et 131 607 au Sud-ouest[49]. L'égalité arithmétique dans la représentation au Sénat donne donc lieu à une injustice et à un déficit de représentativité. Cette égalité arithmétique doit céder le pas à une répartition équitable qui tienne compte de la dimension démographique de chaque région. La solution ne serait-elle pas d'arrimer le nombre de sénateurs d'une région à la population de celle-ci ? Il nous semble important de basculer vers une représentation à base démographique plus juste et plus équitable. Ceci aura sans doute des effets moins pervers que le découpage des circonscriptions administratives pour les élections des députés qui donnent souvent lieu à des manipulations de la part du président de la République en faveur de sa formation politique par le biais de la (tristement ?) célèbre technique dite du *gerrymandering*[50]. Il faut

---

[48] Article 218 du code électoral. Voir J. Grangé, « Le système d'élection des sénateurs et ses effets », *op.cit.*, p. 41.

[49] D'après les résultats du troisième recensement général de la population du Cameroun rendus publics le 14 avril 2010. Ces résultats sont obtenus en faisant le rapport entre le nombre d'habitants de chaque région et le nombre de Sénateurs communs à toutes ces régions qui est 10. Pour rappel, le Cameroun a ainsi une population estimée au 1er janvier 2010 à 19 406 100 habitants.

[50] Contraction du nom Gerry et de *salamander*, pour désigner la façon dont Elbridge Gerry, gouverneur du Massachussetts, avait découpé une circonscription en forme de salamandre pour assurer sa réélection au XIXe siècle. Voir R. Ghevontian, « La notion de sincérité du scrutin », *Cahiers du Conseil constitutionnel*, janvier 2003, n° 13, Dossier : La sincérité du scrutin ; P. Avril, « Un homme, une voix ? », *Pouvoirs*, 2006, n° 120, p. 123-132, notamment pp. 129 et 130.

signaler que dans ce cas, il faudra également réajuster le nombre de sénateurs nommés par le président de la République en fonction de la population sur une base proportionnelle.

2. La représentation sociologique et du genre

La représentativité concerne également les listes de candidatures et les sénateurs définitivement investis. À ce sujet, la question est celle de savoir qui sont ceux qui sont admis à figurer sur une liste de candidatures. N'y a-t-il pas de contraintes pour la confection des listes de candidatures ? La réponse à ce questionnement part d'un double postulat de la loi électorale qui veut que d'une part les partis politiques investissent librement leurs candidats et d'autre part que ceux-là, hors mis les conditions d'éligibilité que doivent remplir les candidats, doivent se plier à une double exigence : celle de la composante sociologique et celle du genre.

a. L'exigence de la représentation sociologique

La première exigence, issue de l'article 218(3) fait obligation pour les listes de candidatures, selon ses propres termes, de « tenir compte des composantes sociologiques dans la région ». Cette recommandation, qui s'inscrit dans le cadre plus général de la protection des minorités et des autochtones, trouve en fait son fondement dans la Constitution du Cameroun à travers son préambule selon lequel « l'État assure la protection des minorités et préserve les droits des populations autochtones »[51]. C'est donc cette exigence constitutionnelle qui a été transposée au niveau des différentes lois électorales avant d'être inscrite dans le Code électoral pour toutes les élections. Autant dire que les élections sénatoriales ne sont pas les seules à être concernées par cette exigence, mais posent néanmoins des questions particulières en raison de la nature même de la chambre qui vise la protection des intérêts des collectivités territoriales, c'est-à-dire qui a un fort lien d'attachement avec les régions qui forment la circonscription d'élection des sénateurs. *In concreto*, cette exigence pose le problème du sens à donner à cette exigence légale. Que signifie en réalité « prendre en considération les composantes sociologiques de la région » ? Bien que cette question n'ait pas

[51] 2e tiret du 5e paragraphe du préambule de la Constitution camerounaise. Il faut signaler d'après l'article 65 de cette Constitution, le préambule fait partie intégrante de la Constitution.

été soulevée pendant le contentieux des élections sénatoriales, on peut néanmoins s'inspirer des conclusions qui ont été tirées par le juge électoral en d'autres circonstances ainsi que des positions doctrinales qui les ont suivies. C'est d'abord le fondement même de cette exigence qui a été mis en cause par certains auteurs qui y ont vu une politique d'exclusion des grands groupes[52], accusant ainsi le législateur d'adopter la règle selon laquelle « chaque chien est fort chez lui ». Combinée à l'article 214 du code électoral qui fait des sénatoriales des élections faites sur la base régionale, cette exigence donnerait alors lieu à une représentativité exclusive des personnes originaires de la région qui seraient pour ainsi dire les seules à figurer sur une liste. Une inquiétude balayée par le juge électoral lors du contentieux électoral des élections municipales de 2007 pendant lesquelles il a sanctionné une liste qui ne prenait pas en compte une ethnie non autochtone, mais fortement représentée dans la circonscription[53], faisant ainsi de cette exigence, une politique visant la « représentation légitime des différentes communautés ethno-régionales » dont regorge chaque circonscription électorale[54]. Ensuite, face au caractère vague de l'expression « composante sociologique », certains auteurs ont estimé qu'elle devrait prendre en compte les réalités linguistiques, religieuses et même socioprofessionnelles[55]. A notre sens, et à la suite de Hans Kelsen pour qui

---

[52] L. Donfack Sockeng, « Existe-t-il une identité démocratique camerounaise ? La spécificité camerounaise à l'épreuve de l'universalité des droits fondamentaux », *Polis*, 1996, vol. I, n° spécial, février, p. 25-44, notamment p. 35, 36, 39 et 44) ; J. de N. Atemengue, « La protection des minorités et la préservation des droits des populations autochtones au Cameroun. Une analyse prospective », *Revue de droit international et de droit comparé*, 2003, p. 5-42, notamment p. 41, tous cités par J. Mouanguè Kobila, « Droit de la participation politique des minorités et des populations autochtones. L'application de l'exigence constitutionnelle de la prise en compte des composantes sociologiques de la circonscription dans la constitution des listes de candidats aux élections au Cameroun », *Revue Française de Droit Constitutionnel*, 75, 2008, p. 629-664.

[53]Voir Supreme Court of Cameroon, Administrative Bench, Judgment n° 026/06-07/CE of 12 June 2007.

[54] H-L. Menthong, « Vote et communautarisme au Cameroun : un vote de cœur, de sang et de raison », *Politique africaine*, juin 1995, n° 58, p. 40-52, notamment p. 43. Voir aussi A. D. Olinga, « Politique et droit électoral au Cameroun. Analyse juridique de la politique électorale », *Polis*, RCSP/CRPS, 1998, vol. VI, n° 2, p. 31-52, notamment p. 45.

[55] Voir L. Donfack Sockeng, « Le droit des minorités et des peuples autochtones au Cameroun », thèse de doctorat de l'Université de Nantes, 2000/2001, p. 274 ; J. de N.

« les systèmes électoraux véritablement démocratiques n'attachent aucune importance à la classe sociale ou à la profession des électeurs »[56], l'exigence de la prise en compte des composantes sociologiques des listes de candidatures doit s'apprécier du point de vue socio-ethnique[57]. Enfin, c'est sa mise en œuvre qui pose problème, d'autant que la formulation de la loi est, à cet égard, imprécise. Même si la sanction du non-respect de cette exigence est connue comme le rejet de la liste fautive, le défaut de préciser par la loi quelle est la composante sociologique de chaque circonscription électorale à laquelle il faut se référer semble rendre cette exigence difficile à appliquer, sinon inapplicable[58]. Le juge a cependant affirmé la nécessité de la respecter, sous peine de rejet de la liste, dans une affaire lors du contentieux des élections de 2007 où une liste du Social Democratic Front (SDF), principal parti d'opposition au Cameroun, a été rejetée parce qu'elle ne respectait pas la configuration ethnique de la circonscription composée de *Bali Nyonga, Widikums* et *Bamilékés*[59]. Cette difficulté résolue, reste que la loi n'a également pas précisé sous quelles proportions les composantes sociologiques devraient être représentées dans les listes électorales. Doivent-

---

Atemengue, « La protection des minorités et la préservation des droits des populations autochtones au Cameroun. Une analyse prospective », *op.cit.*, p. 15 et 39.

[56] Voir H. Kelsen, *Théorie générale du droit et de l'État, la doctrine du droit naturel et le positivisme juridique*, trad. de l'édition américaine de 1945, Paris, LGDJ, 1997, p. 346.

[57] Voir J. Mouanguè Kobila, « Droit de la participation politique des minorités et des populations autochtones. L'application de l'exigence constitutionnelle de la prise en compte des composantes sociologiques de la circonscription dans la constitution des listes de candidats aux élections au Cameroun », *op.cit.*, notamment p. 643 ; A. D. Olinga, « L'exigence de la prise en compte des "composantes sociologiques de la circonscription" en droit électoral camerounais », *Juridis Périodique*, octobre-novembre-décembre 1996, n° 28, p. 67-72, notamment p. 69.

[58] C'est du moins ce à quoi s'est résolu le juge électoral lors du contentieux des élections municipales de 1996 lorsqu'il a rejeté, pour ce motif, les requêtes des requérants qui demandaient l'application de cette exigence. Voir le procès-verbal de la Commission communale de supervision de Nlonako, daté du 6 juin 2002 : « La composante sociologique ou ethnique de la liste MDP ne peut être attaquée dès lors que la liste comprend deux allogènes et que la loi ne définit aucune proposition de dosage ethnique à appliquer ». Voir également L. Donfack Sockeng, « Le droit des minorités et des peuples autochtones au Cameroun », thèse précitée, p. 274.

[59]Voir *Supreme Court of Cameroon, Administrative Bench, Judgment* n° 026/06-07/CE of 12 June 2007, précité.

elles l'être proportionnellement à leur représentation dans la région considérée, ou alors seul compte en définitive, qu'elles soient représentées, le nombre important peu ? La question reste tout entière.

Tout compte fait, la pratique est claire en ce sens que le résultat issu des élections d'avril 2013 fait largement part belle aux enfants du terroir et très peu d'« allogènes » ont été investis par les partis politiques.

b. L'exigence de la représentation du genre

En second lieu, c'est l'exigence de la représentation du genre qui interpelle, et qui ne peut ne pas frapper par sa vacuité et son imprécision : « la constitution de chaque liste doit tenir compte du genre », précise simplement la loi. La difficulté se trouve décuplée par le fait que ce grief n'avait pas encore été porté devant le juge électoral avant ces élections sénatoriales, l'exigence elle-même étant plutôt récente[60]. Dans ces circonstances, on se demande bien comment cette disposition pourrait être mise en application. Certes, comme pour le cas des composantes sociologiques, et bien que la loi ne le dise pas expressément, le défaut de respect devrait normalement conduire au rejet de la liste fautive[61], mais pour quelles proportions ? La loi reste muette. Ce mutisme consécutif à l'imprécision de la loi ne doit pas conduire à conclure à une *lex imperfecta* impossible d'appliquer, mais signifie sans doute qu'aucune proportion n'est exigée, le principal étant la présence sur la liste d'au moins un candidat de l'un et de l'autre sexe. C'est du moins ce qui ressort du contentieux préélectoral des élections sénatoriales où le rejet d'une liste par Elections Cameroon a été confirmé par la Cour Suprême statuant comme Conseil

---

[60] Ce n'est en effet qu'en 2012 que l'exigence de tenir compte du genre pour les listes électorales a été posée pour la première fois à la faveur de la loi n° 2012/001 du 19 avril 2012 portant Code électoral du Cameroun. Avant cela, la loi n° 2006/005 du 14 juillet portant conditions d'élection des sénateurs qui reprenait déjà à son compte un certain nombre de dispositions de la législation liée aux élections des députés, notamment en ce qui concerne les conditions d'éligibilité, n'en faisait pas mention.

[61] À titre de comparaison, le Sénégal a opté pour une consécration explicite du rejet de la liste fautive comme sanction au non-respect de l'exigence de la parité hommes-femmes imposée par la loi du 14 mai 2010. Pour la France, la sanction est plutôt pécuniaire, le parti politique auteur de la violation devra renoncer à certaines subventions électorales versées par l'État pour la participation aux consultations électorales.

constitutionnel. Il s'agissait, en l'occurrence, de la liste du Mouvement Démocratique pour la Défense de la République (MDR) qui a été rejetée pour non-respect de l'exigence liée au genre puisqu'elle ne comportait, comme titulaire, aucun candidat de sexe féminin. On est donc à mille lieues du schéma adopté par certains pays, la France et le Sénégal notamment, qui ont tous opté pour une représentation *fifty-fifty* des genres couramment connus sous le nom de parité hommes-femmes[62]. En effet, la pratique a démontré que la gente féminine a été largement sous représentée sur les listes qui ont finalement concouru pour les sénatoriales. En moyenne moins de deux femmes figuraient sur les listes en tant que titulaires sur des listes qui comportaient sept personnes. Au total, dix-huit femmes ont été élues comme sénatrices titulaires pour vingt-neuf comme suppléantes.

B. Le cumul illégal des fonctions par les sénateurs

L'exercice du mandat actuel du Sénat est marqué par l'illégalité dans laquelle se trouvent de nombreux sénateurs qui cumulent les fonctions[63]. En

---

[62] La trajectoire de la législation française en la matière est remarquable. C'est seulement en effet en 1944 que le droit de vote est reconnu aux femmes. Mais dès 1995, avec la création d'un Observatoire National de la Parité le 18 octobre, la législation sur la représentation des genres en matière électorale va prendre un sérieux coup d'accélération. C'est ainsi que le 28 juin 1999 intervient une modification constitutionnelle qui inscrit dans la Constitution l'exigence de la parité et oblige les partis politiques à la respecter, avant que ne fût adoptée le 3 mai 2000 la loi sur la parité des genres pour les candidatures aux scrutins de liste, donnant ainsi lieu à la configuration telle qu'on la connaît aujourd'hui, c'est-à-dire celle d'une parfaite égalité entre les genres dans la représentation en matière électorale. La France est donc passée, en l'espace de quelques décennies, d'un « *no women's land* » en matière électorale, pour devenir, à cette époque-là, et bien que les résultats soient aujourd'hui mitigés (Voir MINISTERE DES DROITS DES FEMMES, 2011, *Chiffres clés, L'égalité entre les femmes et les hommes*, Éd. DICOM n° S 12-065, juin 2012, p. 13), « le seul pays au monde à avoir adopté une loi instaurant la parité hommes/femmes pour les candidatures à la plupart des élections » (Voir M. Nayral, « La mise à l'épreuve de l'égalité hommes/femmes en politique via l'application de la *Loi sur la parité* en pays Kanak (Nouvelle-Calédonie): féminisme ou arithmétique ? », dans les *Actes du Congrès ASFP, La globalisation à l'aune du genre : vers une sociologie politique de la promotion internationale des normes égalitaires,* Paris, 2013).

[63] Il y a au Cameroun un principe général de non-cumul des fonctions électives qui veut que tout titulaire de toute fonction élective ne puisse être titulaire d'aucune autre fonction, qu'elle soit élective ou pas. C'est ainsi que les parlementaires camerounais ne peuvent exercer ni une autre fonction publique non élective (membre du gouvernement ou assimilé

effet, bon nombre de sénateurs continuent à exercer des fonctions nominatives qu'ils détenaient avant qu'ils ne deviennent sénateurs, et ce, en contradiction avec les dispositions de l'article 162 du Code électoral qui institue un régime d'incompatibilités précis[64]. Si le fondement juridique principal de l'incompatibilité entre fonction ministérielle et fonction élective parlementaire se trouve dans la séparation des pouvoirs[65], l'interdiction de cumuler[66] une fonction parlementaire et toute autre fonction publique non élective trouve son fondement dans l'efficacité du parlementaire. Dans cette optique, l'incompatibilité vise ainsi à assurer le rendement optimal des parlementaires en les obligeant à consacrer l'ensemble de leur temps et de leurs capacités à la fonction parlementaire. Si le sénateur doit en effet, en plus de sa fonction parlementaire qui demande tout le temps et toute la concentration que nous connaissons, exercer une autre fonction non élective, il est certain qu'il devra, à certains moments, privilégier l'une au détriment de l'autre. Il devra donc être, pour paraphraser le beau chiasme de Léon Noël, soit plus sénateur qu'autre chose, soit plus autre chose que

---

par exemple), ni une autre fonction élective (conseiller municipal, conseiller régional par exemple). Tel n'est pas en France où l'interdiction du cumul des fonctions n'est pas générale, un ministre pouvant en outre être maire, un maire pouvant être à la fois député.

[64] Signalons que l'article 221 du Code électoral renvoie pour les incompatibilités du mandat sénatorial au régime des incompatibilités applicable aux députés à l'Assemblée nationale qui s'applique *mutatis mutandis*. Selon l'article 162 en effet, « (1) L'exercice du mandat de député à l'Assemblée nationale est incompatible avec les fonctions de membre du Gouvernement ou assimilés, de membre du Conseil constitutionnel et de membre du Conseil économique et social.

(2) Le mandat de député est également incompatible avec celui de sénateur, avec les fonctions de maire, de délégué du Gouvernement auprès d'une communauté urbaine, de président du conseil régional, avec toute fonction publique non élective et avec les fonctions de président de Chambre consulaire, de président du Conseil d'administration ou de statut de salarié dans un établissement public ou une entreprise du secteur public et parapublic ».

[65] Voir L. Noël, « Ministres et députés », *Revue française de science politique*, 1968, 18e année, n° 2, p. 213-229, notamment p. 215 ; Y. Meny, « Le cumul des mandats ou l'impossible séparation des pouvoirs ? », *Pouvoirs*, 1993, n° 64, p. 129-136.

[66] Un auteur fait une triple classification du cumul : on a d'une part le cumul vertical qui est le cumul de charges dans le même champ ; ensuite on a le cumul horizontal qui est l'exercice de plusieurs charges dans le même champ ; et enfin le cumul temporaire qui s'analyse en l'absence de limitation à la durée des mandats ou des fonctions. Voir J. Becquart-Leclercq, « Cumul des mandats et culture politique », in Albert Mabileau (dir.), *Les Pouvoirs locaux à l'épreuve de la décentralisation*, Paris, Pedone, 1979, p. 102-128.

sénateur[67]. Ensuite, c'est dans la volonté d'éviter les conflits d'intérêts (« situations dans lesquelles un individu se trouve confronté à des choix contradictoires qui l'amènent à privilégier une affiliation au détriment de l'autre[68] ») entre les deux institutions représentées par une seule et même personne qu'il faut voir l'autre fondement de cette incompatibilité. L'exercice par le sénateur de sa fonction de législateur doit se faire dans un contexte d'indépendance et de neutralité nécessaires pour qu'il ne soit pas juge et partie à la fois. Son appartenance à une autre institution peut en fait réduire cette indépendance et l'amener, en cas de débats touchant à la vie de cette institution, à prendre des décisions influencées et intéressées. Toutes ces considérations sont foulées au pied par tous ces sénateurs qui continuent d'exercer des fonctions en principe incompatibles avec le mandat de sénateur[69] et qui se présentent ainsi comme des Harpagons du pouvoir. Faut-il y voir une exception légale de l'interdiction de cumul ? On ne pourrait le dire, la loi étant claire sur les fonctions incompatibles. Il s'agit simplement d'une violation criante de la loi délibérément laissée par les autorités et qui s'inscrit en contradiction avec la logique remarquée pour d'autres institutions, notamment à l'Assemblée nationale où le non-cumul est respecté[70].

---

[67] *Ibidem*, p. 221.

[68] Y. Meny, « Le cumul des mandats ou l'impossible séparation des pouvoirs ? », *op.cit.*, p. 131.

[69] C'est par exemple le cas de Simon Achidi Achu, Sénateur du Nord-ouest qui continue d'exercer ses fonctions de Président du Conseil d'Administration (PCA) de la Société Nationale d'Investissement (SNI) ; Charles Salé, sénateur de l'Est qui reste par ailleurs PCA de l'Hôpital Gynéco-obstétrique de Ngousso ; Victor Mukete, sénateur du Sud-ouest et PCA de la Cameroon Telecommunications (CAMTEL) ; Peter Mafany Musonge, sénateur du Sud-ouest et toujours grand chancelier des ordres nationaux, avec des bureaux à la présidence de la République ; Jean-Baptiste Baskouda, sénateur de l'Extrême-Nord, et Secrétaire Général du ministère du Travail et Mme Monique Ouli Ndongo, sénatrice de l'Est, et toujours Secrétaire Général du ministère de l'Elevage. Voir Siki N. Parfait, « Cameroun-Cumul : ces sénateurs qui ne lâchent pas leur poste de PCA », *Repères* du 10 juin 2013. Abba Boukar, élu sénateur dans la région de l'Extrême-Nord a cumulé pendant quelques mois avec sa fonction de Maire de Mora Ville dans le Mayo Sava avant d'opter finalement, en janvier 2014, pour celui-ci, laissant celui-là à son suppléant.

[70] On se rappelle en effet qu'à l'issue des élections couplées législatives et municipales de 2007 et suite à l'interdiction du cumul des mandats électifs, Françoise Foning et Abba Boukar, élus députés et maires avaient choisi la mairie, cédant *ipso facto* leur siège de député

Par ailleurs, si la consécration de l'interdiction du cumul des fonctions est claire et précise, on ne peut en revanche en dire autant du régime applicable à cette incompatibilité. Certes on sait que l'incompatibilité, à la différence de l'inéligibilité, ne s'oppose pas à l'élection, le parlementaire qui se trouve dans cette situation devant tout simplement choisir entre sa fonction parlementaire et l'autre fonction[71]. Mais la loi parle de « l'accession » d'une autre fonction comme le fondement de l'incompatibilité[72], ce qui nous semble inexact, l'incompatibilité devant être consommée avant de pouvoir être constatée. En d'autres termes, si le sénateur nommé à une fonction incompatible ne se présente jamais à l'institution où il a été nommé, il ne se trouve pas alors dans une situation d'incompatibilité, et vice versa[73]. Cette logique devrait amener à ne pas considérer les sénateurs suppléants qui exercent d'autres fonctions visées à l'article 162 comme étant dans une situation illégale d'incompatibilité, puisqu'ils n'exercent pas encore la fonction de sénateur[74]. Aussi, le Code électoral ne vise que l'hypothèse de l'acquisition d'une fonction incompatible à la suite de l'exercice du mandat sénatorial[75], laissant de côté le cas inverse, c'est-à-dire l'acquisition du mandat sénatorial à la suite de la

---

à leurs suppléants à l'Assemblée nationale. Bien plus, Gaston Komba, député du Nkam, avait été sommé de démission de son poste d'inspecteur général du Crédit foncier du Cameroun. Quant à Philémon Adjibolo, député de la Kadey, il avait dû quitter, sous la pression, son poste de président de la Chambre d'agriculture. Voir P. Siki N., « Cameroun-Cumul : ces sénateurs qui ne lâchent pas leur poste de PCA », *op.cit.*

[71] Voir L. Philip, « Le Conseil constitutionnel, juge électoral », *Pouvoirs,* 1991, n° 13, p. 77.

[72] Article 163(1) du Code électoral.

[73] C'est ainsi, par exemple, que lors des élections législatives françaises des 5 et 12 mars 1967, et malgré l'incompatibilité fixée par l'article 23 de la Constitution française du 4 octobre 1958, une grande majorité des ministres, y compris le Premier ministre Georges Pompidou ont fait acte de candidature et ont été quasiment tous élus, mais ont tous cédé leurs sièges à leurs suppléants. Le seul fait d'avoir été élus n'est pas en soit constitutif d'incompatibilité. Voir Noël Léon, « Ministres et députés », *op.cit.*, p. 224.

[74] C'est le cas de Hessana Mahamat, suppléant du sénateur Mahamat Bahar Manouf de l'Extrême-Nord et qui par ailleurs est titulaire de trois autres fonctions nominatives : PCA de l'Agence de Régulation des Télécommunications, Directeur des Affaires générales à la présidence de la République et président de la Commission de passation des marchés, de la Société nationale des hydrocarbures (SNH). Voir P. Siki N., « Cameroun-Cumul : ces sénateurs qui ne lâchent pas leur poste de PCA », *op.cit.*

[75] Article 163(1) précité.

fonction incompatible[76]. Peu importe en réalité la chronologie d'acquisition des fonctions, le principal étant que celles-ci soient exercées simultanément. Mais là s'arrête la certitude, les textes étant muets sur l'autorité constatant l'incompatibilité, les personnes ayant qualité pour la saisir et les délais. Nous pensons qu'il serait judicieux que ce soit le Conseil constitutionnel qui soit compétent pour connaître de cette question, pour la simple raison de l'unicité juridictionnelle des questions relatives au Parlement. Le Conseil constitutionnel est en effet juge du contentieux des élections parlementaires et juge de la déchéance parlementaire et il nous semble logique qu'il soit investi du contentieux des incompatibilités des parlementaires. Quant à la saisine, on pourrait tout simplement transposer le régime applicable en matière de déchéance qui veut que le Conseil constitutionnel soit saisi par le bureau du Sénat, même si on pourrait également permettre à un tiers des sénateurs de le faire, pour pallier l'éventualité de la mauvaise volonté du bureau[77]. Concernant les délais, on dira que l'incompatibilité étant d'ordre public, elle peut être soulevée à tout moment du mandat parlementaire. Cette carence législative peut-elle justifier la situation d'illégalité dans laquelle se trouvent les sénateurs cumulards ? Peut-être, dans la mesure où il n'y a pas d'autorité chargée de sanctionner cette illégalité. Dans ce cas, la solution pourrait être détenue par le président de la République qui est l'autorité qui nomme aux emplois civils et qui, conformément au parallélisme des formes, a seul qualité pour les démettre de leurs fonctions. On se serait donc attendus à ce qu'il procède à leur remplacement après leur accession à la fonction sénatrice.

Il faudra enfin comprendre qu'il n'existe pas ici une clause générale d'incompatibilité et qu'en la matière le principe « pas d'incompatibilité sans texte » devra s'appliquer. C'est dire que l'énumération faite par l'article 162 du Code électoral doit s'entendre de manière exhaustive et que toute

[76] Les sénateurs cumulards du Sénat camerounais se trouvent dans la seconde hypothèse, le Sénat ayant été mis en place alors qu'ils occupaient déjà d'autres fonctions.

[77] En France, bien que tout parlementaire (en plus du Garde des Sceaux) puisse saisir le Conseil constitutionnel pour cette question, le bureau de l'Assemblée doit d'abord avoir siégé sur le cas litigieux. C'est ainsi qu'en 1971, le bureau de l'Assemblée nationale a refusé de donner son accord pour la saisine du Conseil constitutionnel à propos de l'affaire Rives-Henry qui se trouvait dans une situation d'incompatibilité. Voir L. Philip, « Le Conseil constitutionnel, juge électoral », *op.cit.*, p. 77.

fonction non comprise dans cette énumération ne peut fonder l'incompatibilité d'un sénateur.

Et si la légitimité du Sénat camerounais découlait de son rôle ? Et si dans son fonctionnement le Sénat emportait l'adhésion de la population ? Et si le rôle actif du Sénat faisait oublier les imperfections de son institution ? Comme l'a si bien dit le Doyen Favoreu à propos de la justice constitutionnelle, « la véritable sanction de la légitimité [...] est donnée ou apportée par l'opinion publique. C'est elle qui en définitive consacre ou rejette l'institution au regard de [son efficacité] et de son action au sein de l'État »[78]. C'est donc sous le prisme du *conséquentialisme*[79], en tant que moyen d'appréciation de la légitimité prenant en compte les résultats qu'il faudrait apprécier la place du Sénat. Le Sénat devra pour cela se démarquer, jouer son rôle véritable qui est celui de modérer, quitte à résister, même face à sa propre majorité gouvernementale[80], afin de parvenir à l'efficacité recherchée dans l'institution du *double degré de législation*[81]. Il doit pour ainsi dire, comme son homologue français, affirmer son rôle et affiner son image à travers les innovations nécessaires pour la réussite de sa mission[82]. C'est donc une mission de sagesse, qui dans certains cas peut se conjuguer en terme de conservatisme, qui est confiée au Sénat[83]. Pourra-t-il tenir cette mission ? Seul l'avenir nous le dira.

---

[78] Favoreu Louis, « La légitimité du juge constitutionnel », *Revue internationale de droit comparé,* avril-juin 1994, Vol. 46, n° 2, p. 581.

[79] Un auteur distingue, outre le *conséquentialisme*, le *déontologisme* qui apprécie la légitimité à travers le respect d'une norme ou l'universalité, et l'étique de la vertu qui s'attarde davantage sur le sujet plutôt que sur l'objet en jugeant son caractère moral. Voir Vilmer Jeangène Jean-Baptiste, « Légalité et légitimité des drones armés », *Politique étrangère,* 2013, n° 3, Dossier : Les drones dans la guerre, p. 124.

[80] J. Grangé, « Le système d'élection des sénateurs et ses effets », *Pouvoirs,* 1988, n° 44, p. 55.

[81] Voir la préface de Alain Didier Olinga *in* J-C. Eko'o Akouafane, *Le Sénat au Cameroun et en Afrique, Vade-mecum*, *op.cit.*, p.114 ; C. Nach Mback, « Un siècle de communalisation au Cameroun : Les misères de la démocratie urbaine », *op.cit.*

[82] P. Avril, « Les innovations sénatoriales », *Pouvoirs,* 1988, n° 44, pp. 111-118.

[83] D. Maus, « Libre propos sur le sénat », *Pouvoirs,* 1993, n° 64, p. 90.

PROTOCOLE DE RÉDACTION DES ARTICLES

L'envoi des articles au Comité éditorial se fait exclusivement par courrier électronique à l'adresse suivante : rasj.soa@gmail.com. La Revue n'endosse aucune responsabilité pour tout article envoyé à une autre adresse.

Le comité éditorial de la revue attache un prix particulier au respect des normes et standards ci-dessous indiqués :

1. La taille des contributions ne doit pas excéder 20 pages au format de la revue pour les articles proprement dits et 15 pages pour toute autre contribution.

2. Tout article soumis pour publication doit être envoyé sous le format Word, interligne simple, police d'écriture Times New Roman, taille de police 12, paragraphe aligné, marges de 2,5 cm.

3. Les articles sont accompagnés d'une biographie succincte de l'auteur, incluant sa qualité (grade, responsabilité académique, ou statut professionnel), son adresse e-mail dans une première note de bas de page, et d'un résumé de dix lignes maximum en français et en anglais avec quatre à six mots-clés.

4. Les citations dans le corps du texte doivent être transcrites entre guillemets doubles, avec le même type et la même taille de la lettre du texte.

5. L'appel de note est continu et se place après le mot ou le groupe de mots auquel il se rapporte, séparé par un espace insécable.

6. Les références bibliographiques des articles sont citées comme suit :

a) Pour les articles des revues : Nom (intégral)et Prénom (initial) de l'auteur, Titre de l'article entre guillemets doubles, *Titre de la revue en italique*, Numéro du volume, Numéro du fascicule, Année de la publication, Pages initiale et finale de l'article ou Page (s) exacte (s) de la citation.

Exemple : LECA J., « Pour une analyse comparative des systèmes politiques méditerranéens », *Revue française de science politique ou RFSP*, vol. 27, n° 4, 1977, p. 557-581.

b) Pour les livres : Nom (intégral) et Prénom (initial) de l'auteur, *Titre du livre en italique,* Lieu de publication, Maison d'édition, Année de publication, Pages initiale et finale de l'article ou Page (s) exacte (s) de la citation.

Exemple : Mbaye K., *Les droits de l'homme en Afrique*, Paris, Pedone, 2002, p. 180.

c) Pour les ouvrages collectifs : Nom (intégral) et Prénom (initial) de l'auteur, Titre de l'article entre guillemets doubles, Mention « in » en italique, Nom du directeur de l'ouvrage, nom de l'ouvrage en italique, Lieu d'édition, Maison d'édition, Année d'édition, Pages initiale et finale de l'article ou Page (s) exacte (s) de la citation.

Exemple : MAZERES J.-A., « Qu'est-ce que la puissance publique ? », in Raimbault P. (dir.), *La puissance publique à l'heure européenne*, Paris, Dalloz, 2006, p. 9-20.

N.B. Les articles expertisés (selon le principe de *Peer Review)*, retenus et publiés dans la *RASJ* deviennent la propriété de celle-ci. Leur reproduction partielle ou intégrale est soumise à l'autorisation expresse de la direction de la Revue.

PROTOCOL FOR SUBMITTING ARTICLES

Contributions can only be submitted through electronic mailing to the following address: rasj.soa@gmail.com. The editorial board of AJL shall not be liable for any contribution which is not sent to above address. The editorial policy of the Journal requires strict adherence to the following guidelines and standards:

1. Articles must not exceed 20 pages and other contributions (Case Law, Legislation and Bibliographic Surveys) 15 pages.

2. All contributions must be sent in Word format (.doc or .docx), single line spacing, Times New Roman font, size - 12, aligned paragraphs, and margins of 2.5 cm.

3. All contributions must include a brief biography of the author in an opening footnote, their academic or professional status, email address and, for articles, a short abstract written in French and English of not more than 200 words each followed by four to six key words ;

4. Citations in the body of the paper should be in single smart quotes, with the same font as the text but smaller in size (10).

5. Footnoting should be continuous and must appear after the relevant word or group of words, separated by normal spacing.

6. Bibliographic references of articles should be quoted as follows :

a) For articles of a Journal : Author's name and surname, Title of the article in inverted commas, *Title of the Journal in italics*, Volume Number, Fascicle Number, Year of publication, first and last pages of the article or exact page(s) of the quotation.

Example : Flemming P., "The Justiciability of Socio-Economic Rights in Africa", *International Human Rights Law Review* or *IHLR*, vol. 27, n° 4, 1977, p. 557-581.

b) For books : Author's name and surname, *Title of the book in italics*, Place of publication, Publishing house, Year of publication, First and last pages of the article or Exact page(s) of the quotation.

Example : Raz J., *Authority of the Law*, London, Stevens, 2002, p.180.

c) For collective works : Author's name and surname, Title of the article in inverted commas, *"in"* in italics, Name of the director of the book, *Title of the book in italics*, Place of publication, Publishing house, Year of publication, First and last pages of the article or Exact page(s) of the quotation.

Example : Ingelman J. "Foreign Direct Investments in Africa ?" *in* Craig P.(Ed.), *Foreign Capital Flows in Developing Countries : Incidence on Development*, Cincinnati, Butterworth's, 2006, p. 9-20.

N. B. Articles reviewed (following the Peer Review principle), validated and published by the AJOL become the property of the Journal. Any partial or complete reproduction is subject to the prior authorization from the Editors of the Journal.

Questions juridiques aux éditions L'Harmattan

Dernières parutions

ÉTHIQUE (L') DE L'AVOCAT PÉNALISTE
Rude-Antoine Edwige - Préface de Jean Danet
L'avocat est représenté, dans la fiction, sous les traits d'un être ambigu, sans cesse sur le fil... ce livre tente d'en approcher la réalité, qui est tout autre. Quelles relations d'ordre éthique l'avocat entretient-il avec lui-même mais aussi avec l'autre : son client, qu'il soit prévenu ou accusé, les jurés, les magistrats ? Peut-on parler du rapport de l'avocat à la vérité ? Comment peut-il construire des lignes de défense tout en restant partenaire de justice ?
(Coll. Éthique en contextes, 21.00 euros, 208 p.)
ISBN : 978-2-343-05222-9, ISBN EBOOK : 978-2-336-36460-5

NAISSANCE DE L'OBSERVATOIRE DE LA RÉCIDIVE ET DE LA DÉSISTANCE
Un long processus inachevé
Tournier Pierre V.
L'analyse de la récidive aurait logiquement dû relever de la compétence de l'Observatoire national de la délinquance et des réponses pénales placé sous l'autorité du Premier ministre. Mais sous l'impulsion de Christiane Taubira le choix s'est porté sur la création d'un observatoire *ad hoc* de plus, dépendant du ministère de la Justice : l'Observatoire de la récidive et de la désistance (août 2014). Ne s'est-on pas ainsi privé des outils d'une évaluation indépendante de la loi du 15 août 2014 sur la contrainte pénale et la libération sous contrainte ?
(Coll. Criminologie, 19.00 euros, 184 p.)
ISBN : 978-2-343-05118-5, ISBN EBOOK : 978-2-336-36387-5

ÉLÉMENTS DE PRÉVENTION DU CRIME
Lemaître André
Cet ouvrage montre la diversité des modèles de prévention de la délinquance, leur spécificité mais aussi leur nécessaire complémentarité. Il insiste également sur l'obligation de veiller aux aspects éthiques des politiques de prévention mises en place. En effet, l'utopie d'une société débarrassée de toute forme de criminalité contient la disparition de toute liberté.
(Coll. Sciences criminelles, série Controverses, 15.50 euros, 160 p.)
ISBN : 978-2-343-04666-2, ISBN EBOOK : 978-2-336-36324-0

SEXUALITÉ (LA) À L'ÉPREUVE DU COUPLE
Les révélations d'une avocate
Dalbin Agnès
Dans la majorité des divorces, les difficultés d'ordre sexuel sont souvent pointées du doigt comme une cause majeure de la rupture. S'appuyant sur les confidences recueillies lors de ses entretiens avec les couples qui divorcent, l'avocate Agnès Dalbin tente d'apporter son éclairage personnel sur cette problématique. Ce livre évolue comme une véritable histoire humaine, du mariage au divorce, en passant par la parentalité et l'après-divorce.
(Coll. La justice au quotidien, 13.50 euros, 118 p.)
ISBN : 978-2-343-04938-0, ISBN EBOOK : 978-2-336-36399-8

DROIT (LE) DU HANDICAP ET LA GESTION DU PATRIMOINE CULTUREL
Vers un modèle européen ?
B. Degros Eric
La rencontre entre le droit du handicap et le droit du patrimoine peut conduire à une confrontation d'intérêts contradictoires, nécessitant de trouver un équilibre entre le principe de l'accessibilité et le respect de l'authenticité, en faveur d'une conservation durable du patrimoine culturel. Il apparaît essentiel de trouver un équilibre entre «le droit des gens» et celui «des pierres».
(40.00 euros, 424 p.)
ISBN : 978-2-343-04418-7, ISBN EBOOK : 978-2-336-36269-4

DROIT BANCAIRE ISLAMIQUE
Notions, mécanismes et protections pénales
Jafari Amin
Conçu comme un manuel de droit, l'ouvrage étudie trois thèmes principaux : la notion de finance islamique et son fonctionnement, les instruments bancaires islamiques et enfin la protection du système bancaire dans l'ensemble de ses instruments et fonctionnements. La 3e partie propose un regard classique de droit pénal des affaires en matière de droit bancaire de finance islamique. Les branches chiite et sunnite de la finance islamique ont été distinguées dès le départ, permettant ainsi une comparaison tout au long du livre.
(Coll. Sciences criminelles, 33.00 euros, 326 p.)
ISBN : 978-2-343-04637-2, ISBN EBOOK : 978-2-336-36380-6

DROIT (LE) INTERNATIONAL. ASPECTS POLITIQUES (Volume 1)
Sous la direction de Jacques Bouineau
Textes réunis par Burt Kasparian
Ces contributions invitent à réfléchir sur la recomposition contemporaine de l'espace méditerranéen et sur le droit international qui s'y applique, à partir d'exemples tirés des plus grandes civilisations méditerranéennes aux époques antique et médiévale. Elles invitent le lecteur à s'interroger sur les piliers de la Méditerranée dans le jeu des relations entre les hommes et les institutions, et à découvrir l'essence des réponses juridiques et politiques.
(Coll. Méditerranées, 16.50 euros, 158 p.)
ISBN : 978-2-343-04661-7, ISBN EBOOK : 978-2-336-36366-0

DROIT (LE) INTERNATIONAL. ASPECTS POLITIQUES (Volume 2)
Bouineau Jacques - Sous la direction de Jacques Bouineau
Textes réunis par Burt Kasparian
Ce volume offre une réflexion sur la recomposition de l'espace méditerranéen contemporain à partir de l'histoire ou de l'actualité. L'histoire est traitée de la période qui s'étend de la Renaissance à la fin du XIXe siècle. En ce qui concerne l'actualité, le jeu des emprunts et des modèles juridiques transparaît aussi bien dans la fiscalité internationale actuelle que dans les transpositions constitutionnelles du droit français en Égypte ou dans l'observation du fonctionnement de l'Europe.
(Coll. Méditerranées, 19.00 euros, 184 p.)
ISBN : 978-2-336-30904-0, ISBN EBOOK : 978-2-336-36367-7

SECRETS (LES) DU DROIT
Secret, droit et cinéma
Sous la direction de Stéphane Boiron, Nathalie Goedert et Ninon Maillard
Notre société du visible, pour savoir, exige de tout voir et tout montrer, sans délai, au risque de confondre espaces privés et espaces publics. Parce qu'on l'accusait de dissimuler les abus, de servir l'arbitraire, de diviser les hommes entre initiés et profanes, le secret a été condamné comme contraire au pacte démocratique. Pourtant, c'est aussi au nom de la liberté que, face à une transparence érigée en dogme, certains osent faire l'éloge du secret. C'est pourquoi, il appartient au droit d'orchestrer l'équilibre et de distinguer le bon du mauvais secret.
(Coll. Presses Universitaires de Sceaux, 24.00 euros, 248 p.)
ISBN : 978-2-343-04670-9, ISBN EBOOK : 978-2-336-36326-4

TABLES (LES) DE LA LOI : DE L'ARGILE AU NUMÉRIQUE
La diffusion de la règle de droit à travers les âges
Evrard Sébastien
On parle aujourd'hui de «culture digitale» ou culture numérique et de diminution du papier. Est-ce un bien ou un mal ? Comment les textes, la jurisprudence et toutes les normes juridiques sont-ils diffusés aujourd'hui ? Enfin, quelles sont les spécificités de l'édition dite juridique par rapport à l'édition générale ? Répondre à ces questions nécessite d'envisager l'histoire de la connaissance puis de la diffusion de la règle de droit, ce qui fait l'objet de ce livre.
(Coll. Logiques Juridiques, 13.00 euros, 122 p.)
ISBN : 978-2-343-04478-1, ISBN EBOOK : 978-2-336-36201-4

ARTICULATION (L') DES VOIES DE DROIT DANS LE CONTENTIEUX DE LA COMMANDE PUBLIQUE À L'INITIATIVE DES TIERS AU CONTRAT
Tallet-Preud'homme Laura - Préface de Paul Cassia
Parallèlement à la formation progressive d'un «droit de la commande publique», le contentieux à l'initiative des tiers au contrat a muté, à tel point que le changement de paradigme opéré tend à faire émerger un «contentieux de la commande publique». Diverses voies de droit ont été instituées, engendrant «l'embarras du choix» voire «l'embarras tout court» du tiers concurrent évincé. La complexité de ce contentieux est telle qu'il faut détruire pour reconstruire ce paysage contentieux.
(Coll. Logiques Juridiques, 49.50 euros, 536 p.)
ISBN : 978-2-343-04827-7, ISBN EBOOK : 978-2-336-36265-6

APPRÉHENSION (L') DES PRATIQUES RESTRICTIVES PAR LES AUTORITÉS FRANÇAISES ET EUROPÉENNES DE LA CONCURRENCE
Analyse des pratiques contractuelles abusives entre professionnels à l'épreuve du droit des pratiques anticoncurrentielles
Mallen Guillaume - Préface de Linda Arcelin-Lécuyer
Définies au sens de l'étude comme des comportements contractuels unilatéraux et abusifs dans les rapports commerciaux entre professionnels, les « pratiques restrictives » peuvent être réprimées au titre du droit des pratiques anticoncurrentielles (abus de domination et entente). L'ouvrage permet d'exposer l'office des autorités de concurrence lorsqu'elles sont confrontées à ces pratiques contractuelles abusives et d'envisager des solutions concrètes en vue de perfectionner le droit positif actuel.
(Coll. Logiques Juridiques, 65.00 euros, 874 p.)
ISBN : 978-2-343-04739-3, ISBN EBOOK : 978-2-336-36189-5

PROTECTION (LA) DES MINEURS ET DES MAJEURS EN CURATELLE ET EN TUTELLE EN MATIÈRE PERSONNELLE
Da Silva Valérie
La loi du 5 mars 2007 énonce le principe de l'autonomie du majeur protégé en matière personnelle et exclut tout assistance ou représentation dans la sphère strictement personnelle, quel que soit l'état du majeur concerné. Le recul de l'incapacité en faveur d'une protection non incapacitante se constate également pour le mineur. L'idée de protection et non plus d'incapacité amène à constater le principe de l'incapacité contractuelle et à proposer une réforme du droit de la responsabilité.
(Coll. Logiques Juridiques, 51.50 euros, 574 p.)
ISBN : 978-2-336-30261-4, ISBN EBOOK : 978-2-336-36230-4

DE LA FAUTE AU CRIME
Natures et cultures
Sous la direction de Jean dit Falisse Motte
Ce livre revient sur les liens entre les notions connexes de faute, de délit et de péché et leurs prolongements dans l'expérience humaine de la culpabilité et de la responsabilité ? La philosophie hellénique, la tradition biblique et les commentaires talmudiques, la pensée coranique, les Églises chrétiennes, les conceptions laïques de la Libre Pensée ont donné à cette question de la

transgression et de la faute une signification spécifique et continuent d'animer notre propos et de donner sens à nos actes.
(Coédition ICES (Institut Catholique d'Études Supérieures), Coll. Criminologie, 35.00 euros, 346 p.)
ISBN : 978-2-343-04377-7, ISBN EBOOK : 978-2-336-35994-6

CRÉANCE (LA) DE SALAIRE
Pallantza Dimitra
Si la créance du salarié porte sur la réception d'une prestation, la dette de l'employeur ne se limite pas au versement du salaire mais s'étend également au respect des obligations accessoires, c'est-à-dire des dispositions légales, contractuelles et conventionnelles afférentes à la fixation de son montant et de son paiement. Ce livre approfondit cette figure juridique opaque à cause de son cadre juridique fluctuant et de sa position à un carrefour interdisciplinaire.
(Coll. Thèses et Travaux universitaires, 61.00 euros, 776 p.)
ISBN : 978-2-343-04256-5, ISBN EBOOK : 978-2-336-36025-6

ÉTAT ET JEUX D'ARGENT
Les jeux sont-ils faits ?
Sous la direction de Jean-Baptiste Vila
Au terme d'un processus à la fois législatif, réglementaire et jurisprudentiel, les jeux sont entrés et demeurent aujourd'hui sous l'égide de la *res publica*. Pouvait-il en être autrement ? L'État pouvait-il et devait-il consacrer un principe général d'interdiction des jeux d'argent et de hasard sans, dans le même temps, instituer un droit aux jeux mais organisé à son seul profit ? Les externalités négatives de ce marché sont-elles ainsi toutes maîtrisées ? Ces divers éclairages contribuent à un état des lieux des différents régimes juridiques.
(38.50 euros, 388 p.)
ISBN : 978-2-343-03632-8, ISBN EBOOK : 978-2-336-36144-4

DROIT DE L'INFORMATIQUE (nouvelle édition)
Éléments de droit à l'usage des informaticiens
Bismuth Yves
À travers l'étude des grands thèmes du droit de l'informatique (protection des logiciels et des données, contrats informatiques, protection des libertés, gestion du risque informatique), cet ouvrage permet au lecteur d'établir lui-même un diagnostic juridique des problèmes rencontrés à l'occasion de la mise en place d'un système informatique. Il est complété par des extraits de code, une bibliographie, un index et un lexique, et est à jour des dernières lois et décrets intervenus en la matière.
(46.00 euros, 464 p.)
ISBN : 978-2-343-04784-3, ISBN EBOOK : 978-2-336-36120-8

UN ART, UN DROIT, UNE QUESTION
Triptyque juridico-artistique
Boustani Diane, Chabri Dalida, Combe Marion, Farhi Sarah, Lasserre Marie-Cécile
Sous la direction d'Yves Strickler
Cet ouvrage présente des contributions de juristes, tous de droit privé et sciences criminelles, intéressés par la transposition à leur champ de recherches de questions liées à un art déterminé. Les arts explorés sont à la fois «classiques», tels la peinture, la musique, le cinéma ou la littérature, d'autres sont plus «atypiques», tels l'art urbain, l'art thérapie ou culinaire. Pour chacun d'entre eux, l'auteur s'est saisi de la question de droit qui lui paraît la plus importante dans le domaine étudié.
(Coll. Droit privé et sciences criminelles, 22.00 euros, 212 p.)
ISBN : 978-2-343-04712-6, ISBN EBOOK : 978-2-336-36147-5

L'HARMATTAN ITALIA
Via Degli Artisti 15; 10124 Torino

L'HARMATTAN HONGRIE
Könyvesbolt ; Kossuth L. u. 14-16
1053 Budapest

L'HARMATTAN KINSHASA
185, avenue Nyangwe
Commune de Lingwala
Kinshasa, R.D. Congo
(00243) 998697603 ou (00243) 999229662

L'HARMATTAN CONGO
67, av. E. P. Lumumba
Bât. – Congo Pharmacie (Bib. Nat.)
BP2874 Brazzaville
harmattan.congo@yahoo.fr

L'HARMATTAN GUINÉE
Almamya Rue KA 028, en face
du restaurant Le Cèdre
OKB agency BP 3470 Conakry
(00224) 657 20 85 08 / 664 28 91 96
harmattanguinee@yahoo.fr

L'HARMATTAN MALI
Rue 73, Porte 536, Niamakoro,
Cité Unicef, Bamako
Tél. 00 (223) 20205724 / +(223) 76378082
poudiougopaul@yahoo.fr
pp.harmattan@gmail.com

L'HARMATTAN CAMEROUN
BP 11486
Face à la SNI, immeuble Don Bosco
Yaoundé
(00237) 99 76 61 66
harmattancam@yahoo.fr

L'HARMATTAN CÔTE D'IVOIRE
Résidence Karl / cité des arts
Abidjan-Cocody 03 BP 1588 Abidjan 03
(00225) 05 77 87 31
etien_nda@yahoo.fr

L'HARMATTAN BURKINA
Penou Achille Some
Ouagadougou
(+226) 70 26 88 27

L'HARMATTAN SÉNÉGAL
10 VDN en face Mermoz, après le pont de Fann
BP 45034 Dakar Fann
33 825 98 58 / 33 860 9858
senharmattan@gmail.com / senlibraire@gmail.com
www.harmattansenegal.com

L'HARMATTAN BÉNIN
ISOR-BENIN
01 BP 359 COTONOU-RP
Quartier Gbèdjromèdé,
Rue Agbélenco, Lot 1247 I
Tél : 00 229 21 32 53 79
christian_dablaka123@yahoo.fr

Achevé d'imprimer par Corlet Numérique - 14110 Condé-sur-Noireau
N° d'Imprimeur : 115655 - Dépôt légal : février 2015 - *Imprimé en France*

www.ingramcontent.com/pod-product-compliance
Lightning Source LLC
LaVergne TN
LVHW011247061026
849535LV00005B/1180